国家社科基金重大招标项目《丝绸之路城市史研究》（多卷本）
（编号18ZDA213）系列成果

丝绸之路与中亚城市研究

SICHOU ZHILU YU ZHONGYA CHENGSHI YANJIU

张 宇
刘竞诣 / 著

山西出版传媒集团
山西人民出版社

图书在版编目（CIP）数据

丝绸之路与中亚城市研究 / 张宇, 刘竞诣著. —太原：山西人民出版社，2023.6

ISBN 978-7-203-12874-8

Ⅰ.①丝… Ⅱ.①张… ②刘… Ⅲ.①丝绸之路—经济带—国际合作—经济合作—中国、中亚 Ⅳ.①F125.536

中国版本图书馆CIP数据核字（2023）第095938号

丝绸之路与中亚城市研究

著　　者：张　宇　刘竞诣
责任编辑：傅晓红
复　　审：崔人杰
终　　审：梁晋华
装帧设计：陈　婷

出 版 者：山西出版传媒集团·山西人民出版社
地　　址：太原市建设南路21号
邮　　编：030012
发行营销：0351—4922220　4955996　4956039　4922127（传真）
天猫官网：https://sxrmcbs.tmall.com　电话：0351—4922159
E-mail：sxskcb@163.com　发行部
　　　　sxskcb@126.com　总编室
网　　址：www.sxskcb.com

经 销 者：山西出版传媒集团·山西人民出版社
承 印 厂：山西出版传媒集团·山西新华印业有限公司

开　　本：720mm × 1020mm　1/16
印　　张：13
字　　数：200千字
版　　次：2023年6月　第1版
印　　次：2023年6月　第1次印刷
书　　号：ISBN 978-7-203-12874-8
定　　价：68.00元

序

丝绸之路作为一条极负盛名的贸易之路、文化之路、友谊之路、发展之路，是连接古代中国与中亚、西亚、南亚、非洲、欧洲之间物质文明和精神文明交往的最重要的纽带。无论是在民间话语、媒体报道、外交活动还是学术研究中，丝绸之路都受到高度赞誉和广泛提及。在既有的研究中，无论是凭借文献记载还是考古发现，都已积累了对古代丝绸之路丰富而多元的诠释和解读。而新丝绸之路的兴起，又赋予其新的内涵，不仅意味着中国与中东、中亚等伊斯兰世界之间贸易通道的复兴，而且也是对古代丝绸之路的部分历史遗产的激活与重组。铭记历史是为了开辟未来，“我们传承古丝绸之路精神，共商‘一带一路’建设，是历史潮流的延续，也是面向未来的正确抉择”[1]。因此，对古代丝绸之路的再思考是理解当代新丝绸之路的起点。

丝绸之“路”是东西方之间一连串“城”组成的道路网络，因此，丝路城市作为丝绸之路上相互交往的网络与纽带的支点，是丝绸之路开拓和发展

[1] 习近平：《习近平“一带一路”国际合作高峰论坛重要讲话》，外文出版社2018年版，第14页。

的关键地点和载体。在丝绸之路发展的鼎盛时期，丝路城市发展亦达到巅峰，其东西段的各条支线相连，在亚非欧构成了一张横贯东西、纵连南北的交通网络，使得这些城市具有横向性、复合性的特点。作为一条国际性贸易通道，正是由于丝路沿线区域或城市物品的差异性，才有了城市之间的互补性；正是由于丝绸之路城市的差异性和互补性，才有了丝绸之路的长久性。丝路城市的繁荣不仅为封闭的农牧社会注入了商业因素，而且打破了边远地区与世隔绝的状态，使得东西方世界直接联系起来，中国与印度、两河流域、埃及、希腊古文明有了直接的交流。两千多年以前，当我们的先辈们在欧亚大陆上踏出这条路时，这条路便注定成为一种永恒。而构成这条路的一颗颗明珠般的城市，注定随着这条路被记载到我们整个人类的历史之中。

百年来国内外学术界对丝绸之路的研究，既有宏观审视，也有微观突破，研究方法多元，这些皆为我们的研究奠定了一定的基础，但也有不足之处。

首先，国外丝路城市研究主要存在三种缺陷。一是历史语言学和考古学“考证式问题研究”，其研究多以文献、遗址、遗物为主，对丝绸之路诸文明各自的内涵及相互的联系还缺乏系统、深入的整体研究。二是基于区域史的“百科全书式”研究，美国著名学者威廉·麦克尼尔认为，这些著作搜集了“令人感兴趣的大量史料”，但从学术水平看“显然未能提供清晰易懂的模式”，丝绸之路史、城市史存在进一步探讨、研究的空间。三是没有实现丝绸之路史与丝路城市史有机结合。百年来，丝绸之路与城市各自的研究都富有成果，遗憾的是学术界对二者的关注并没有产生应有的交集。独立的研究对象、独立的研究队伍，在两条平行线上运动，所以国外仍然没有一部完整意义上的丝绸之路城市史。

其次，既有的国内丝路城市研究也存在明显的短板。一是更多关注了进入中国的外来文化和丝绸之路东段，很少涉足中国文化对外输出和丝绸之路中段、西段研究。这样，在世界史领域研究中，丝绸之路城市史是个新课题。丝绸之路中段、西段研究使我们的目光沿丝绸之路西出国门，扩展到与西北地区毗邻的中亚、西亚、北非乃至整个外部世界。因此，以丝绸之路中段、西段为线索，丝绸之路中段、西段城市发展史为切入点，展开对丝路城市史研究，无论在学理上还是现实中都显得尤为必要。二是注重境内的考古发现，忽视对国外研究成果的吸收和利用，导致一些研究有失公允。如站在汉文史料的基础上，部分国内学者认为“伊斯兰时代的中亚丝绸之路基本断绝”，但阿拉伯文、波斯文文献中则记录着该时期中亚地区丝绸之路繁盛的情况。三是我国的丝路城市史研究十分薄弱，与我国“一带一路”倡议的需要，存在着相当大的错位。所以，丝路城市研究应该是一个有价值的尝试。

在当今世界经济发展中，陆地的长途国际贸易仍然占据重要地位。随着冷战的结束和全球化的发展，丝路国家城市化进程加快，其城市基础设施投资、制造业发展、就业的解决等方面中存在着巨大的合作空间。那么，研究丝路城市的兴衰更迭，将给“一带一路”倡议的推进提供历史依据和借鉴，有助于推动中国与中亚、西亚、北非等国家在经济、传统安全、非传统安全等领域的进一步合作。丝路城市作为“一带一路”沿线国家的重要发展节点，无疑对于“一带一路”倡议的实施和推进具有重要的基础性作用。丝路城市群体之间通过发展网络互动的相互作用，能够使我国“一带一路”沿线的发展“支撑点”得以彼此连接，并以网络为基础向周边区域辐射，最终形成从点到线、到面的新的发展带，从而推动全球经济发展实现“由海到陆”的新平衡。这对于我国的未来战略，无疑是充满机遇的，也会是双赢的。

山西师范大学世界史研究团队，多年来致力于丝路城市史研究，在本领域积累了大量的研究成果和丰富的研究资料。国家社科基金重大招标项目“丝绸之路城市史研究（多卷本）”的获批，使团队研究迈上新台阶。即将出版的《丝绸之路与中亚城市研究》即为“丝绸之路城市史研究（多卷本）”阶段成果。该书从史前时代的中亚早期聚落开始讲起，以蒙古和平的瓦解作为时间下限，并以地缘政治—丝路交通—丝路城市之间的相互关系为线索，认为丝路交通在不同时期受制于中亚及周边的地缘政治关系，进而成为影响丝路城市兴衰迭起的关键性因素。书中既有对丝路城市史的个案研究，也有从“文明交往理论”出发对丝路城市发展的宏观探讨，是难得的专业书籍，对读者了解丝路城市史大有裨益。

是为序。

车效梅

2023年3月

目录

前　言

塔吉克斯坦有一个关于诗人卡利莫・胡贾迪（1318—1400）的故事：相传在蒙古人入侵苦盏时，诗人曾请求入侵者为当地人提供一块骆驼皮大小的土地作为庇护，在获得金帐汗国的托克塔米什汗的准许后，诗人遂将骆驼皮切成若干细条绑起来环绕整座城市，由此得以在蒙古军队的威胁下使自己的家乡免遭劫掠。

应当注意到这个故事同有关迦太基建城传说在细节上的相似性。相传女王狄多托庇于柏柏尔人国王拉尔巴斯时，曾向当地人求购一块牛皮大小的土地，并在征得后者允许后将牛皮切开连成细条圈地，迦太基人称这块土地为毕尔萨，即后来北非名城迦太基所在。

第一个故事可以看出骆驼在中亚的特殊意义。骆驼在古代伊朗语中被称为ustra，这个词根见于先知查拉图斯特拉的名字中，其含义即为老骆驼。在中亚几十个世纪的文明交往史中，骆驼起到了重要作用，其在中亚经济社会结构中的地位可从较晚时期成书的《阿维斯塔》窥得一斑：治疗城市长官之妻的回报是一匹骒马，而治疗王后的报酬则是雌骆驼。[1]中亚社会的骆驼驯化史极其久远。距今5000年前，中亚南方便已经驯化了骆驼，至前3千纪到前2千纪，骆驼在中亚被广泛用于牵引实心车轮。这种针对驯化动物的次级产品

[1] 《阿维斯塔》，元文琪译，北京：商务印书馆，2005年，第297—298页。

革命，推动了早期世界体系在青铜时代的形成。这个体系出现本身便意味着生产力水平的提高、剩余产品积累和增加、长距离贸易和交通能力的显著提升，这是青铜时代中亚原始城市兴起和发展的重要背景。

由外部环境变化引发的挑战，以及城市在个体应战行为中所处的位置，构成了两个传说在关键细节上的一致性。以此为案例，我们应当注意到人类历史与精神文明创造活动中普遍存在的高度相似性，它特别体现在艺术、文学、风俗以及信仰等意识形态的创造活动中。[1]这种相似性表明，人类乃环境的产物，文明亦是如此。如果从历史心理学角度分析，则恰好说明了修昔底德所提出的经典论断：人就是人，历史就是历史，人性不变则历史不变。[2]若将之带入荣格精神分析法的心理学分析范式，这种相似性部分可以归因于人类心理或者集体潜意识的共同遗产。[3]

就这种相似性而言，它们或许是纯粹环境影响下人类同一性本质综合作用的结果，但我们也很难说清楚两者过去是否存在直接或者间接意义上的接触，这种接触又是否对他们的形成和发展造成了不同程度的影响。这种暧昧和模糊是古代史研究的魅力所在，但也鲜明地体现出1500年前欧亚大陆跨区域交流互动有限性的特点。它既是认识的有限性，也是联系和交往的有限性，后者决定前者。一个鲜明的例子反映在古典时代的作家对蚕丝的认识：蚕种以及其培养方式在6世纪时才经由商人传入查士丁尼皇帝的宫廷，而此前广为流传的有关蚕丝的正确认识则被“塞里斯人的羊毛树”这一谬误遮掩，

---

[1] 安诺文化与中国仰韶文化相似的陶器风格便是一例，瑞典考古学家安特生据此提出中国文化西来说，瓦西列夫也持有同样观点，但现代考古成果已经证明了两者之间的“清白”。这种相似性也同样可以从《吉尔伽美什史诗》和《鲁斯塔姆》中窥得一斑，而更为明显的则是从斯基泰人开始到萨尔马提亚人、匈人、突厥人、保加利亚人、钦察人等草原民族在饮食、哀悼以及制作人头饮器等风俗的相似性。

[2] Thucydides, *History of the Peloponnesian War*, I, 22.

[3] Saman Hashemipour, “Archetypal Heroes of The Epic of Kings and The Epic of Gilgamesh: Rostam and Gilgamesh are Mirroring Myth,” *International Journal of Linguistics, Literature and Translation*, 2019.

自维吉尔开始，包括但不限于斯特拉波、老普林尼、西流士·伊塔利库斯、奥索纳直到阿米阿努斯·马切利努斯都是如此。尽管托勒密留下了2世纪马其顿商人梅斯前往中国进行贸易的记载，这一事件也很可能是东汉殇帝时“蒙奇兜勒内附”的来源，而两大文明在2世纪的交往活动或许就是波桑尼阿斯书中正确的蚕种以及蚕丝记载的来源，但我们也的确应该注意到，正确的记载也的确是在6世纪之后才在欧洲广为传播，对这一认识的矫正反映出它是东地中海与欧洲交往活动日渐密切的结果，而不是中国同欧洲跨地区交往的产物。这也正说明了1500年之前欧亚大陆文明交往的有限性。

丝路学研究着眼于中外经济文化交流，而通过由交流所构建的有机网络亦可以被视作自青铜时代以来世界体系的组成——自公元前3千纪以来，文明的若干因素自作为世界体系中心的西南亚洲向整个欧亚大陆扩散，即使相对隔绝于东方的中国文明亦不例外。这种扩散的载体即奢侈品贸易——这也是丝路贸易的一大特点。一个显而易见的事实是，作为文明发端的美索不达米亚、埃及和印度河流域都以资源匮乏而著称——灌溉农业孕育了伟大文明的种子，但建成伟大文明的要素不只需要农业：城墙的建立和城市的兴起需要木材和石料，王室的威严和奢华需要宝石点缀，神庙需要贵金属衬托信仰的庄严，合金的冶炼亦需要锡、铅等矿物的支持，因此美索不达米亚诸城邦从叙利亚进口雪松和木材，从安纳托利亚获得锡、铅、白银，从托罗斯山脉运来黑曜石，又通过贸易获取了巴达赫尚的青金石和花拉子模和呼罗珊的绿松石。14世纪北非历史学家伊本·赫勒敦曾感慨，所谓文明，不过是花样百出的奢侈，[1]可见奢侈品贸易实乃伟大文明形成的必然要素。

从跨区域交往的历史而言，横跨东西的丝绸之路不啻为人类史上的一大伟业。自李希霍芬于1877年首次提出此概念开始，一个半世纪内，东西方学界关于丝路学研究的成果层出不穷。自中国的“一带一路”倡议提出后，国

[1] 伊本·赫勒敦：《历史绪论》，李振中译，银川：宁夏人民出版社，2015年，第222页。

内外学界以丝绸之路为叙事主题的作品迅速增长，丝路学研究的水平和规模都达到一个全新的高度。但同时也应当注意的是，丝绸之路是一种具有迷惑性的称呼，这种迷惑性主要集中在三点，这也恰恰对应了丝绸之路的三大特点。

就丝路本身而言，丝绸之路并非一条单纯的路，而是一个关于文化和贸易的网络：一个以中亚为媒介，沟通中国文明、印度文明、南西伯利亚—草原文明、波斯—伊斯兰文明以至于地中海—基督教文明的世界体系。这种误解可以追溯到李希霍芬所绘制的1877年丝路地图，这张地图对于丝绸之路的解释即是一条从黄土高原出发以一种近乎笔直的方式一路向西的道路，但是伴随丝路学在过去一个半世纪里的研究发展，这一错误已被学者所摒弃，尽管可能还依然存在于大众的头脑和印象中。

从货物流通角度来看，尽管丝路冠之以丝绸之名，但是此丝绸非彼丝绸。它并不是单纯指丝绸这种商品，而是指以丝绸为代表的若干种连接到这个体系内的商品，并且主要是奢侈品。例如印度的象牙和胡椒，中国的铁器、大黄、瓷器和丝绸，斯拉夫和东欧地区的皮毛、奴隶、蜜蜡、淡水珍珠，撒马尔罕的纸张，花拉子模的西瓜，阿拉伯半岛的乳香和珍珠，东南亚的丁香和肉蔻……至少从经由丝绸之路所运送的若干商品来看，丝绸之路几乎等同于奢侈品之路。来自不同地区的奢侈品构成了陆上草原绿洲之路的主要贸易产品，这是自青铜时代以来的传统。考察欧亚大陆的历史，在青铜时代便存在两条以帕米尔高原为中心向两侧延伸的奢侈品之路，一条连接新疆和商代的中原地区，以玉石之路著称，另一条以青金石之路闻名，连接阿富汗北部和塔吉克斯坦南方的巴达赫尚，一路向西延伸到美索不达米亚众城邦，甚至还包括克里特时代爱琴海世界。奢侈品贸易促成了早期世界体系的形成，但这种以奢侈品贸易为主的特点也是这个体系的局限所在，这种局限即我们要讲的第三点。

从形态上来说，丝绸之路是一条跨越欧亚大陆中央的草原和沙漠，并且在相当一段关键的路程上是依靠沙漠边缘和草原上零星散落的若干绿洲组成的商贸网络。它是一条绵长并且脆弱的交往路线。它能够在极其困难的自然环境以及欧亚大陆变化无常的政治军事冲突中努力生存下来，并保证了各大文明之间最低限度的交往，反映出的是人类交往活动的天性以及文明、国家之间互通有无的需要。但是草原绿洲之路的形态特点也决定了丝绸之路的贸易程度的有限性。这体现在陆上贸易的范围、金银贵金属货币的使用，以及沙漠绿洲之路途经的西域地区经济发展状况。

一个经常被引用以佐证古典时代繁荣的奢侈品贸易的数据来自老普林尼，他宣称帝国“仅珍珠一项，每年就要耗费罗马一亿塞斯特斯，支付给印度、中国和阿拉伯诸国”。这个数量相当于帝国每年铸币数量的一半，占年度预算的10%，[1]折合黄金超过2.2万磅，大约是帝国军队预算的1/6。[2]但这至多只能佐证罗马红海贸易的繁荣，是罗马同印度，而非与中国的贸易情况。帝国时代的罗马和东方的贸易往往以海路为主，陆路贸易往往受制于罗马和帕提亚—波斯之间变幻不定的战争。斯特拉波曾记载前1世纪从埃及的米奥斯·赫尔墨斯港口出发到印度的货船从每年20艘增加到120艘，阿里斯蒂德斯亦曾感慨罗马人一定是将远方土地上的果园摘得一点也不剩，因此从印度和也门运来的货物才会如此之多。尽管东西方文献至少记录了4次中国和罗马之间的交往，[3]但罗马人海上贸易的对象主要是印度而非中国：埃及亚历山大里亚出土的一份莎草纸残片上记录了一份包括544吨胡椒的商业文书，其上还包

[1] 彼得·弗兰科潘：《丝绸之路：一部全新的世界史》，邵旭东、孙芳等译，杭州：浙江大学出版社，2016年，第17页。

[2] 凯尔·哈珀：《罗马的命运：气候、疾病与帝国的终结》，李一帆译，北京：民主与建设出版社，2019年，第129页。

[3] Lucius Anneaus Florus, Epitome of Roman History, vol. 1, II, 34.曾记载塞里斯人的使节参加奥古斯都的加冕礼，《后汉书·孝和孝殇帝纪》载永元十二年（100）蒙奇兜勒内附，同期托勒密《地理学》提及马其顿商人梅斯前往中国，《后汉书·西南夷传》记载安帝永宁元年（120）掸国国王献大秦幻人及乐师之事，《晋书·四夷传》亦记载太康中大秦王遣使贡献，以及最著名的桓帝延熹九年（166）日南大秦王安敦之事。

括象牙、甘松等若干奢侈品，总税后价值为6,911,852德拉克马，[1]相比之下中国境内不仅从未出土过罗马共和国时代的货币，其金币只有不到五十枚，最早也只能追溯到狄奥多西二世（401—450）时代，而且还多是被用作随葬品而非是正常的货币流通，更不要说其中还夹杂了若干假币。与此同时仅新疆一地便出土了超过一千枚波斯银币。

因此，综合古典作家的记录和中国境内货币出土情况，我们可以确定古典时代两国贸易的边界：罗马的东方贸易以印度为目标，中国的陆上贸易对象是波斯而非罗马或东罗马。文书破译工作有助于我们了解沙漠绿洲之路沿线重镇的货币经济情况：一份文书提及楼兰王后想在尼雅征收一枚金斯塔特，但当地并没有金币，因此便以一张十三手长的毯子作为税资；另一份楼兰文书则提及“目前没有汉商，因此绢债无法计算，等到汉商来了再算。”丝绢直到唐代都是沙漠绿洲之路的主要一般等价物，如果当地人根本不熟悉这种汇率计算，那么我们就必须重新审视货币经济因素在当地经济生活中所占的比重，甚至还要包括贸易发展情况——贵霜时代中亚地区的国际贸易和大宗贸易通常以金币结算，其国家使用银本位制度，而国内的日常交易则使用铜币[2]——如果作为国内贸易主要媒介的银币比金币还罕见的话。[3]

某种程度而言，古典时代欧亚陆路之间——尤其是在中国和罗马之间——所谓的丝路贸易的繁荣，其实是一种民族自豪感和史料的模糊性以及媒体宣传的三种因素在大众头脑中构建出来的假象。至少在古典时代，海

[1] 有关这份莎草纸残片的相关内容，参见D.W.Rathbone的论文Muziris Papyrus, 2019, https://oxfordre.com/classics/view/10.1093/acrefore/9780199381135.001.0001/acrefore—9780199381135—e—8258。

[2] 雅诺什·哈尔马塔：《中亚文明史·第二卷》（修订版），芮传明译，北京：中译出版社，2016年，第262—263页。

[3] Thomas Burrow所破译的760份佉卢文文献（其年代大致处于235—325）中提及金币（*stater*）的地方有四次，而提到银币（*drachmas*）的次数只有一次，即第324号文书。对于本段所引用的若干文本系出自*A Translation of the Kharoṣṭhī from Chinese Turkestan*，可通过网站https://depts.washington.edu/silkroad/texts/niyadocts.html浏览。

上贸易的繁荣与中国关系不大，而就陆上丝绸之路本身来说，其贸易是有限的，其繁荣亦带有虚假性。因此诚如芮乐伟·韩森所言，丝绸之路之所以改变了历史，很大程度上是因为在丝路穿行的人们想把他们各自的文化像其带往远方的异国香料种子一样沿路传播。[1]文化上的接触、交流、影响和互动更具广泛性。可供佐证的论据有很多，包括但不限于旧大陆各文明的普遍出现的卍字和马耳他十字花纹，斯基泰艺术三要素的起源的发展，希腊特色在艾哈农城市建设和规划中的体现，犍陀罗艺术中佛陀的形象，汉文玻璃一词的起源，蜻蜓眼玻璃珠和蚀花肉红石髓珠从东地中海到中国的传播，有翼神兽格里芬的形象演变，早期传教士在图斯、马尔吉亚那、赫拉特和撒马尔罕所建立的基督教主教区，三夷教在中国的传布，佉卢语、粟特语和回纥语的形成渊源，祆教天葬风俗在中原的痕迹……而这种多元文化的交汇和碰撞发生在中亚，便出现了以希腊、印度、伊朗的民间故事为题材的片吉肯特壁画艺术。

丝绸之路是一个包含了欧亚大陆各文明的经济文化网络，因此丝路学研究必然涉及跨国主义的思考。本书在这里关注的是在这个网络下，发生在中亚的联系和交流，以及在这个过程中得以强化或者颠覆的中亚城市单位。这即是本书的主旨。

中亚这个概念的提出最早可以追溯到1843年德国地理学家亚历山大·冯·洪堡所出版的三卷本《中亚》。洪堡主张以北纬44.5° 为中轴线，向北向南分别延伸5° ，其东西界线分别为大兴安岭和咸海西部乌兹别克斯坦的乌斯特于尔特高原。19世纪俄国东方学家在此基础上主张将阿富汗以及东伊朗在内缺乏注入外海的河流等地区囊括进中亚的范围内。而在联合国教科文组织主持撰写的6卷本《中亚文明史》中，强调将作为文明形态的中亚的意义，即中亚的范围不应该以一成不变的地理疆界来划分，而应当考虑到中亚人民所创造的历史和文明。因此1978年教科文组织最终决定，中亚应该包括

[1] 芮乐伟·韩森：《丝绸之路新史》，张湛译，北京：北京联合出版公司，2015年，第103页、第126页、第297页。

阿富汗、中国西部、印度北部、伊朗东北、蒙古、巴基斯坦以及中亚五国在内各地区。[1]

而与中亚相关的一个概念则是由美国学者丹尼斯·塞诺提出内亚的概念。根据其本人在书中的解释，此概念乃中央欧亚的简明称呼。与联合国教科文组织对中亚一词的诠释近乎如出一辙，丹尼斯·塞诺也强调内亚的边界并不固定，而是“伴随内亚居民与周边文明之间的交互于此消彼长中变化”，强调一种非政治性，同时也是非地理性的界定方式。在这种叙事模式下，罗马尼亚的潘诺尼亚在匈人时代被囊括进内亚的概念，塞尔柱征服时期的小亚细亚也是如此。中国北方在公元1000年以后也因为游牧民族的征服而暂时成了内亚的一部分。[2]而如果从地理上划定，其范围可以从里海流域直到外兴安岭，长度超过9,000千米，面积超过2,000万平方千米，包括苔原、森林、草原、荒漠四个自然带，占世界陆地面积的1/7。[3]

尽管还存在诸如中部亚洲等在内若干异名，但为方便阅读和理解，我们在书中将采取约定俗成的中亚，而非相对生僻的内亚和拗口的内陆亚洲，作为对这个区域的统一称呼。在这里本书有必要对中亚的范围进行界定。我们要明确：中亚首先是个地理概念，也是个文化概念，同时在当下还是一个有着清晰可见的国境划分的政治概念。

当代之人习惯于把中亚五国与中亚地区画等号，这的确显而易见并具有一定的合理性，但这种理所应当的简单区分忽视了一个显而易见的事实，即明确清晰的政治国界是近代的产物，而中亚地区的文明史却可以追溯到青铜时代之前。相比于地理和文化边界，政治边界的界定是人为的、短暂的，尽

[1] V.M.马松：《中亚文明史·第一卷》（修订版），芮传明译，北京：中译出版社，2016年，第453页。

[2] Denis Sinor, *The Cambridge History of Early Inner Asia*, Cambridge: Cambridge Press, 1990, p.3.

[3] Denis Sinor, *The Cambridge History of Early Inner Asia*, Cambridge: Cambridge Press, 1990, pp.19—40.

管往往更具效力并且凌驾于前两者之上，但这并不意味着政治边界往往就是合理的——后苏联时代中亚各国为争夺牧场和水源而爆发的规模不等的冲突便是明证。因此在本书中，我们把政治上中亚五国所占据的地区视作狭义上的中亚，在地理上大致对应从北纬50—36度，其北界大致沿着乌拉尔河—乌拉尔山—哈萨克斯坦北部图尔盖高原—伊希姆河东部—哈萨克丘陵北部和额尔齐斯河上游，东部沿着中哈—中吉—中塔边境线到葱岭，南部抵阿富汗北部和伊朗—土库曼斯坦边境线，或在其东南方向可以延伸到兴都库什山以北，含巴达赫尚在内整个巴克特里亚/吐火罗斯坦地区。

而广义上的中亚则强调现代国境线之外和中亚有着相当密切的经贸关系往来的区域，它在地理上完全包含了狭义上的中亚划分：从伏尔加河以北以东沿北纬55或60度—鄂毕河上游的卡通河—阿尔泰山西南和准噶尔盆地西部—天山中部—吐鲁番盆地西部—塔里木盆地西部—印度河上游的西部与北部（即兴都库什山南，包括喀布尔、肖土盖、白沙瓦和赫拉特）—伊朗呼罗珊地区。这条地理界线之内的区域即广义上的中亚地区。

将中亚地区置于丝绸之路的世界体系叙事框架之下，我们明显地发现存在有若干城市和区域，尽管身处于广义范围的中亚之外，如阿富汗南部的蒙迪加克和坎大哈，伊朗锡斯坦地区的莫克兰，巴基斯坦西部的卡拉奇，犍陀罗地区的布色羯逻伐底和塔克西拉，里海北岸伏尔加河畔的可萨汗国首都阿铁尔等，乃至保加利亚、波兰甚至斯堪的纳维亚地区。这些处于中亚广义边界之外但却因贸易网络和与之相伴而来的文化接触，从而和中亚存在千丝万缕的联系的若干城市，我们单独对其分类，并将之置入中亚为中心的丝路体系之内。

城市是本书要考察的第三个主题。一种观点认为，城市史乃是将城市置于广阔的经济、社会、政治、文化和空间体系的框架内，进而将这一空间置于更广阔的地区、国家、国际乃至跨国网络中考察其历史。[1]因此为更好地

[1] 肖恩·埃文：《什么是城市史》，北京：北京大学出版社，2020年，第1页。

考察中亚地区与丝绸之路的联系，我们以中亚为立足点，将与之相关的丝路体系结构划分为三个层次：第一个层次即地方贸易网，对应狭义上的中亚城市；第二个层次是区域贸易圈，对应广义上的中亚城市；第三个层次为国际贸易线，对应那些处于广义之外但却和中亚存在切实联系的若干城市。

丝路网络和城市存在一种共生关系，丝路兴则城兴，丝路衰则城衰。因此丝路与城市的关系、丝路体系下城市和城市的关系、民间团体——譬如商人、士兵、旅行家和传教士等——与丝路城市发展以及丝路城市的共性和个性，这些都是本书所涉及的内容。而我们既然将城市作为主要考察对象，考察它们在通过经中亚而连接至旧大陆各文明的丝路体系下所得到的强化或颠覆，因此我们首先必须对城市这个概念进行清晰的定义。

城市史研究发端于英国莱斯特大学，自迪奥斯于1963年创办《城市研究通讯》至今已有超过半个世纪的发展历程。而在同中亚研究密切相关的俄语之中，对于城市的定义是：任何由围墙围绕或是由其他方式将其包围起来的聚落都称之为城市，[1]另一个对城市的定义认为城市乃神圣、安全和繁忙之地。[2]这两个定义都不约而同地强调安全职能对于城市的重要性，但这就存在一个问题，即当我们把目光放在前文明时代，即农业革命时期的新石器时代乃至更久之前的旧石器时代时，我们又该如何定义/看待这一时期内那些具备了可以被称作防御措施的聚落或城市?

至少就中亚地区而言，原始城市化进程开始于青铜时代。原始城市最早出现在科佩特达格山麓和卡拉库姆荒漠的边缘，并在大约前3000纪后期逐渐向穆尔加布河流域拓展，这一过程源自当地治水社会以及在这个基础

[1] L.R.科兹拉索夫：《中北亚城市文明的历史学和考古学研究》，北京：商务印书馆，2019年，第57页。

[2] 乔尔·科特金：《全球城市史》（典藏版），北京：社会科学文献出版社，2014年，第1页。

上的冶金、陶器等手工业的发展，并伴随有早期居民日益强烈的精神需求而产生的宗教虔诚，由此而在大型聚落之内产生出相对清晰可见的功能片区的划分。这种划分最初只是一种基于现实需要而产生的分工，但是由分工而界定的身份却逐渐演变为不同的集团和阶层，这个发展过程造成了城市独特而复杂的空间和社会结构，并表明城市乃是不同于乡村的一种复杂的有机体。

但是相对于青铜时代这种明显可见的特征，石器时代的聚落更强调安全上的因素——尽管城墙被视作识别城市的一大重要标志，但是城墙体现出来的含义是聚落居民对于安全的渴望，因此我们完全可以将早期有明确的人类活动痕迹存在的岩洞，以及存在由壕沟等简单防御工事环绕的居民点视作原始城市的一种胚胎或者萌芽。所以本书对城市的演进划分为城聚—城邑—城市。第一类的城聚普遍存在于旧石器时代的中亚地区，代表是科佩特达格山麓支脉的捷希克·塔什岩洞；第二类的城邑可追溯到中亚的新石器时代，代表是土库曼斯坦南方靠近科佩特达格山脉的哲通；第三类的城市始于青铜时代，除去可供识别的标志性的城墙外，其内部贵族区、平民区、神殿区、手工业区等城市间隔存在也是界定城市不同于新石器时代城邑的重要因素，这种城市在中亚地区的代表——在青铜时代——包括但不限于土库曼斯坦南方的阿尔丁特佩，青铜时代中期（前2200—前1800）以哥诺尔古城和萨帕利为代表的巴克特里亚—马尔吉亚那文明的若干古城遗迹。

同时我们也注意到，人类历史上从来不缺少城市曾多次遭劫却又历劫而存，甚至变得更加繁荣。佩内洛普·科菲尔德指出这种城镇在不同时期的扩张、收缩或重建，但在地理位置、功能用途、地形地貌和社会/文化传统等方面有着“根深蒂固的连续性”——这暗含了城市形成的三大要素：独特的地缘位置，市民对于城市的眷恋之情，以及在区域分工体系以及贸易网络中的不可替代性。诱导城市兴起的因素很多，唯有健康的经济才是城市运转壮大的基础，因此这种毁灭—重建的循环往复，体现出的是贸易活动与城市的密切关系——这在丝路贸易体系下尤为重要。[1]

以上即是我们对于丝绸之路、中亚和城市研究的一个简要说明。人类的社会性决定了交往的必要性，诚如福泽谕吉所言，交往乃人类的天性，如果与世隔绝，则不能产生聪明才智。以丝路学角度为切入点，立足于中亚这个自古以来便以四通八达著称的欧亚通衢，考察其城市和周边各文明在交往中获得的强化和颠覆，考察其历劫而存的延续性和丝路体系之间的关联性，对于当今中国为构建人类命运共同体，进而在整个欧亚大陆所推行的带路战略具有一定的镜鉴意义。

[1] 优越的地理条件未必能带来好结果。一个典型的例子是赫拉特，这座城市乃是从北部和西部控制阿富汗以及进军印度的锁钥，但是这种特殊地理环境在19世纪起到了反面效果，以至于这座昔日呼罗珊的首府在1885年仅剩17,600人。黄杨文：《中东国家通史·阿富汗卷》，北京：商务印书馆，2009年，第167页。

第一章

宏观环境背景下史前时代的中亚城市

一、宏观环境与全球气候

人类是环境的产物，文明亦是如此。巴尔干半岛的山地地形是造成城邦时代希腊世界邦国林立的重要因素，美索不达米亚和埃及不同的河流水文特征造成了两者在宗教观上的差异，平原地形和不稳定的季风气候则促成了古代中国中央集权模式的形成。

气候变化和自然地理条件对史前以及早期人类文明的发展有着近乎决定性的意义。全新世的气候变化一向以无常著称，但长时段通史研究依然存在一种约定俗成的规则，即默认环境始终处于稳定的惰性状态下，并以此为前提展开对于某一文明的分析和考察。对近代工业社会的分析可以在忽视气候变动的前提下，从经济、贸易、政治结构、民族意识、社会文化和意识形态等多个角度展开，但是对于人类长达几十个世纪的古代上古史的研究却不能如此。

从希波克拉底到孟德斯鸠，学者从未忽视自然因素对人类社会历史发展的影响，它好比历史的子宫，哺育了历史，也规范了历史；又好比一双看不见的手，暗中规划了文明发展的方向和发展的上限。

人类要牢牢记住面对自然强大压力时所变现出来的脆弱本质。一个典型案例是北非的加拉曼特王国。这个国家位于现代利比亚西南地区，希罗多德、塔西佗和老普林尼都留下了关于加拉曼特人的记载，考古发现亦显示该文明曾有一百多个设围的农场、城堡结构和村庄。为应对极端环境的压力，加拉曼特人修建了庞大的管道系统，并在随后孵化出以灌溉农业为基础的文明社会。在古典时代，加拉曼特人控制着通往的黎波里塔尼亚海岸、埃及和南方的贸易路线，一方面大量进口来自北方的玻璃器皿、陶器、灯具、安芙兰罐子、橄榄油和葡萄酒，又从南方进口象牙、奴隶和红宝石，成为这一时期跨撒哈拉贸易的主要中间人。[1]但是如果将繁荣的加拉曼特社会置于以千年为跨度的气候的波动周期内，不难发现，该文明的繁荣很大程度上是建立在欧亚大陆在公元前后几个世纪的异常期。这种长达几个世纪的气候异常深深影响了古典时代欧亚大陆诸帝国的命运。在地中海世界，这段气候异常期被称为罗马气候最优期/罗马气候温暖期（前200—150），而这段时期也对应公元前后欧亚大陆东端的中华文明的繁荣。随后的气候波动破坏了撒哈拉边缘地区脆弱的生态平衡，对当地柏树年轮的分析表明了干旱化所引发的长期性危机，对化石水的过度开发又加剧了加拉曼特社会的困境。该文明在古典时代晚期趋于衰亡，这个时间点与地中海世界晚古小冰期持续的时间（400—600），以及这一时期因游牧民族迁徙而引发的欧亚大陆的动荡和混乱存在极大的共时性。该事件是处于惰性状态的气候因素是如何影响古代社会发展命运的一大例证。

以冰后期北半球不断上升的气温为标志，这一状态持续超过五千年，并在前五千纪至前四千纪达到顶点。这一时期湿度增加，气温比现在几乎要高3度，但随后便出现寒冷期，气温下降并于大约前2,000年达到顶峰。[2]而具体到环境和文明兴衰之间的关系，自12,000年前冰期结束后世界进入全新世时期，全新世初期（1.2万年前—前6250）气候回暖对应旧大陆早期的农业中心以及陶器文明的出现，前者如土耳其的Nevail Gori、叙利亚的Tell Abu Hureyra和山东的月庄遗址，后者如托罗斯山脉东部的Bildibi和扎格罗斯山脉的Gaeni Dareh Tepe。传统上一直认为全新世中期比全新世早期和晚期更加温和，[3]大麦和小麦也正是在这一时期从西亚传播到欧洲和中亚大部，中国华北地区

[1] R.Law, "The Garamantes and Trans—Saharan Enterprise in Classical Times," *The Journal of African History*, vol.8, no.2, 1967, pp.181—200.

[2] 叶莲娜·伊菲莫夫纳·库兹米娜：《丝绸之路史前史》，李长春译，北京：科学出版社，2015年，第4页。

[3] Shi, et al. "The Climatic Fluctuation and Important Events of Holocene Megathermal in China," *Science China—Chemistry*, vol.37, 1994, p.353.

的粟和黍也一路向西传播到河西走廊和新疆。一份对于阿尔泰山、南西伯利亚和中亚的气候分析显示距今5200—4900年前，这些地方存在一个小高温时期。[1]与此相关的是，中亚在前4千纪初出现青铜冶炼技术，而早期城市化也在科佩特达格山麓发展起来，阿姆河文明各城市在前3千纪后期的中亚南方兴起，并建立起与美索不达米亚和印度的贸易联系。对新石器时代中亚各遗迹的考古成果显示出当地存在一个由贸易联系组成的网络结构，并同中亚之外的伊朗、阿富汗和印度河流域建立起一个初步的贸易圈，而伴随中亚在青铜时代被纳入世界体系，贸易线路亦连通了资本积累中心的美索不达米亚地区。

在中亚，良好的湿热条件与这种欣欣向荣的发展态势可能一直维持到青铜时代中期（前2500—前1800），但在青铜时代中期的中晚期，气候变化为当地城市文明欣欣向荣的发展态势抹上了一层浓厚的阴影。斯皮里多诺娃确定一个全球变冷的亚北方期开始于前2500年，持续长达5个世纪，这一时期伴随有植被的变化：落叶林消失并被针叶林替代，欧亚大陆的草原地貌南移并到达里海北岸的半干旱地区。[2]约前2200年中亚出现了影响极大的气候干旱事件，期间伴随气温的升高，此后阿姆河和锡尔河每年流注咸海的水量减少超过35万立方千米，相当于1/10个亚速海容积。咸海水位下降约2.5米，周边温度却上升了1.5度，由此导致咸海水体面积缩小近20万平方千米。[3]异常的气候变化还可以从欧亚大陆其他地方找到证据：对克里米亚的湖底沉积物分析显示，东欧地区在距今4200年前存在约一个世纪的干旱期，同期土耳其的东部湖水水位下降30—60米，而死海的水位要比现在低100米以上，尼罗河上游

[1] Zhiguo Rao, Chao Huang, “Long—Term Summer Warming Trend During the Holocene in Central Asia Indicate by Alpine Peat a—Cellulose d13C Record,” *Quaternary Science Review*, vol.203, 2019, pp.55—56.

[2] 叶莲娜·伊菲莫夫纳·库兹米娜：《丝绸之路史前史》，李长春译，北京：科学出版社，2015年，第7页。

[3] U.Ashirdekov, I.Zoon, *Aral: The History of the Dying Sea*, Dushanbe: International Fund fro Saving the Aral Sea Executive Committee, 2003, p.71.

莫尔斯湖和鲁道夫湖在公元前2180—公元前2160年间水位极低，上游河水也在减少。与此密切相关的是，以库提人为代表的印欧人的第一次迁徙以及埃及古王国时代的结束（约前2181）也同样发生在这一时期。[1]

在中亚南方，与气候恶化趋势共时的是该地区原始城市化的衰退。重要的城市中心如阿尔丁特佩、喜萨尔特佩、德兰吉亚那的沙赫里索克塔，以及阿姆河文明各城市从繁荣走向衰败，聚落向穆尔加布河地区的巴克特里亚和马尔吉亚那迁徙。而这个时间点正好与哈拉帕文明中心城市的衰亡处于同一时期。这种普遍性的衰退趋势暗示了世界范围内气候从湿润的全新世中期向干冷的全新世后期变迁。干旱气候使河流萎缩，进而使中亚南方原本灌溉农业趋于恶化，当地的城市在青铜时代晚期继续衰败，与此同时中亚南方与外界的贸易联系也在减弱。这种趋势一直持续到早期铁器时代，伴随前1400—1000年中亚干旱气候的反常湿润化趋势的出现，城市在早期铁器时代的中亚地区重新兴起，城市化浪潮在公元前1千纪中期重新出现，该时期亦对应全新世晚期的第二个湿润期（前600—前250）。[2]

降水和气温波动以及其背后全球性的气候变迁深刻地影响了早期农耕文明和原始城市化进程的发展。环境是文明起源和发展的支撑性条件，人类对环境的文化适应性交往的存亡，决定了人类文明的兴盛和衰亡。[3]越是考察人类早期文明，就越是能深深体会到无处不在的环境因素对早期人类文明无孔不入的影响。鉴于如此，本书有必要在开篇位置专门用若干笔墨阐明这种关系，并在随后对于各时期中亚历史的叙述中进行补充。

[1] 田家康：《气候文明史：改变世界的8万年气候变迁》，范春飒译，北京：东方出版社，2012年，第85—87页。

[2] Philip L.Kohl, *The Bronze Age Civilization of Central Asia*, London: Routledge, 1981, pp.xxviii—xxxi.

[3] 彭树智：《论人类的文明交往》，《史学理论研究》2001年第1期，第12页。

二、石器时代的城聚和城邑

就分布范围而言，中亚旧石器时代的遗迹分布与新石器时代遗迹有着很大的差别。后者集中于科佩特达格山麓，而前者，假如我们根据阿姆河主要河道在地图上画一条从里海东北穿越今日喀布尔的线，那么至少在旧石器时代，单纯以考古发掘结果来看，以此线为界，其东西两侧的人类的活跃程度很不成比例。除去少数几个分布在里海和土库曼斯坦首都阿什哈巴德东部和中亚北方的遗址之外，大多数旧石器时代的文化集中于此线以东，截止至锡尔河—杜尚别一线，其北界在泽拉夫善河下游，此区域向南可以延伸到的索恩河流域，也是我们所定义的广义上中亚南方的边界地区，该分布区域大体呈现为一个倾斜的矩形。

这一分布特点在旧石器时代早期便得以体现。旧石器时代砾石文化的代表，卡拉套、拉胡迪、库尔达拉，以及被认为是中亚最著名的旧石器文化区的索恩文化，都局限在这个倾斜的矩形之内。旧石器时代是人脑在智力层次上取得重大突破的时期，具有石核和薄片结构的勒瓦娄瓦式石器的出现标志着劳动者对自身任务有了更明确的认识，是人类进化历史上的重大突破。中亚的捷希克·塔什岩洞以及塔什干附近的霍及肯特岩洞发现了勒瓦娄瓦—莫斯特的石器文化。现代研究倾向于将中亚旧石器中期文化与伊朗和地中海的勒瓦娄瓦—莫斯特文化联系到一起。[1]至莫斯特期（旧石器时代中期）出现了向这个矩形两侧扩散的痕迹，在它以西的赫尔曼德河下游出现了胡尼克遗址，在它以东的杜尚别北方出现了库尔布拉克遗址。而尽管考古发掘在里海东南、锡尔河以北以及费尔干纳地区发现了若干新的旧石器时代晚期的遗址，但就整体分布而言，中亚旧石器时代的人类活动依然局限在这个倾斜的矩形之内。

---

[1] Denis Sinor, *The Cambridge History of Early Inner Asia*, Cambridge: Cambridge Press, 1990, pp.53—54.

这种情况出现的原因或许可以在当时的自然环境条件里找到答案。对更新世黄土层和古土壤以及岩洞堆积物的分析显示，相比现在，旧石器时代中期中亚地区要更加湿润。可供佐证的一点在于塔吉克斯坦旧石器时代中期的奥格泽基奇克遗址发现了犀牛的残骸，[1]而在乌兹别克东南的撒马尔罕地区，20世纪70年代在该地库图尔布拉克发现了被狩猎的大象，有观点认为此遗址即史前尼安德特人追捕大象和野马时的居地，[2]撒马尔罕斯卡亚亦发现了大象和犀牛的存在，[3]对于印度河下游平原的环境分析也表明，至少在旧石器时代中期，当地并非如现在这样干旱。[4]

相对理想的自然条件使倾斜矩形区域成了早期狩猎活动的理想之地，这种游猎生活方式也深深影响到人类居地的形成。这一时期人类尚不存在定居的概念，聚落——我们称之为城聚——都是季节性的居地，也基本上都是天然而生的岩洞或岩石遮蔽处，仅仅只是满足了人类对于安全的需求，而缺乏文明时代城市神圣、安全、繁忙三位一体的特征。我们可以将这些名为城聚的岩洞视作对于城市追根溯源的起始点，但其意义也就仅此而已。

史前时代的岩洞可以被视作一种特殊的城市的雏形，这不仅是因为它满足了人类在游猎时代的长期迁徙中寻找能够在安全上满足其需要的暂时性的居地，更为重要的是这类岩洞在诸如艺术、风俗等人类精神创造活动中所具备的意义。这种活动在法国、西班牙、美索不达米亚、埃及等地都有发现，在中亚南方也不例外。它不仅是安全的堡垒，更是早期人类礼仪和文化中心。后世游牧民族的传说和文字记载佐证了岩洞在人类精神生活中的特殊地

---

[1] V.M.马松：《中亚文明史·第一卷》（修订版），芮传明译，北京：中译出版社，2016年，第65页。

[2] Szymczak, Gretchkia, *Kuturbulak Revisited: A Middle Paleolithic Site in Zeravshan River Valley, Uzbekistan*, Warsaw: Institute of Archaeology, Warsaw University, 2000.

[3] L.B.Vishnayatsky, *Paleolithic Interface in Central Asia.The Early Upper Paleolithic Beyond Western Europe*, Berkeley: University of California Press, 2004, pp.151—159.

[4] V.M.马松：《中亚文明史·第一卷》（修订版），芮传明译，北京：中译出版社，2016年，第53页。

位，突厥人有崇拜祖先之洞的传统，信仰萨满教的民族和部落也都宣称自己的祖先发源自山间岩穴。从这个方面而言，“人类最早的礼仪性汇聚地点，即各方人口朝觐的目标，就是城市最初发展的胚胎。”[1]

旧石器时代的人类以游猎生活为主，这为发生在中亚本土与中亚之外的区域—跨区域交流创造了条件。除上文提及的勒瓦娄瓦—莫斯特石器的传播之外，旧石器时代中期撒马尔罕斯卡亚存在一种特别的石器制造技术，该技术与塔吉克斯坦的舒格诺和高加索北部的迈科普存在相似性，因此有观点认为存在一条文化演进的路线，它以南哈萨克斯坦的卡拉苏为起点，经撒马尔罕文化，并以后旧石器时代的喜萨尔文化为结束，并指出了受小亚细亚（地中海）地区清晰影响的进化模式。[2]

仙女木是一种盛开在干冷地区的植物，现代人通过分析湖底沉积物中所包含的花粉，发现在旧石器时代末期到新石器时代之初出现了三次仙女木生长区向南方拓展的趋势，由此而对应三次气候变冷的仙女木期。约1.2万年前新仙女木期结束，欧亚大陆从更新世进入全新世，此后人类进入长达数千年的长夏时代。在此期间，全球气温逐渐回暖，降水增加，而这种良好的光热条件为人类早期文明的孕育创造了必要条件。

考古学家柴尔德曾提及对人类文明至关重要的两大事件，新石器时代的新石器革命和青铜时代的城市革命。前者发生于全新世早期（距今12000—8000年），后者发生于全新世中期（距今8000—4000年），两者都发源于西南亚。新石器革命即农业革命，其标志在于对植物和动物的初级驯化，这两者都源自新石器时代的西亚——这很大程度上得益于西亚地区中心地位的优越性：目前已知的植株矮小且果实较大的一年生草本植物有56种，其中2/3分

[1] 刘易斯·芒福德：《城市发展史》，宋俊岭、宋一然译，上海：三联出版社，2018年，第8页。

[2] V.M.马松：《中亚文明史·第一卷》（修订版），芮传明译，北京：中译出版社，2016年，第68页。

布于近东，相比较而言东亚仅有6种，美洲只有2种，而全球可供驯化的45公斤以上的14种哺乳类动物有9种在美索不达米亚被驯化，其中就包括最重要的山羊、绵羊、猪、牛。得天独厚的自然条件无疑是农业革命最早在西亚发生，也是西亚在早期世界体系的资本积累过程中长期居于中心地位的首要原因。

全新世早期温热多雨的气候条件以及欧亚大陆纬向分布的特征是源自西亚的先进技术向欧亚大陆各地区传播的重要原因。在中亚，已知最早的农业定居文化是分布于科佩特达格山麓的哲通文化，该文化由二十多个遗址组成，其中最重要的就是卡拉库姆沙漠的哲通，时间在新石器时代中期，至新石器时代后期/铜石并用时代，中亚又出现了安诺文化，其分布亦位于科佩特达格山麓周边。这一时期中亚的农业文化局限在山前地带和里海东南地区，而以克尔捷米纳尔文化为代表的阿姆河北部地区依然处于先前的渔猎时代。

哲通和安诺都是新石器时代中亚地区典型的城邑。旧石器时代的城聚和新石器时代的城邑的一个典型区别在于，前者通常只是借用如岩洞等天然存在作为栖身之地，后者则是已经初步建立起房屋和人造的简单防御设施。房屋之于城市发展的意义不啻蒸汽机之于生产力革命的意义，它的存在表明人类聚落正逐渐摆脱自然条件的限制，是迈向真正意义上的城市以及城市文明最重要的一步，更是人类自身智力发展的一大进步。

哲通遗址位于科佩特达格山前，卡拉库姆沙漠南方边缘，在今日阿什哈巴德北方25千米处，其年代在前7千纪到前5千纪。苏联考古学家马松主持了对于哲通的第一次挖掘工作，至1987年苏联考古学家库班斯卡托夫主持了对于哲通遗址的第二次发掘，90年代初英俄联合考古队又主持了对哲通遗址的第三次挖掘。

哲通是个由30—35座泥砖房及其附属建筑以及庭院组成的小型定居点，面积只有约5,000平方米，可居住160—200人，平均每座房屋容纳5.3—5.7

人，[1]这表明核心家庭已经成为哲通居民社会生活的主流模式。其房屋形状为长方形，每边长度为4—6米，门廊低矮，室内通常在北面和东面建造大型泥砖炉。而尽管哲通是个永久性的居住地，但是哲通房屋地层的复杂性暗示了当地居民的季节性——也就是说尽管有人常年生活于此，但是并不意味着每年都有人居住于此，[2]现代对当地山羊绵羊等的宰杀模式的研究也佐证了这个结论。[3]

哲通是中亚最早的动物和植物驯化地，其中小麦测定的年代在距今8328—7721年间，羊亦在距今8000—7000年间传入科佩特达格山麓。[4]谷物中最重要的是小麦，当地发现的谷物残余中90%都是单粒小麦，而肉类则是比农耕和采集更重要的食物来源。一篇对当地动物骨骼的分析报告显示，哲通本身并没有发现驯化牛和猪的证据，当地畜牧经济的基础是山羊饲养。[5]尽管新石器革命的进程已在哲通开始，但旧石器时代的痕迹依然深深保存在哲通的经济生活中，除去刺山柑、山羊草、海边纸莎草等野生植物，哲通还发现了瞪羚、野猪、狐狸、乌龟和野兔，但却并没有发现鸟类和鱼类的存在，表明后者在当地经济中处于不重要地位。[6]

---

[1] V.M.马松：《中亚文明史·第一卷》（修订版），芮传明译，北京：中译出版社，2016年，第96页。

[2] D.R.Harris, "Jeitun: Recent Excavations at an Early Neolithic Site in Southern Turkmenistan," *Proceedings of the Prehistoric Society*, vol.62, no.1, 1996, pp.423—442.

[3] Legge, "The Exploitation of Sheep and Goat at Jeitun," in *New Research at the Jeitun Settlement (Preliminary Reports on the Work of the Soviet-British expedition)*, Ashkabad: Academy of Science of Turkmenistan, 1992, pp.77—83.

[4] Harris, "Investigating Early Agriculture in Central Asia: New Search at Jetuin, Turkmenistan," *Antique*, vol.67, 1993, pp.324—338.

[5] Dobney, Jaques, "The Vertebrate Assemblage from Excavations at Jeitun, 1993 and 1994," in *Origins of Agriculture in Western Central Asia: An Environmental-Archaeological Study*, Philadelphia: University of Pennsylvania Press, 2010, pp.174—179.

[6] Benecke, "Subsistence Economy, Animal Domestication, and Herd Management in Prehistoric Central Asia (Neolithic-Iron Age)," in *The Oxford Handbook of Zooarchaeology*, 2017.

蒙朱克力德佩（Monjukli Depe）是哲通文化的一个遗址，其位于科佩特达格山麓地带，年代在公元前5100—公元前4900，[1]距离后来青铜时代的阿尔丁特佩约2千米。当地出土动物残骸的97%来自家养动物，其中又以山羊和绵羊为主。对蒙朱克力遗址的考古研究显示出当地居民在次级产品的开发上或许已经取得一定进展，根据对于当地家养动物的年龄和性别分布来看，当地人很可能已经学会挤奶，尽管对这一观点还存在争论。

埃尔哲利德佩的年代在公元前3800—公元前3000之间，[2]位于科佩特达格山麓北部和阿尔丁特佩西北。驯化的山羊和绵羊在当地经济中扮演了同样重要的角色，但是不同于上文提及的蒙朱克力——相比于后者，狩猎活动在埃尔哲利德佩占据更加重要的位置，当地哺乳类动物骨骼的30%来自瞪羚、野驴和野羊等野生动物。[3]有观点认为该聚落是一个铜石并用时代的原始城市中心，这点至少可以从当地冶金技术的发展上部分性地得以佐证。通过对埃尔哲利德佩的金属珠、铜钉、失蜡铸造等在其材料和制作工艺上的分析表明，迟至在前4千纪，当地已经发展出一种富有创造性的金属铸造技术。[4]

安诺是中亚新石器时代的又一个城邑，该遗迹位于阿什哈巴德南方，其年代可追溯到公元前4500年，[5]在南土库曼斯坦的文化序列中仅在哲通之后。

---

[1] Pollock, Bernbeck, “Excavations at Monjukli Depe, Meana-Chaacha Region, Turkmenistan, 2010,” *Archaologische Mitteilungen aus Iran und Turan*, vol.43, 2010, pp.169—237.

[2] Hiebrert, “The Kopet Dag Sequence of Early Villages in Central Asia,” *Paleobiology*, vol.28, 2002, pp.25—41.

[3] Benecke, “Subsistence Economy, Animal Domestication, and Herd Management in Prehistoric Central Asia (Neolithic-Iron Age),” in *The Oxford Handbook of Zooarchaeology*, 2017.

[4] S.Salvatori, M.Vidale, G.Guida, E.Masioli, “Ilgynly-depe (Turkmenistan) and the 4th Millennium BC Metallurgy of Central Asia,” *Paleobiology*, vol.35, 2009, pp.47—67.

[5] Kurbanov, Aydogy, “A Brief History of Archaeological Research in Turkmenistan from the Beginning of the 20th Century until the Present,” *ArcheOrient*, https://archeorient.hypotheses.org/9078.

20世纪初美国学者彭佩雷通过对安诺的考察将其划分为4期，鉴于在第一期和第二期都发现了铜器的存在，因此可以将之归于新石器时代末到铜石并用时代。在安诺，除去山羊和绵羊等广泛存在于中亚早期食物生产型聚落的动物之外，当地还发现了中亚最早被驯化的骆驼，[1]以及中亚最早被驯养的家猪。狩猎经济在当地仍具有重要意义，动物狩猎在当地的食物获取中仍占据很大的比重，其主要代表是中亚野驴，占食物残余的25%。[2]

新石器时代中亚与周边的交流往来在旧石器时代的基础上有所扩大，而尽管中亚地区早在旧石器时代就出现人类活动的痕迹，但在史前时代和文明时代，中亚在世界历史上更多是扮演一个中介——而非中心，其存在“犹如一个通衢，一个舞台，各民族在这里来来去去”[3]，但也正是因此才使得中亚在欧亚大陆的文明交往中占有独特的意义。

羊是新石器时代人类最早驯养的家畜，在1.3—1.1万年前的西亚便已经被驯化，大麦和小麦亦在距今10500年前的西亚地区成功驯化，三者都在距今约8000—7000年前传入中亚。其中羊在5000—4000年前传入中亚东部地区，迟至4000年前进入中国西部地区，大麦和小麦则是在4500—4000年前传入中亚东部和中国西北地区。

麦类作物在中亚的传播尤其引人注意。其测定年代在距今8328—7721年之间，并在距今8000—7500年间向印度次大陆传播，其代表是巴基斯坦北部的梅尔伽赫遗址，在距今8000—7000年的文化层中发现了大麦和小麦，其文化本身亦深受哲通影响。[4]安诺时代山前地区的农业种植迅速发展，并在距今

[1] F.Zeuner, *A history of Domesticated Animals*, London: Hutchinson, 1963, p.359.

[2] Benecke, “Subsistence Economy, Animal Domestication, and Herd Management in Prehistoric Central Asia (Neolithic-Iron Age),” in *The Oxford Handbook of Zooarchaeology*, 2017.

[3] 王治来：《中亚近代史：16—19世纪》，兰州：兰州大学出版社，1989年，第3—4页。

[4] Costantini, “The First Farmers in Western Pakistan: The evidence of the Neolithic Agropastoral Settlement of Mehrgarh,” *Pragdhara Journal*, no.18, 2008.

5000年前向东传入塔吉克斯坦，[1]在距今4600年前继续东传至哈萨克斯坦与中国新疆接壤的七河流域。[2]与此同时，大约在前5千纪中叶，中国的粟亦传播到西部，距今7750—7500年前的兴隆沟遗址和月庄遗址发现了最早的碳化粟和粟，[3]哈萨克斯坦的博迦什遗址测定的粟在距今4410—4103年间，[4]该遗址是中亚最早同时出土麦类和粟遗存的遗址，此后粟米进一步向西传播，于公元前700年传入美索不达米亚的尼姆鲁德遗址，[5]该遗址系西亚地区最早的发现种植粟米证据的遗址。

陶器也是本书此部分需要考察的内容。早在哲通时代中亚就已经出现了陶器，至安诺文化时期更以彩陶著称，20世纪20年代瑞典考古学家安特生曾根据对仰韶彩陶的分析提出著名的中国文化西来说，其基础很大程度上立足于安诺彩陶和仰韶文化陶器的相似性。但这种观点经过后人研究已被推翻：安诺的陶器起源尚不清楚，是否为本土自生一直是一个极富争论性的话题，其争论的焦点在于伊朗高原在多大程度上影响了安诺陶器的形成。西方对于中亚陶器的影响可以追溯到8000—6000年前，欧拜德文化和哲通文化所出土的彩陶，都绘有动物和几何图形为纹饰。[6]从哲通时代开始中亚陶器便多绘有三角花纹，这一特点在安诺彩陶以及青铜时代纳马兹加IV—VI的陶器上多有

[1] Spengler, Willcox, "Archaeobotanical Results from Sarazm, Tajikistan, an Early Bronze Age Settlement on the Edge: Agriculture an Exchange," *Environmental Archaeology*, vol.18, 2013, pp.211—221.

[2] Doumani, "Burital ritual, agriculture, and craft production among Bronze Age pastoralists at Tasbas (Kazakhstan)," *Archaeol Research in Asia*, vol.1—2, 2015, pp.17—32.

[3] 赵志军：《小米起源的研究——植物考古学新资料和生态学分析》，《赤峰学院学报》(哲学社会科学版)，2008年第1期，第35—38页。

[4] Spengler, "Early Agriculture and Crop Transmission among Bronze Age Mobile Pastoralists of Central Eurasia," *Proceedings of Royal Society B: Biological Science*, 2014.

[5] Daniel, *Domestication of Plants in the Old World*, Oxford: Oxford University Press, 2000, p.86.

[6] Caldwell, "Pottery and Cultural history in the Iranian Plateau," *Journal of Near East Studies*, vol.27, 1968, pp.178—183.

体现，同时这种特色亦向外传播，如伊朗中部的西阿尔克，所出土的彩陶即为多层横向排列的三角纹。但是以安诺为代表的中亚彩陶东传对中国陶器的影响相对有限，只是在青铜时代晚期才传播到伊犁地区，但在这之前新疆就已经发展出彩陶文化，其形成主要来自本土和东部甘青文化的影响，比如新疆的苏贝希彩陶文化，即是受到中原—河西走廊彩陶文化影响下的吐鲁番地方特色。[1]两者不管是在器型、纹饰还是制作工艺上都存在较大差距，这些都证明两者属于不同传统。[2]从5500年前到3300年前，黄河流域的彩陶存在至少4次向西传播的过程，沿甘肃中部—河湟谷地—河西走廊向西扩散，至5000—4500年前传播到河西走廊中部地区。[3]

远古时代的文化交流富有暧昧和模糊性，但我们不能因此而忽视这种传播所造成的影响。在纳马兹加III（前3200—前2800）中亚地区出现了马耳他十字花纹，[4]而这一花纹最早可以追溯到美索不达米亚的哈拉苏文化（前5600—前4300）的哈拉夫四叶纹，这种十字装饰在哈拉帕文明、乌拉尔图的阿尔滕特佩神庙、霍尔萨巴德和库允吉克高地的亚述宫殿、北高加索和塔曼半岛、帕尔米拉、新疆尼雅、巴泽雷克古墓，乃至后来的中原地区以及中世纪的欧洲都广泛分布。[5]

欧亚大陆整体性日益明显的根源在于生产力的发展。中亚纳马兹加二期时代就已经发展出失蜡铸造、复杂模具浇筑、热锻、广泛的低温退火技术、板材制造以及冲孔技术。以冶金进步为代表的生产力发展，而与此同时跨区

[1] 沈爱凤：《文明初期东西方艺术之交流述略》，《西北美术》2014年第1期，第78—85页。

[2] 林铃梅：《新疆与中亚青铜时代晚期至早期铁器时代彩陶类遗存对比研究》，《考古与文物》，2020第3期，第52—60页。

[3] 韩建业：《“彩陶之路”与早期中西文化交流》，《考古与文物》，2013年第1期，第28—37页。

[4] 谭玉华：《“陶器北界线”概念及其在中亚绿洲地区的应用——读〈中国西北地区先秦时期的自然环境与文化发展〉》，《华夏考古》，2013年第2期，第145—152页。

[5] 沈爱凤：《从青金石之路到丝绸之路》，济南：山东美术出版社，2009年，第303—307页。

域物种文化交流在中亚日益广泛，这都是对青铜时代国际贸易网络建立至关重要的条件。

三、青铜时代的中亚城市聚落

青铜时代是中亚历史上承上启下的时期，中亚第一波原始城市化的浪潮即兴起于这一时期。在中亚，位于今日塔吉克斯坦西北的撒拉兹姆遗址是该地区最早的原始城市的代表。青铜时代中期是中亚早期城市文明的繁荣期，被称作巴克特里亚—马尔吉亚那考古综合体的阿姆河文明在此阶段兴起，中亚南方与欧亚大陆各文明之间的物质文化交流也在这一时期发展到有史以来的第一个高峰。考古成果证实了这一时期存在于中亚南方城市文明与印度河文明、埃兰文明、美索不达米亚文明，甚至是克里特文明之间的直接或者间接的联系。青铜时代晚期是中亚城市文明衰退的时代，现代研究已经证明，大量居地在这一时期面积缩水乃至被抛弃，并伴随有居民迁徙的证据出现，与此同时，跨地区的长途贸易也在趋于衰退，但也应该注意到，中亚南方的定居民族与北方游牧民族之间联系和交往，却在城市文明的衰退过程中逐渐增长。

在对中亚早期的城市文明进行进一步讨论之前，本书必须先申明有关中亚青铜时代的断代问题。中亚青铜时代的起止时间是在公元前3000—公元前1500年之间，而中亚青铜时代的文化通常被称作纳马兹加文化。因此以纳马兹加文化的年代为标准进行划分，公元前3000—公元前2500/2400对应纳马兹加文化四期，即青铜时代的早期，公元前2500/2400—公元前1750则是对应纳马兹加文化五期的青铜时代中期，自公元前1750—公元前1500/1400则是对应纳马兹加文化六期的青铜时代晚期。

撒拉兹姆遗址位于今日塔吉克斯坦西北，即现代撒马尔罕以东60公里的泽拉夫善河冲积扇。对撒拉兹姆的发掘工作开始于1977年，相对于日后中亚南方兴起的早期城市遗迹而言，撒拉兹姆最显著的特征是其巨大的占地面积。阿姆河文明的中心城市哥诺尔不过只有22公顷，作为商栈兴起的肖土盖不过只有2公顷，而撒拉兹姆仅可见面积便达到了25公顷，而一种估计认为撒拉兹姆至少要有100—150公顷。[1]

撒拉兹姆是中亚最早的城市，其名称含义即边地。它位于从科佩特达格山麓到帕米尔高原的纳马兹加文化的边缘地带，地处中亚南方定居文明和北部游牧民族之间的分界点，其特殊的地理位置使该城市在文明交往的过程中起到极为重要的作用。可以说，撒拉兹姆是一个带有混合经济色彩的城市，是一个冶金生产的中心，也是青铜时代早期中亚文明交往的重要节点。

撒拉兹姆的农业经济带有鲜明的混合色彩。当地的农业生产以大麦和小麦为主，并还发现了若干磨石和杵；山羊、绵羊、牛群和狗是当地居民驯化的主要动物，在遗迹中还发现了若干橄榄、沙棘果、黑浆果以及野生开心果等植物，同时还存在有瞪羚、野猪、狐狸和鸟的遗骨，表明撒拉兹姆的生业经济还带有一定程度的游猎采集时代的遗迹。

金属冶炼的出现和发展是撒拉兹姆经济活动的显著特点，并使其不同于此前中亚南方兴起的城聚和城邑。1985年，对撒拉兹姆的考古过程中发现了大量金属制品，其年代可追溯到公元前2600—公元前2300年间。[2]撒拉兹姆及其周边区域可能是一个青铜时代的冶金中心，其证据之一来自距撒拉兹姆仅数千米的图盖遗迹，自1992年以后对其考古发掘显示该地乃是一个专门化的金属冶炼中心。[3]

---

[1] Spengler, Willcox, “Archaeobotanical Results from Sarazm, Tajikistan, an Early Bronze Age Settlement on the Edge: Agriculture an Exchange,” *Environmental Archaeology*, vol.18, 2013, pp.211—221.有关撒拉兹姆面积，Isakov在1980年的一篇文章中认为是90公顷，而土库曼斯坦向联合国教科文组织（UNSCO）申报梅尔夫古城申遗项目时宣称哥诺尔的面积为55公顷。

[2] Isakov, Kohl, “Metallurgical Analysis from Sarazm, Tadjikistan SSR,” *Archaeometry*, vol.29, no.1, 1987, pp.90—102.

[3] Spengler, Willcox, “Archaeobotanical Results from Sarazm, Tajikistan, an Early Bronze Age Settlement on the Edge: Agriculture an Exchange,” *Environmental Archaeology*, vol.18, 2013, pp.211—221.

在器物层次上，撒拉兹姆同纳马兹加四期和五期文化的相似性还体现在青金石珠子、纺锤、磨石等手工制品方面。这种相似性的广泛存在，以至于有学者将撒拉兹姆和布哈拉绿洲附近的扎曼巴巴文化一并列为纳马兹加关联共同体，将其视为中亚北部草原文化与南巴克特里亚物质文化的混合体，并强调作为中亚南北文明交往的交汇处的撒拉兹姆所具有的特殊意义。[1]同时撒拉兹姆还出土了种类丰富的舶来品，包括雕刻的石器、红铜制品，以及用玛瑙、青金石、黄金、绿松石、水苍玉、白银以及若干彩色矿物制成的珠子等。[2]

值得注意的是在撒拉兹姆金属冶炼过程中出现的异域色彩，这一过程表现出了与美索不达米亚、印度以及伊朗高原的相似性。而当地出土的彩绘陶器碎片与距其500公里的科佩特达格山麓的纳马兹加城市遗迹，如吉奥克休于尔和卡拉德佩，两者在陶器的艺术风格和设计上表现出很大的相似性。[3]这种相似性如果不能用本能驱使下人类选择的趋同性来解释，则必然意味着迟至青铜时代早期，中亚与中亚之外的文明交往的进程便由此开始，并伴随青铜时代欧亚大陆早期文明的发展而趋于繁荣。

如前文所言，城市不同于农村的最大的区别，在于因社会分工而导致的城市空间结构与社会结构的复杂化。哥诺尔这座青铜时代中期城市的典范便很好地体现出了这点，而以哥诺尔所代表的阿姆河文明亦是青铜时代中亚原始城市化发展的巅峰。这种繁荣的影响是综合性的，它促进了青铜时代中期中亚南方的开发进程，例如像是达什利这样的居地，正是在这一时期开始出现了定居的证据，并一直繁荣到前2千纪。

阿姆河文明发现于20世纪70年代。1972年苏联学者维克托·萨里阿尼迪

[1] Kohl, “The Namazga civilization: An overview,” *Anthropology and Archaeology of Eurasia*, vol.19,1981, p.22.

[2] Razzokov, Sarazm.Dushanbe: Institute of History, Archaeology, and Ethnography [in Russian].Dushanbe, Tajikistan: Academy of Sciences of Tajikistan A.Danish History, Archaeology and Ethnographic Institute, 2008, fig.33.

[3] Isakov, “Excavations of the Bronze Age Settlement of Sarazm,” *Anthropology and Archaeology of Eurasia*, vol.19, 1981, p.278.

在被称作哥诺尔特佩（当地语言中含义为灰丘）的地方发现了一块陶器碎片，由此而拉开了对穆尔加布河流域青铜时代考古的序幕。截至80年代，当地已经发现超过200个青铜时代以及早期铁器时代的遗迹。其中最富有代表性的便是哥诺尔古城。通过对碳—14的数据分析将哥诺尔分成三个阶段[1]：公元前2300—公元前1900为兴起时期，公元前1900—公元前1700是大火之后的重建阶段，公元前1700—公元前1500是最后被废弃的阶段。

哥诺尔位于穆尔加布河三角洲右岸，占地面积约22公顷，这个遗迹可以分为两部分：北部宏伟的宫殿区，以及南部相似但是相对更小的圣界。哥诺尔北部的中心是一座120×120米的宫殿，包括有礼堂、圣所、墓葬以及供统治者居住的一系列皇家建筑，除此之外还有供警卫和服务人员居住的空间，东北部还有储物室。宫殿之外的东部有一个火庙，其北部有一个圣所，东部、南部以及东南都有祭祀建筑的存在。宫殿以及一系列宗教建筑构成了哥诺尔的内城。

哥诺尔的内城位于一个更广泛的城市空间，其主要建筑包括水池和皇家墓葬等，并被一个大致呈椭圆形的不规则的城墙所包围，该城墙的最大直径约450米，以上构成了哥诺尔北部区域的外城。在外城以西则是大墓地所在，距哥诺尔北区以南200米处则是哥诺尔的圣界，其大致呈矩形，内部布局与北区相似。

哥诺尔东北的18号区域内发现了农业的痕迹，[2]灌溉农业构成了当地生业经济的基础。该遗迹的主要农作物有小麦、六行大麦、粟、扁豆、鹰嘴豆、豌豆、苹果、李子、樱桃和葡萄。而在手工业生产领域，如果视此前的撒拉兹姆为一个冶金生产中心，那么哥诺尔便是一个陶器生产中心。当地几乎没有金属碎片的存在。根据2014—2015年瑞士考古队对哥诺尔进行的扫描和分

---

[1] Dubova, “Gonur Depe: City of Kings and Gods, and the Capital of Margush Country (Modern Turkmenistan): Its Discovery by Professor Victor Sarianidi and Recent Finds,” in *Urban Cultures of Central Asia from the Bronze Age to the Karakhanids,* Wiesbaden: Harrassowitz Verlag, 2019, pp.30—49.

[2] Sataev, “Results of Archaeozoological and Archaeobotanical Research at the Bronze Age Gonur Depe Site (Turkmenistan) ,” *Proceedings of the 8th International Congress on the Archaeology of the Ancient Near East,* pp.369—372.

析结果显示，[1]哥诺尔北部的磁场异常集中于第二和第三道城墙之间，同样的异常结果也出现在南部，这种异常往往同高温有关，在城市南部70米位置显示出的异常扫描结果，表明这也是当地的一个手工业生产中心。而北部第三道城墙东南所出现的陶窑集中的情况，暗示这里是当地的陶器生产区。据此考察队认为，哥诺尔生产了比其消费多得多的陶器，因此即便它不是整个阿姆河文明的陶器生产中心，那么至少也是穆尔加布河三角洲地区的陶器生产中心。

哥诺尔是一个典型的向心形结构的城市。结合上文不难看出，该城市的建设者显然具有比较清晰的规划布局的意识。这种意识也见于较早期的阿尔丁特佩，该城市的南方是繁荣的冶金生产区，其居民区被一分为二：富人和贵族居住在大的靠近中心的区域，穷人们则居住在小型并且往往是修缮糟糕的建筑内。[2]

哥诺尔城市以宫殿和宗教建筑为中心向外拓展，内城以行政和宗教职能为主，居民区则位于内城和外城相邻近的地方，最外围则是手工业生产区。宏伟的宫殿、祭坛以及各类纪念性建筑暗示了其统治集团强大的组织和调度能力，这多半是建立在当地灌溉农业发展的基础之上。哥诺尔宫殿区西部发现了人工开凿的运河的痕迹，灌溉用的渠道在哥诺尔的北部、南部以及东北都有所发现，[3]这表明了当地居民为克服干旱的自然环境而作出的努力。这种努力造就了哥诺尔为代表的阿姆河城市文明的繁荣，伴随时间推移逐渐在哥诺尔造成了严重分化的社会结构。哥诺尔皇家墓葬发现了若干金银制品和青金石项链，以及作为殉葬品的马车，这些都显然暗示了墓葬成员较高的社会地位与其生前对社会财富的占有规模，这点同大墓地里埋葬的大多数人形成鲜明对比。

出于能够稳定地从土地上获取产出的期望，生活于相对干旱的大河流

---

[1] Hübner, Christian, et al. "The Swiss IAW—EurAsia Project on Urban Development and land Use in Konus Deep (Turkmenistan)," 2019.

[2] Pittman, *Art of the Bronze Age: Southeastern Iran, Western Central Asia, and the Indus Valley*, New York: Metropolitan Museum of Art, 2013, pp.34—35.

[3] Pittman, *Art of the Bronze Age: Southeastern Iran, Western Central Asia, and the Indus Valley*, New York: Metropolitan Museum of Art, 2013, pp.34—35.

域内的早期人类逐渐形成了灌溉农业模式，并在现实需求的刺激下建设起与之配套的治水工程。这通常是一个长期性的建设工程，期间必然伴随居中调度者对于人员的协调指挥以及对各类资源的统筹调配，其后还必然要求日常管理维护以及运营等诸方面的为保证灌溉农业发展的现实考虑，而政府组织、阶级分化和大政府权力也正是在此过程中逐渐形成。这即是卡尔·魏特夫在《东方专制主义》中基于灌溉农业而形成的东方国家大政府模式的内在逻辑，它强调先天自然环境因素在国家权力建构过程中所起到的作用。而在某种程度上，哥诺尔乃至整个阿姆河文明，都可以被视作卡尔·魏特夫所论及的治水文明。灌溉农业的发展推动了中亚南方的城市化进程，甚至城市本身，也可被当作是过剩农产品的储备中心。

青铜时代中期也是欧亚大陆跨地区长途贸易的繁荣阶段，早期世界体系在这一时期内形成，并将从印度到埃及的广阔区域纳入体系之中。由此中亚南方的定居文明与印度、美索不达米亚、草原游牧民族乃至克里特文明都发生了直接或间接的接触。尽管中亚只是处于该体系内的边缘位置，这意味着长途贸易以及其影响尽管不可高估，但也绝不可忽视。以哥诺尔为例，在哥诺尔出土的圆筒形印章、护身符、马赛克风格的图案以及格里芬的形象都显示出来自近东的影响。单单以印章来算，在这一时期的马尔吉亚那共计发现了254个印章，其中有15个是美索不达米亚风格的圆筒形印章。15个圆筒印章中有6个来自纳马兹加六期的塔里普1号遗址，3个在同时期的托格洛克1号和21号遗址，剩余的6个圆筒印章中2个在哥诺尔北部，4个在哥诺尔南部。[1]

椰枣树原产自阿拉伯半岛，在史前时代便已经传播到伊朗南方和美索不达米亚地区。尽管受限于自然因素，使得椰枣树几乎不可能在中亚南方生存，但是雕刻有椰枣叶花纹的艺术品却在中亚南方出现，其年代至少可以追溯到青铜时代。巴克特里亚青铜时代的随葬品中出土了若干镜子，其中很多

[1] Sarianidi, “Myths of Ancient Bactria and Margiana on Its Seals and Amulets,” Moscow, 1998.

设计精美的镜子把手上便雕绘有椰枣树叶纹路的图案，[1]这很可能反映了这一时期中亚南方与伊朗—波斯湾地区的交往痕迹：在前3千纪伊朗东南地区的基洛夫特遗址[2]和巴基斯坦的俾路支斯坦[3]便出土了若干椰枣树树干和种子的遗物，而距离基洛夫特不远的哈利尔河谷也出土了雕绘有椰枣图案的基洛夫特风格的艺术品。

尽管青铜时代中期中亚的气候要比现在更加温和，但是像大象等动物显然不可能存在于这一时期的中亚。因此中亚南方出土的象牙制品体现出了该地区与印度河文明的交流。哥诺尔出土了若干象牙制作的棍棒、梳子以及汤匙，同时带有大象形象的方形印章。这一时期中亚南方象牙物品最多的遗迹是位于科佩特达格山麓的阿尔丁特佩，当地发现了13个象牙残片以及若干长度在10—12cm的象牙棍子，其年代在纳马兹加五期和六期，而在巴克特里亚北部的扎拉库坦，发现了两个象牙和鹿角制成的矩形和八角形的盘子，其面积分别为3.9 × 3.8 厘米和4.5 × 4.4 厘米。中亚地区发现的象牙物品的数量甚至超过了巴基斯坦，这证实了当地和印度河文明之间存在广泛而密切的交往联系。[4]

青铜首先是一种合金，而且通常情况下还是铜锡合金，这种性质决定了青铜冶炼和制作本身就是跨区域贸易的结果。而锡矿在美索不达米亚的储量很少，但在今日乌兹别克斯坦南方以及阿富汗西部储量丰富，据此有观点认为美索不达米亚青铜冶炼所需的锡矿便很有可能来自中亚地区。[5]

---

[1] Pittman, *Art of the Bronze Age: Southeastern Iran, Western Central Asia, and the Indus Valley*, New York: Metropolitan Museum of Art, 2013, p.39.

[2] Tengberg, "Beginnings and Early History of Date Palm Garden Cultivation in the Middle East," *Journal of Arid Environments*, vol.86, 2012, pp.139—147.

[3] Weber, "Seeds of urbanism: palaeoethnobotany and the Indus civilization," *Antiquity*, vol.73, 1999, pp.813—826.

[4] Kaniuth, "Long Distance Imports in the Bronze Age of Southern Central Asia: Recent Finds and Their Implications for Chronology and Trade," *Archaologische Mitteilungen aus Iran und Turan*, vol.42, 2010, pp.3—22.

[5] Cleuziou, Berthoud, "Early Tin in the Near East," *Expedition*, vol.25, no.1, 1982, pp.14—19.

青金石是中亚最负盛名的特产，仅产自阿富汗北方的巴达赫尚地区。欧亚大陆的古代文明普遍存在对青金石的需求，而基于这类需求发展起来的贸易则推动了阿富汗北方肖土盖[1]和伊朗东南雅亚特佩[2]两个贸易居地的兴起。美索不达米亚的神话传说多次提到了青金石的存在，当地出土的乌尔·南舍人像其眼睛系用青金石制成，爱琴文明的米诺斯文化亦出土了青金石制作的艺术品，在中国，较晚时期成书的《穆天子传》宣称“渠搜贡枝斯四十”，也出现了疑似青金石的记载。但同时也应该注意到，虽然青金石是古代欧亚大陆上一种重要的贸易品，但在公元前3千纪进入美索不达米亚的青金石分布很不均匀，以数量而计，铁器时代之前，仅乌尔的皇家墓地便出土了美索不达米亚近3/4的青金石产品。[3]

如果将青铜时代连接印度、中亚、伊朗和美索不达米亚的史前丝绸之路称为青金石之路，那么这条路线往东延伸，则可以被称作珠玉之路。商代的王家墓葬里发现了来自新疆的和田玉，而《汉书·西域传上》中所提及的罽宾的珠玑，在中国新疆、四川、云南等地都有出土。而商代的青铜柳叶剑，其渊源似乎可以追溯到前3000年代的安纳托利亚高原，并在近东和中亚也都有发现。[4]

青铜时代是欧亚大陆跨区域贸易发展的第一个高峰期，据此有学者指出了青铜时代欧亚大陆跨区域贸易的3条路线[5]：一条是从东方到波斯湾的莫克兰[6]海岸，这里发现了来自美索不达米亚的若干器物；一条走伊朗高原的沙漠

[1] V.M.马松：《中亚文明史·第一卷》（修订版），芮传明译，北京：中译出版社，2016年，第193页。

[2] 石云涛：《丝绸之路的起源》，兰州：兰州大学出版社，2014年，第193页。

[3] 石云涛：《丝绸之路的起源》，兰州：兰州大学出版社，2014年，第193页。

[4] 石云涛：《丝绸之路的起源》，兰州：兰州大学出版社，2014年，第47页，第56—57页。

[5] Pittman, *Art of the Bronze Age: Southeastern Iran, Western Central Asia, and the Indus Valley*, New York: Metropolitan Museum of Art, 2013, p.89.

[6] 莫克兰（Markan）也出现在萨尔贡一世自我吹捧的铭文中，见《中亚文明史·第一卷》（修订版），第258页。

南方，途径沙赫达德，当地的墓地中发现了若干来自中亚西部的考古文物，由此向西，可经法尔斯走陆路或是沿着伊朗南方海岸走海路到达西方；第三条路被视作丝绸之路的雏形，走里海和厄尔布尔士山南方，经扎格罗斯山脉到达美索不达米亚。但相比同印度、近东地区的联系，青铜时代中亚与东亚世界之间的交往则更加受到限制。以上文所提到的罽宾珠玑为例，现代称之为蚀花肉红石髓珠，这是一种人工加工的红色石髓珠，其起源自哈拉帕文明，后传入美索不达米亚以及伊朗的特佩喜萨尔，而在中亚，该类珠玑在纳马兹加四期文化中便有出土，并在纳马兹加五期文化中大量发现，其年代与美索不达米亚都大致集中于前3千纪最后1/3和前2千纪最初1/4，[1]但在中国境内，最早发现这类人造宝石珠的年代要推迟到前7—6世纪。[2]

如果说奢侈品尚不足为据，以作为中亚地区主要作物的粟米为例。前3千纪中叶在哈萨克斯坦东南的山麓地带发现了粟和小麦的存在，[3]而同时期的撒拉兹姆和科佩特达格山区却没有，肖土盖遗迹的粟米发现于前2千纪，而非在最初的地层中，哥诺尔遗迹和前2千纪的吉尔吉斯斯坦境内的Aigyrzhal-2以及哈萨克斯坦东南的塔斯巴斯也发现了粟的存在。[4]因此，相对于新石器时代就已经在中亚广泛种植的大麦和小麦，作为中国北方主要作物的粟，大致是在前2000年前后才在中亚南方的定居社会得以广泛传播。

哥诺尔第3,225号坟墓中出土了带有分段结构的青铜车轮，这种结构与埃

---

[1] Kaniuth, “Long Distance Imports in the Bronze Age of Southern Central Asia: Recent Finds and Their Implications for Chronology and Trade,” *Archaologische Mitteilungen aus Iran und Turan*, vol.42, 2010, pp.3—22.

[2] 林梅村：《丝绸之路考古十五讲》，北京：北京大学出版社，2006年，第61页。关于中国境内蚀花肉红石髓珠的出土统计情况，见该作者第62页附表。

[3] Doumani, et al. “Burial Ritual, Agriculture, and Craft Production among Bronze Age Pastoralists at Tasbas (Kazakhstan),” *Archaeological Research in Asia*, vol.1—2, 2015, pp.17—32.

[4] Matuzeviciute, et al. “Ecology and subsistence at the Mesolithic and Bronze Age site of Aigyrzhal—2, Naryn valley, Kyrgyzstan,” *Quaternary International*, vol.437, 2017, pp.35—49.

兰的Chogha Zanbil遗迹所出土的车轮有着极其相似的结构。[1]这种结构的车轮在喀布尔、亚述、苏萨等地都有发现，因此，此类车轮在哥诺尔的发现，对研究这项技术的起源和传布有重要的意义。[2]同时也应该注意到哥诺尔居民与草原民族在某些习俗上的相似性。哥诺尔的皇家墓地中有以马车殉葬的习俗，类似的习俗也出现在南俄草原的辛塔什塔—彼得罗夫卡（前2200—前1900）遗址，后者出土了已知最早的轻型战车，同时也的确存在一种观点，认为马车即是由此引入中亚草原。[3]对于哥诺尔婴儿头骨的分析结果显示，当地存在一种将头巾放在婴儿额头前的风俗，这种风俗在草原地区也有存在，但不会早于前1千纪，因此可以断定此项风俗是从中亚南方传入草原。

现代分析显示BMAC人群与草原民族没有什么关系，也对后来的南亚人种没作出什么贡献，[4]对哥诺尔大墓地贡献的头骨的长、宽、高的分析数据表明，当地的人种具有青铜时代从美索不达米亚到印度西北的典型的中东人的特点。但在BMAC的遗址中也存在若干来自草原民族的个体，这与其出现在南方草原的年代大致同时。这一时期较大的城镇和山麓上的村庄出现了来自游牧民族的手制陶器，这种空间上的重叠表明了两大族群接触和直接交流的事实。[5]因此可以认为，前2千纪中叶，像是在哥诺尔这样中亚原始城市的中心，游牧民就已经是当地的本土居民了。

---

[1] Dubova, "Gonur Depe: City of Kings and Gods, and the Capital of Margush Country (Modern Turkmenistan): Its Discovery by Professor Victor Sarianidi and Recent Finds," in *Urban Cultures of Central Asia from the Bronze Age to the Karakhanids*, Wiesbaden: Harrassowitz Verlag, 2019, Fig 4 IV.

[2] Kaniuth, "Long Distance Imports in the Bronze Age of Southern Central Asia: Recent Finds and Their Implications for Chronology and Trade," *Archaologische Mitteilungen aus Iran und Turan*, vol.42, 2010, pp.3—22.

[3] 沈爱凤：《从青金石之路到丝绸之路》，济南：山东美术出版社，2009年，第378页。

[4] Narasimhan, et al. "The Formation of Human Populations in South and Central Asia," *Science*, vol.365, 2019.

[5] Dupuy, "Bronze Age Central Asia," https://www.oxfordhandbooks.com/view/10.1093/oxfordhb/9780199935413.001.0001/oxfordhb—9780199935413—e—15.

有关青铜时代定居民族和游牧民族的交往性质问题，可以从对穆尔加布河流域的托格洛克遗址的考察中窥得一斑。托格洛克位于哥诺尔南方10—15千米处，青铜时代中期开始有人定居，游牧民族在该遗迹被废弃后迁入此地。对托格洛克的考古学研究显示出游牧民积极地融入穆尔加布河冲积平原的农业共同体，甚至采用了农业生产方式。据此，有观点认为，青铜时代后期中亚两大民族之间的关系相当融洽。[1]

青铜时代晚期是中亚城市文明衰退的时期。哥诺尔城市被废弃，乌鲁格特佩内也没有留下什么建筑，整个中亚南方的居地不是面积缩水，就是干脆被居民放弃，纪念性建筑也停止建造。这一时期建造的房屋更小，建造技术也更粗糙，建造用材也趋向于轻型化，所生产的陶罐也更小、质量也更差。冶金领域其最大的特点在于对上一时期大规模生产的手工制品的小型化模仿，而作为这一时期标志和社会地位象征的物品（如印章等）也在衰减——这意味着原料的缺失，并暗示长距离贸易的衰退。像哥诺尔那样的为社会精英阶层所建造的纪念性坟墓在这一时期也销声匿迹。青铜时代后期无疑是一个社会经济状态趋于恶化的时期，尽管也有观点倾向于将这一时期的恶化解释为重构和转型，阿姆河文明的若干特点得以在下个时代延续，并认为这种转变导致了铁器时代手制彩陶文化的出现。

主流观点将中亚青铜时代晚期视作一个恶化阶段，但导致其衰退的原因尚不得而知。环境变化或许是导致其衰退的最大可能性，托格洛克1号遗址的地层中发现的大量沙砾沉积物在某种程度上佐证了这点。[2]自全新世中期的干旱事件以来，中亚地区的气候便日渐干燥，对咸海和伊塞克湖的岩心钻孔分

---

[1] Cerasetti, et al.Bronze and Iron Age Urbanisation in Turkmenistan. Preliminary Results from the Excavation of Togolok 1 on the Murghab Alluvial Fan, *in book: Urban Cultures of Central Asia from the Bronze Age to the Karankhanids*, Wiesbaden: Harrassowitz Verlag, 2019, pp.63—72.

[2] Cerasetti.et al.*Urban Cultures of Central Asia from the Bronze Age to the Karankhanids*, Wiesbaden: Harrassowitz Verlag, pp.63—72.

析数据显示，相对于前3千纪，中亚南方在前2千纪时的气候要更加干旱，与之相关的则是粟的种植率自青铜时代晚期以来在中亚南方与日俱增。[1]

依据卡尔·魏特夫的看法，干旱的气候是古代东方治水社会形成的首要前提。应该注意到，在公元前23世纪左右，欧亚大陆的青铜文明出现了一个相对衰退的时期，在埃及这段时期被称作第一中间期，在美索不达米亚，库提人从北方入侵——这种历史趋势的同步性无疑和气候变化脱不了干系。但是在中亚，这一时期的气候干旱固然导致了科佩特达格山麓地带原始城市的衰退，但同时也应当注意到，具有更高级形态的阿姆河文明也正是在这一时期形成于穆尔加布河流域，其巅峰时期以高质量的手工业、长距离贸易以及纪念性建筑而闻名，并具有类似于美索不达米亚文明的若干特点。因此，阿姆河文明的发展繁荣可以被视作中亚地区治水社会模式的初步形成——或者也可以认为，这一时期的阿姆河文明比美索不达米亚和埃及更好地应对了外部的挑战。因此，这一时期的中亚南方，陶器、纺织、手工产品都获得了一定的发展，并通过与其他文明的接触带来了经济的繁荣和文化的进步。

治水社会是为应对环境挑战而发展出来的产物，因此环境变化对前者起到至关重要的作用。青铜时代中后期的环境恶化突破了初级形态的治水社会的极限，由此阿姆河文明趋于崩溃，其原有的居地被抛弃并陷入衰退，新的应战模式也解释了这一时期塔吉克斯坦西南和乌兹别克斯坦南方新居地的开辟。如果我们将环境变化视作中亚南方原始城市文明衰退的首要因素，那么也可以说，阿姆河文明是一种失败的治水社会。在中亚几十个世纪的历史中，环境不止一次地影响了该地区的命运，并影响了城市、贸易和交往的兴起和衰退。

[1] 陈冠翰等：《中亚河中地区青铜时代以来绿洲农业的演化与文明的交流》，《人类学学报》，2020年第39卷，第949页。

第二章

从铁器时代到希腊化时代的中亚城市

一、铁器时代早期的中亚南方

青铜时代中期的阿姆河文明是中亚南方城市化进程和跨地区长途贸易发展的第一个高峰，两者相辅相成，极大地促进了青铜时代中亚社会与印度、伊朗以及美索不达米亚近东世界的文明交往过程。但是伴随阿姆河文明衰退以及中亚青铜时代的结束，当地的经济社会结构、城市化发展以及跨地区的长途贸易普遍陷入衰退阶段。铁器时代早期无疑是一个中亚社会经济发展的相对衰退时期，以对塞拉科斯绿洲的考古研究为例，在当地全部21个雅兹文化遗址中，与雅兹一期文化有关的只有Atsyz depe D-5、Gosa depe以及Topaz kala三处，在其余18处遗迹中所发现的陶器碎片，也仅有少数可以被确定是雅兹一期的产物，[1]剩余的部分的陶器碎片都属于随后的雅兹二期和三期。

但是无论如何，铁器毕竟是一种不同于青铜的全新的生产力工具，相比于前者，它无疑更加廉价，也更加有效，不管是战争领域应用，还是人类社会生产的应用领域中。它在中亚南方的出现和广泛应用，最终使当地的社会经济发展水平迈上了一个新的台阶，并在公元前的最后一千年里极大地促进了当地的城市化发展水平和区域—跨区域交往进程。

安诺曾是中亚南方最古老铁器的发现地点，其年代大约为公元前9—7世纪，[2]但新的考古发现更新了中亚南方铁器时代出现的时间。在萨帕利文化的达扎库坦发现了青铜刀上的铁钉，时间在前13世纪，而在哥诺尔和托格洛克21号遗迹的青铜时代的地层中亦发现了铁器的存在，[3]由此可以将最古老的铁

[1] Wagner, “Early Iron Age in the Sarakhs Oasis, The Preliminary Results of the Application of Geographic Information System in the Study of the Settlement Pattern of the Earliest Confirmed Occupation of the Oasis,” *At: Siena*, vol.2, 2015, pp.791—801.

[2] A.S.Sagdullaev, “Notes on the Early Iron Age in Central Asia,” *Sovetskaja archeologija*, vol.1, 1982.

[3] V.I.Sarianidi, “The Syro—Hittite Origin of Bactrian—Margian Glyptics,” *Ancient Civilizations From Scythia To Siberia*, vol.6, 2000, pp.207—234.

器的发现和铁器时代的溯源提前至前15世纪，并在某种程度上与中亚青铜时代晚期的年代存在重叠。也有学者基于对包括乌鲁格特佩、托格洛克、提利亚特佩等在内，具有从青铜时代到铁器时代的连续地层的中亚南方的遗址考察，以及在Kangurttut遗址发现的萨帕利文化、瓦克什文化以及雅兹文化三者在同一地层中的重叠现象，宣称在中亚青铜时代和铁器时代之间存在一个过渡期，并认为该过渡时期的性质即在于不同文化之间的短期共存，是一种新的物质文化的渐进性过渡。[1]但是这个时间很短，只存在了大约3个世纪，同时其分布范围也很有限，已知的250处雅兹一期的遗址中只有15处同时包括青铜时代和铁器时代——即存在过渡时期的遗物。

中亚南方的铁器时代又称为雅兹文化时期，以土库曼斯坦南方塞拉科斯绿洲的Tedjen河三角洲的雅兹遗址而得名。塞拉科斯绿洲南北长约70千米，东西长达20—25千米，位于今日土库曼斯坦阿什哈巴德和马雷州之间的阿哈尔州，受到Badkhyz高地和卡拉库姆沙漠的制约。其居地的历史可以追溯到青铜时代中期，但在铁器时代的遗迹最具代表性。

1904年，美国学者彭佩雷着手于雅兹文化的研究，苏联考古学家在20世纪20年代开始考察雅兹遗址，并在50年代由马松对其进行了系统性的阐释，也正是马松教授最早依据雅兹文化手制彩陶的发展情况和分布范围对其进行断代。[2]但是在20世纪七八十年代，学界对于伊朗东北地区的雅兹陶器的研究更新了此前由马松提出的年代推定，新的结论综合了陶器、坑屋、纪念性平台在内更多方面以及更为明显的证据，一方面将雅兹文化的分布范围拓展到了伊朗的东北地区，并提出了新的断代结论：将公元前1500—公元前1000/900年定为雅兹文化一期，而将阿契美尼德王朝兴起的前600/560年作为雅兹二期

[1] Lhuillier, “Ulug—depe and the transition period from Bronze Age to Iron Age in Central Asia.A tribute to V.I.Sarianidi,” *TRANSACTIONS OF MARGIANA ARCHAEOLOGICAL EXPEDITION*, vol. 6, 2016, pp.509—571.

[2] V.M.马松的断代：雅兹一期为公元前900—公元前650，雅兹二期为公元前650—公元前450，雅兹三期为公元前450—公元前350。

和三期的分界线，而这一文化的下限截止于前330年亚历山大的征服。[1]

本书在上一部分基于卡尔·魏特夫的治水社会理论分析了中亚的青铜时代社会情况，这一模式在铁器时代得以延续。在塞拉科斯绿洲目前已发现了21个雅兹文化遗址，并按照陶器风格等因素分为三组：一组在Kichi—aya—yap运河北部，第二组则在该运河南部并朝向东北延伸，第三组则分布于西运河Ata—yap地区。[2]雅兹一期的遗迹大多沿着Kichi—aga—yap运河分布，到雅兹文化二期已经包括Ata—yap运河，尽管就规模而言，雅兹二期的遗址只比前一时期大一点。在该绿洲南方的老塞拉科斯遗迹以及北方的奥于克利德佩都先后发现了若干陶器碎片，同时后者还发现了由泥砖建造的简易城墙，表明两地很可能是当地的行政中心。[3]

除去以手制彩陶著称的雅兹文化，在中亚西南以及伊朗东北地区还存在以灰陶著称的达希斯坦铁器时代农业定居文化。达希斯坦文化被视作戈尔甘—喜萨尔文化的延续，其主要分布于土库曼斯坦西南地区的米斯里安平原。从2008年开始对西起贾贾尔姆，东到内沙普尔的埃斯法拉延平原铁器时代的考古研究表明，在前2千纪后期到前1千纪前期，当地与里海东南的戈尔甘、达姆甘以及米斯里安平原存在相当程度的经济和文化交流。

米斯里安平原的达希斯坦文化聚落分为两种，一种是大约0.5公顷的小型村庄，另一种则是配备了城堡的大型聚落。后者以伊扎特库利为例，该聚落占地面积约为50公顷，并拥有一座五边形的城堡，四周环绕着若干小丘状的

[1] Nazarij Buławka, "The Yaz I—III Settlement Pattern in the Serakhs Oasis, Southern Turkmenistan," *Iran*, vol.55, issue 2, 2017, pp.143—170.

[2] 塞拉科斯绿洲的四条运河，从东到西流经绿洲南北，分别是Karaman—yap、Ata—yap、Kichi—aga—yap以及Han—yap。

[3] Wagner, "Yaz culture in the Serakhs Oasis in Turkmenistan," in book of *Antiquities of East Europe, South Asia and South Siberia in the Context of Connection an Interactions within the Euraisan Cultural Space*, 2019, pp.75—76.

房屋。[1]而在埃斯法拉延，位于其平原中部的杰兰特佩相比之下要逊色许多。该遗址最早可追溯到青铜时代，并在从雅兹一期到帕提亚时期都有人居住。尽管其面积仅有0.8公顷，但是该遗迹的考古成果却很丰富，以陶器为例，当地总共发现了3,705件陶器碎片，按照陶器制作工艺的不同，学界将杰兰特佩的陶器分为四类[2]：A类型是来自纳马兹加六期的轮制浅黄色陶器，但数量很有限；B类型是手制的彩陶或浅黄色陶器，数量占比85%，属于雅兹一期，彩陶上多带有简单几何图案，表明这是典型雅兹陶器的风格；C类型则是属于达希斯坦文化的轮制灰陶；D类型则是铁器时代晚期阿契美尼德王朝和帕提亚王朝的风格。

而除了陶器碎片，在埃斯法拉延3号沟里发现了以60×37×8厘米规格的泥砖建造而成的建筑，而在该建筑的房间里，发现了规格为1×1.15×0.05米的拜火祭坛。上文曾提及在哥诺尔城市发现的火庙，而在雅兹文化的Topaz Gala depe以及阿富汗北部的Tillya tepe（碳十四年代测定为前930—前745）等地，也都发现了火庙存在的证据，[3]如果我们相信琐罗亚斯德教最早诞生于东伊朗地区，以上对史前时代的考古成果中所获得的证据，暗示了作为宗教的琐罗亚斯德主义出现前，在中亚地区业已存在且源远流长的拜火传统。

中亚南方的治水社会的模式也在A.阿斯卡洛夫在对于达希斯坦地区的研究中得以体现。[4]阿斯卡洛夫特别强调了当地存在的大型灌溉网络，并指出前2千纪中叶到前1千纪初基于灌溉农业而产生的经济变革，以此为基础，在北

[1] V.M.马松：《中亚文明史·第一卷》（修订版），芮传明译，北京：中译出版社，2016年，第427页。

[2] Vahdati, “A Preliminary Report on the First Season of Excavation at Jayran tepe in the Plain of Esfarayen,” *Iranica Antiqua*, vol.51, 2016, pp.85—101.

[3] Lhuillier, “A Millennium of History, The Iron Age in Southern Central Asia, Proceedings of the Conference held in Berlin, Dedicated to the memory of Viktor Ivanovich Sarianidi,” *Archäologie in Iran und Turan, Band 17 & Mémoires de la Délégation Archéologique Française en Afghanistan*, volume xxxv, 2018, pp.333—341.

[4] V.M.马松：《中亚文明史·第一卷》（修订版），芮传明译，北京：中译出版社，2016年，第429—430页。

帕提亚、马尔吉亚那、巴克特里亚以及费尔干纳形成了早期政权组织形式。而在这些被认定为早期政权组织出现的都城，如伊扎特库利、亚兹德佩、阿尔丁迪亚尔，它们大都被建造在高台之上，一方面，这种设计是出于预防出现于春季气温回升时洪涝灾害的现实需求，同时也是俯瞰整个城市以及所处平原的军事战略需要。

类似的情况也适用于杰兰特佩。呼罗珊北部的河流在埃斯法拉延南方的Kal—e Shur交汇，并形成冲积平原，当地居民也因此在这片肥沃且水源充足的地区建立起一定规模的水利灌溉系统。这构成了当地聚落存在的基础。而杰兰特佩本身位于一个相对较高的平台上，并建有若干复杂的建筑，同时考虑到该遗迹位于平原中心而具有的战略地位，加之周边居地大都面积较小，不超过半英亩，且大多位于平原边缘。因此考虑到该地区遗迹的空间布局和所具有的农业区位优势，因此可以视埃斯法拉延为当地的一个政治中心。

杰兰特佩独特的地位也通过文化上的特殊性表现出来，达吉斯坦文化和雅兹文化在中亚从未有过交汇，但是这一现象却发生在埃斯法拉延的杰兰特佩，表明从戈尔甘到科佩特达格山麓之间的地区在铁器时代中亚文明交往过程中的特殊地位。[1]

二、阿契美尼德王朝的兴起

阿契美尼德王朝的兴起以及对中亚南方的统治是中亚历史上具有划时代意义的事件。这不仅仅是因为中亚在这一时期首次见诸文字记载，从跨国史的研究角度来审视这一事件，在阿契美尼德王朝时代，中亚南方首次被纳入一个辽阔的大帝国的疆域之内，时间跨度长达两个世纪。在这两个世纪的时间里，波斯人为当地带去了文字系统和官僚制度，并利用东方帝国强大的政

[1] Vaahdati, Biscione, “The Iranian—Italian archaeological mission of 2012: The identification of cultural areas,” *Studi Micenei ed Egeo—Anatolici*, vol.54, 2012, pp.355—360.

府力量建立起连通东西方的庞大的驿站体系，并在中亚当地大量修建基础设施。这一切都推动了中亚当地经济社会的进步。

居鲁士二世于公元前559/558年成为安善城之王，随后便着手波斯各部落的统一活动，至50年代末，在统一波斯各部的基础上，居鲁士二世击败了他的外公、米底国王阿司提亚格斯，夺取其都城埃克巴坦那（今日伊朗哈马丹）。

从波斯到米底、吕底亚、美索不达米亚，希罗多德留下了关于居鲁士二世生平的弥足珍贵的记载，但是希罗多德的记叙侧重于波斯与近东以及希腊世界的互动，而遗漏了关于居鲁士二世对中亚和印度的征服，但这种征服却能从阿契美尼德王朝的官方铭文里得以证实，同时也可以从某些古典作家的记叙中得到暗示。[1]

尽管古典作家对于居鲁士二世时代对中亚地区的征服活动语焉不详，但是某些文本还是留下了足以暗示居鲁士以及此前米底王国与中亚关系的信息。如克特西亚斯以及色诺芬宣称居鲁士在征服埃克巴坦那后与阿司提亚格斯之女阿米蒂斯联姻，这种联姻的结果为克特西亚斯记载，中亚臣民在得知居鲁士二世与阿米蒂斯联姻后便自发屈服于两者的统治。大马士革的尼古拉斯记载称包括帕提亚、塞种人以及巴克特里亚人都将居鲁士二世视作阿司提亚格斯的继承人而报以敬意。[2]卡韦赫・法鲁赫在分析米底王国时便直言不讳地认为，在基亚克萨雷斯时期米底王国主要往西方扩张，而在阿司提亚格斯时代转向东方，并使呼罗珊、阿富汗、德兰吉亚那以及大部分说东伊朗语的中亚南方地区纳入米底的控制下，并使得巴克特里亚和塞种人成为自治的附

[1]　大流士在贝希斯敦铭文中列举的23省中包括德兰吉亚那、阿里亚、咸海南方的花拉子模、阿姆河南方的巴克特里亚、索格底亚那、犍陀罗,以及今日阿富汗南方的阿拉霍西亚地区。阿里安（VI, 24）在提到亚历山大翻越加德罗西亚的动机时，特别强调了亚述女王塞米拉米斯以及冈比西斯一世之子居鲁士二世远征印度对亚历山大的影响。

[2]　Daniels Briant, *From Cyrus to Alexander: a history of the Persian Empire,* Winona Lake: Eisenbrauns, 2002, p.33.

属。[1]这一事件必然发生在居鲁士二世征服克洛伊索斯的萨迪斯之前，尽管希罗多德并没有提供萨迪斯沦陷的具体时间，但是现代学者基于对那波尼德编年史的研究，已经倾向于将萨迪斯陷落的时间定于前547年[2]——也就是说，居鲁士二世在前6世纪50年代末到40年代初，成功使包括巴克特里亚等在内的东伊朗地区成为新帝国的附庸。但是同样需要注意的是，希罗多德提及居鲁士二世时宣称“他希望亲自攻下巴比伦，亲自征讨巴克特里亚、塞人和埃及”。此事发生在征服巴比伦之前，彼时塞人和埃及尚未纳入波斯帝国的疆域之内，而将巴克特里亚与两者列入一类，结合上文，这似乎暗示了巴克特里亚和阿契美尼德王朝并不牢固的附庸关系。

通常认为居鲁士二世死于前530年对马萨格泰女王托米丽司的战争，现代研究将马萨格泰人视作为生活在咸海流域的尖盔塞种人。结合上文和贝希斯敦铭文的记载，对于巴克特里亚的征服在居鲁士二世时期便已完成，并且很有可能是发生在对马萨格泰人战争之前，阿里安所提及的居鲁士城，也很可能于此时建立。考虑到居鲁士城所处的重要战略位置，其建立的目的很可能是为了用作对塞人战争的军事基地，同时还很可能是居鲁士所设想的东方防线的关键一环。

经过冈比西斯二世短暂的统治以及大流士一世统治之初遍及全境的叛乱活动后，整个帝国，从色雷斯、埃及到印度和中亚南方，最终都被置于阿契美尼德王朝统一中央集权的控制之下。根据希罗多德的记载，大流士一世在即位之初便将全国划分为20个总督区，其中便包括里海地区、帕提亚、花拉子模以及索格底亚那在内的中亚地区。在大流士一世即位之初的大叛乱中，除巴克特里亚之外的中亚南方地区，马尔吉亚那、帕提亚、希尔卡尼亚

---

[1] 卡韦赫·法鲁赫：《伊朗前传：波斯千年战争》，高万博、李达译，南京：江苏凤凰文艺出版社，2020年，第44页。

[2] Nunn, “The Median Empire, the End of Urartu and Cyrus the Great’s Campaign in 547 BC (Nabonidus Chronicle II 16),” *Ancient West & East*, vol.7, 2011, pp.51—66.

以及阿拉霍西亚都先后背离了波斯的统治，但最后都被大流士派遣军队一一镇压。而在平定叛乱之后，大流士一世又依靠浮桥经里海直达马萨格泰人后方，击败马萨格泰人并俘虏其领袖斯昆哈，又远征印度，将其再度纳入帝国的贡赋体系之下。[1]由此阿契美尼德王朝对于东部行省的统治初步稳定下来。

大流士一世之后，阿契美尼德王朝历代君主不断强化帝国中央权威对边疆地区的控制，在此过程中，帝国的道路和驿站体系日渐完善，水利工程设施得以兴建和修缮。一方面，这个过程促进了中亚当地治水社会的发展，同时也加强了帝国东西部之间经济、文化的交流和联系。

波斯波利斯的中央政府建立了一套贯穿东西的道路网络体系。希罗多德对其报以高度的评价，宣称这条道路的任何地方都有驿馆和极其完备的旅舍，而全部道路所经过之处都是安全的有人烟的地方。[2]但是正如前文所提及的那样，希罗多德对于阿契美尼德王朝的兴趣集中于帝国西部，他只记录了这个体系的西半部分——即从小亚细亚沿岸的萨迪斯到苏萨，长达2,700千米的王家大道，他对东部的驿道系统显然缺乏了解。

对帝国西部驿道系统的考察主要依靠阿契美尼德王朝泥板书的记载，其中最重要的便是由美国芝加哥大学保存的波斯波利斯行政档案。该系列泥板书主要由埃兰语和阿拉米语写成，1933年被美国考古学家欧内斯特·赫兹菲尔德在波斯波利斯北部的两个房间内发现，其年代大致在公元前509—公元前457年间。其中一篇泥板文书由理查德·哈洛克发现，记录了阿契美尼德王朝时期从苏萨到阿拉霍西亚首府坎大哈的道路里程情况，其长度接近1,000千米。[3]该档案第1,358篇泥板书表明从犍陀罗到苏萨的驿站许可是由阿拉霍西

[1]　崔连仲：《贝希斯顿铭文》，《东北师范大学科学集刊》，1957年第6期，第59—66页。对印度的征服见于Herodotus, IV, 44。

[2]　Herodotus, V, 52-53, 希罗多德在记载中宣称从萨迪斯到苏萨的道路长达13,500个stades，折合450个parasangs，据此A.T.奥姆斯特德计算的道路里程为1,800千米，若是将一个stade按180米计算，则王家大道长度为2,430千米。

[3]　Hallock, *Persepolis Fortification Tables*, Chicago: University of Chicago Press, 1969, p.1440、p.1550.

亚的一位官员Bakabadush授权的，这说明存在一条经由今日坎大哈绿洲，从兴都库什山区到西南伊朗的道路。但值得注意的是，不管是前往印度行省还是来自印度行省的文书都没有提到阿拉霍西亚，因此一种猜测认为在帝国的东方还存在一条经加德罗西亚的荒漠，连接印度和卡尔马尼亚地区的路线。[1]

阿契美尼德王朝在中亚南方的道路建设活动还可通过对今日乌兹别克斯坦南方苏尔汉河流域的考古调查窥得一斑。现代考古发掘已经证实了苏尔汉河流域存在若干阿契美尼德王朝时代遗迹，这些遗址彼此间的距离从侧面证实了阿契美尼德王朝中央政权为完善当地道路网络而作出的努力。一份来自埃及总督的阿拉米文书表明，在阿契美尼德时代的皇家大道上，每隔大约一天路程便有一个驿站。[2]而在苏尔汉河流域，特别是泰尔梅兹北部的Bandikhan地区，很多遗迹之间的间隔大都在36—40千米之间[3]——这个数据与希罗多德提及的每日行程数据十分接近。这揭示了阿契美尼德王朝中央政权对当地的道路网络体系进行的有计划的建设活动，并且这种活动并不因为距离遥远而有所衰退。

总体来说，阿契美尼德王朝中央政府对边疆始终存在一种有效的控制，尽管这一过程中也难免存在某些波折。薛西斯一世时期的贡赋名单上依然存在里海、塞人、花拉子模、索格底亚那等中亚地区上缴贡赋的记录，但是在大流士时代，四个行省被合并为一个，一种观点认为这一变动反映出这些地区出现征税困难。[4]而这份名单中并未出现阿拉霍西亚，但阿拉霍西亚也的确在高加米拉之战中为大流士三世派遣了部队。就有关阿契美尼德中央政府

[1] 也有观点认为坎大哈是一个同印度贸易的主要地区，见Vogelsang, *The Rise and Organization of the Achaemenid Empire: The Eastern Iranian Evidence*, Leiden: Brill, 1992, p.132.

[2] Rolles, Driver, *Aramaic Documents of the Fifth Century B.C.*

[3] Xin Wu, "Central Asia in the Achaemenid Period," in *The Graeco—Bactrian and Indo—Greek World*, London: Routledge, 2020.

[4] A.T.奥姆斯特德：《波斯帝国史》，李铁匠译，上海：三联出版社，2017年，第355页。

对犍陀罗、萨塔古斯以及印度行省的控制而言，直到阿尔塔薛西斯三世（前358—前338）之前，王家陵墓中的浮雕上都有来自三地的使者，证明中央政府直到帝国后期都对东部三省具有一定的约束权力。[1]贝希斯敦铭文中提到了巴克特里亚和阿拉霍西亚的总督，此后的文献也提及两地总督，但是并没有指出犍陀罗、萨塔古斯和印度存在总督，[2]考虑到存在如希尔卡尼亚和帕提亚这样，尽管是两个行省但却由一位总督来管辖的情况，因此似乎可以认为，巴克特里亚和阿拉霍西亚的总督兼管此三地。综合贝希斯敦铭文的记载来看，阿契美尼德王朝的地方行政体系应该在大流士之前就已经开始运作，而结合阿里安对于高加米拉之战中来自印度和中亚援军的记载来看，这一体系似乎维持到了阿契美尼德王朝的终结。

中亚治水社会的发展模式离不开对水利工程的建设，除去希罗多德留下了阿契美尼德王朝在中亚地区进行的水利工程建设的记载之外，考古学研究为我们提供了更多有关阿契美尼德王朝在当地修建基础设施以及城市居民点的情况。在今日阿富汗北部的巴尔赫绿洲，其北方的沙漠中发现了若干居民点，同时被发现的还有一条沟渠[3]——其作用在于向周边耕地分配农业用水。在其南方20千米处的切什梅·沙法遗址，该遗址包括一个设防堡垒和可供居民居住的下城区，现代研究视之为一个有着强大防御系统的行政中心，这一模式被视作古典时代中亚城市的一种典型布局。当地还发现了一个大型拜火祭坛，其形状与来自波斯波利斯国库的印章上所描绘的祭坛极为相似，这似乎还表明了当地作为宗教中心的可能。在穆尔加布区河流域最南方，考古研

[1] Magee, et al. “The Achaemenid Empire in South Asia and Recent Excavations in Akra in Northwest Pakistan,” *American Journal of Archaeology*, vol. 109, 2005, pp.711—741.

[2] Vogelsang, *The Rise and Organization of the Achaemenid Empire: The Eastern Iranian Evidence*, Leiden: Brill, 1992, pp.169—173.

[3] Fouache, et al. “Palaeochannels of the Balkh River and Human Occupation Since the Bronze Age Period,” *Journal of Archaeological Science*, vol.39, 2012, pp.3415—3427.

究发现了阿契美尼德王朝时期在当地修建的两座大坝。[1]在乌兹别克斯坦南方发现的带有防御工事的凯塔巴德遗迹，该遗迹靠近作为阿姆河主要支流的苏尔汉河，毗邻当地运河灌溉系统的核心，现代研究认为凯塔巴德的职能在于控制跨苏尔汉河的交通，以及对灌溉资源进行分配。

阿契美尼德时代中亚南方最重要的遗迹是克孜尔特佩。该遗迹位于今日乌兹别克斯坦苏尔汉河州米尔沙德绿洲的现代城镇Shurchi附近，苏联考古队自20世纪70年代开始对其进行考古调查，在2010—2011年，美国纽约大学和乌兹别克斯坦本地机构又对其进行了两季度的联合考察。该遗迹的占地面积大约20公顷，是已知阿契美尼德时代北巴克特里亚最大的城市遗址，其城市由设防堡垒以及下城区组成，是典型的中亚古典城市风格，并与其周围若干卫星城组成了一个复杂的城市系统。

克孜尔特佩首先是作为一个文化中心而存在。这表现在该城市最初乃是围绕祆庙修建，没有城墙。该城市最早建立的纪念性建筑是带有高台的大型塔楼，并在随后才修建了城堡，并在其定居历史晚期才建立了下城区。克孜尔特佩的海拔约为480米，身处典型的大陆性气候区，年降水量只有250毫米，因此出于从土地中稳定获取产出的需求，灌溉工程自然成为当地农业经济发展的基础。而阿契美尼德王朝的征服对当地生业经济的影响尤其体现在农业领域，这点以粟米种植为例。前文已经提及了粟米在中亚地区的传播情况，在这里主要强调粟米在不同时期的中亚南方各居地的种植比例：在青铜时代晚期的达扎库坦和铁器时代的班迪汗特佩，粟米在所有农作物的比例分别为7%和12.5%，但是在克孜尔特佩，这一比例骤然上升到令人惊讶的36%。[2]这种变化一方面反映了当地气候条件的变动，同时也暗示当地夏季灌

[1] Cerasetti, “Reasoning with GIS: Tracing the Silk Road and the Defensive System of the Murghab Delta (Turkmenistan),” 2004.http://www.silkroadfoundation.org/newsletter/vol2num2/Reasoning.html.

[2] 陈冠翰等：《中亚河中地区青铜时代以来绿洲农业的演化与文明的交流》，《人类学学报》，2020年第39卷。

溉农业的发展，表明克孜尔特佩以灌溉工程为基础的旱作集约化农业生产水平的提高，以及中亚治水社会的进一步发展。

克孜尔特佩同波斯波利斯在城市模式上存在一定的相似之处。克孜尔特佩与周围10个小型据点组成了一个城市系统，各遗址和大型建筑通过道路、市场、运河相连接，这种分散模式与波斯波利斯类似。[1]而在波斯波利斯，流行着同游牧民族进行产品交换以用作祭祀的做法，[2]考虑到克孜尔特佩具有鲜明的文化宗教色彩，以及其在阿契美尼德王朝公路网络中所具有的重要地位，因此该遗址还可能是农耕民族和游牧民族进行贸易交往的重要地区——至少当地的羊肉供应似乎主要来自游牧民族的专业人士，[3]考古学研究也已经发现当地存在服务于肉类贸易的市场。[4]

克孜尔特佩以及其他若干阿契美尼德王朝的遗迹，为我们提供了阿契美尼德王朝影响中亚城市化进程的绝佳案例。米尔沙德绿洲直到青铜时代才有人定居，阿契美尼德王朝的兴起带动当地经济的繁荣，这尤其表现在克孜尔特佩的兴起上。这种发展一方面有赖于水利工程建设与灌溉农业的发展，一方面则可能得益于该地作为袄教崇拜中心的地位。

结合对下城区出土的希腊化时代的陶器的分析和对于克孜尔特佩城堡的考古学研究，可以认为该城市的毁灭发生在阿契美尼德王朝末年到希腊化

---

[1] Rémy, et al. “Persepolis and Its Settlements: Territorial System and ideology in the Achaemenid State,” *Associazione Internazionale di Studi sul Mediterraneo e l’Oriente*, 2012, pp.253—256, Xin Wu, “Central Asia in the Achaemenid Period,” 2020.

[2] Henkeman, “Animal Sacrifice and exchange in the Persepolis Fortification Tablets,” in *Approaching the Babylonian Economy: Proceedings of the Start Project Symposium Held in Vienna,* 1—3 July 2004, Münster, 2005: 137—165.

[3] 山羊和绵羊的骨骼在当地发现的全部动物骨骼中占比接近80%，现代研究表明，尽管当地的羊是全年龄段的，但是大多数山羊或者绵羊在出生6个月到3年便被宰杀，因此这表明当地的牲畜主要服务于供应肉类和奶，而非是羊毛生产。

[4] Wu, et al, “Agro—Pastoral Strategies and Food Production on the Achaemenid Frontier in Central Asia: A Case Study of Kyzyltepa in Southern Uzbekistan,” *Iran*, vol.53, 2015, pp.117—193.

时代之初，很大可能便是在亚历山大征服时期。[1]而在阿契美尼德王朝的统治衰退后，除去克孜尔特佩之外，苏尔汉河流域所有的城市都出现了衰退的迹象。而在苏尔汉河流域之外，伴随阿契美尼德王朝衰退灭亡而导致若干居地，尤其是阿契美尼德王朝在东部地区新建立的各类居民点，例如上文提及的切什梅·沙法和阿富汗北部沙漠的若干居民点，都普遍遭到废弃。它们大都建立在环境恶劣的边疆地带，来自中央政权连续而有力的支持是它们赖以维系的主要支撑力量，因此当阿契美尼德王朝因突如其来的外部冲击被彻底颠覆，这些居地也就不可避免地走向衰亡。

阿契美尼德时代是中亚文明和城市化发展的重要时期，但是阿契美尼德王朝的经济和政治中心还是在美索不达米亚和伊朗西部。为确保对边疆的控制，修建城市成为必然选择，例如居鲁士二世曾在今日伊斯塔拉夫尚地区修建居鲁士城，出于同样的考虑，阿契美尼德中央政府修建了规模庞大的驿道系统和水利工程设施。这些措施固然促进了当地经济社会的发展，并成功将其纳入阿契美尼德王朝的经济网络之内，但是应该看到，这种关系并不亲密，并且效果也有限。这体现在后阿契美尼德时代边疆居地以及城市系统的遗弃和衰退，而这种作用的有限性也通过对于撒马尔罕地区的考古被证实——在公元前8—公元前7世纪，撒马尔罕地区的小村落逐渐被沿着布伦古尔运河的科克特佩和阿弗拉西亚布等大型聚落所取代。[2]索格底亚那地区的物质文化在前7—前6世纪发展到一个新阶段，而在随后的阿契美尼德王朝时期，尽管玛拉坎达是波斯河中地区的首府，但是对当地的考古却并没有得到与此地位相符的成果。21世纪初，借助实地考察和卫星遥感技术，意大利和乌兹别克斯坦的考古队对当地展开了细致而全面的考古研究，其结果显示，从阿契美尼德王朝到帖木儿时代，在撒马尔罕地区2,500平方千米的范围内，

---

[1] Wu, “Central Asia in the Achaemenid Period,” 2020.

[2] Genito, *Urban Cultures of Central Asia from the Bronze Age to the Karakhanids*, Wiesbaden: Harrassowitz Verlag, 2019, pp.129—152.

属于阿契美尼德王朝的聚落是最少的，其数量显著低于希腊化时代以及前伊斯兰时代。[1]

三、希腊化时代

希腊化时代可以被视作中亚南方城市化发展和跨地区文明交往的又一个高峰期。亚历山大在短短几年内创下了如此伟大的事业，以至于即使是在十几个世纪后的伊斯兰时代，有关亚历山大的征服传说和英雄事迹也依然通过穆斯林的学者和诗人口口相传，尽管这些故事不可避免地被涂抹上浓重的伊斯兰色彩，使亚历山大更像是一位东方的苏丹或者埃米尔，而非希腊—马其顿的国王。但这种变化恰如其分地说明了中亚这一地区所具有的文化特质，它是众文明的边区，也是文明的交汇之地，不同文化在此交流融合，既在某种程度上保留了属于自身文明的基调，但也被涂抹上了一层浓厚的异文化的痕迹。

如果说希腊内部的极盛是在伯里克利时代，那么在亚历山大时代便是它在外部的极盛时期。前334年初春，亚历山大越过赫勒斯滂海峡，开始了向东方的征服历程。在前331年的高加米拉战役中，亚历山大决定性地击败了大流士三世所率领的波斯主力部队，并一举摧毁了这个人类历史上第一个地跨三洲的大帝国。而在劫掠波斯波利斯以及埃克巴坦那后，亚历山大并没有停止征服的步伐，他沿着大流士三世的逃亡路线一路向东，在追击阿尔塔薛西斯五世贝索斯的途中征服德兰吉亚那、加德罗西亚以及巴克特里亚，并在抓住贝索斯之后继续向东，渡过奥克苏斯河（即阿姆河），兵进索格底亚那，直抵锡尔河沿岸，随后转道南下，于公元前327年进入印度次大陆西北。至公元前325年亚历山大从印度回师，至此十年征战基本结束。

这场征服活动虽然只有短短10年时间，但是其余波却持续了数个世纪。

---

[1] Mantellini, “A city and its landscape across time: Samarkand in the ancient Sogdiana (Uzbekistan),” *Archeologia e Calcolatori*, vol.28, no.2, 2017, pp.333—342.

首先需要考虑的是这场征服活动对于波斯—伊朗国家造成的冲击，伊斯塔赫尔地区的两座阿契美尼德王朝的都城遭到彻底的破坏，阿契美尼德王朝两个多世纪积累的文化遗产被征服者付之一炬。尤其重要的是这种暴烈的冲击对于波斯—伊朗国家造成的文化和历史的断层——阿维斯塔人有关俾什达迪王朝和凯扬王朝的神话和史诗取代了阿契美尼德王朝的历史。伊斯兰时代的波斯人已经无从知晓帕萨加迪斯和波斯波利斯究竟由谁修建，而只能模糊地归于神话中的贾姆希德和先知苏莱曼。这种神话属性的民族传说通过菲尔多西的《列王纪》发扬光大，此后10个世纪里，阿契美尼德王朝的历史一直被人遗忘，直到18—19世纪，才因为考古学和东方学的发展而重新浮出水面。

尽管这种挫败对伊朗的历史建构而言几乎是致命的，但是由亚历山大开启的希腊化时代依然不失为一个光荣的时代。一方面，中亚的城市化进程在希腊化时代进一步发展，并达到自史前以来的第二个高峰，亚历山大本人，塞琉古以及希腊—巴克特里亚王国的统治者都是伟大的建城者。除此之外，希腊化时代最重要的特质在于规模空前的文明交往的拓展与文明之间的交融。希腊化一词的含义，按照其提出者德罗伊森的解释，即是希腊文化在东方扩散的过程。[1]希腊文化在东方的广泛传播，并同印度—伊朗文化融合，这一意义影响深远。甚至可以这样认为，尽管政治上的希腊化时代结束于奥古斯都对托勒密埃及的征服，但在东方，文化上的希腊化时代则一直可以截至伊斯兰时代来临。

论及希腊化时代的城市发展不能不考虑亚历山大在东方建立的城市数量。普鲁塔克宣称亚历山大在东方建立了70座城市，但这明显是一个夸大的数字。俄裔犹太人学者柴里科夫认为亚历山大最多建立了34座城市，英国古典学者塔恩认为有13座城市的建立应当归功于亚历山大，英国学者弗雷泽认

[1] Chaniotis, *Greek History: Hellenistic.Oxford Bibliographies Online Research Guide*, Oxford: Oxford University Press, 2011, p.8.

为有8座城市可以归功于亚历山大，但只有6座是由他本人所建立的。[1]在中亚，这些被亚历山大或者其继业者所建立的城市中，比较重要的两座是位于今日塔吉克斯坦境内的极东之亚历山大里亚以及土库曼斯坦南方的马尔吉亚那的亚历山大里亚。

极东之亚历山大位于锡尔河河畔，即今日塔吉克斯坦的苦盏地区。此名称系出自老普林尼所著的《自然史》，因该城市乃是位于帝国的最东端的亚历山大城。据阿里安的记载，亚历山大十分想要在塔内河畔（即锡尔河）建立一座城市，以用作防御和反击斯基泰人的需要。这种动机与百年前居鲁士二世修建居鲁士城如出一辙——这凸显了河中地区在保卫帝国安全上所具有的特殊地位。亚历山大的建城活动与希腊文化的传播如影随形。据阿里安的记载，亚历山大只用了20天的时间便为这座城市建好了城墙，并将当地的土著、希腊雇佣兵以及马其顿人迁入此城，还在当地进行献祭并举办体育赛事。库尔提乌斯·鲁弗斯宣称该城城墙长达26个stades。此城在汉文史料中被称作贵山城，发音与苦盏（Khujand）类似，隋唐时称为俱战提。也有观点认为《魏略·西戎传》所提及的北乌弋即极东之亚历山大里亚，乌弋山离即亚历山大音译而来。[2]

马尔吉亚那的亚历山大里亚最早亦见于普林尼，他在《自然史》中提及亚历山大在马尔吉亚那建立了一座城市。但是关于该城，不管是阿里安还是库尔提乌斯·鲁弗斯，两人都没有提及。普林尼宣称此城曾毁于蛮族之手，并由安条克一世重建，后者在同样的地点修建了名为叙利亚的城市，被称作安条克城。查拉克斯的伊西多雷记载该城拥有丰沛的水源，罗马后期的Martianus Capella和 Solinus 两位作家都宣称亚历山大在马尔吉亚那建立亚历山大城，而他们也都认为该城市在安条克时代更名为塞琉西亚。由此，托马斯

[1] Cohen, *The Hellenistic Settlements in the East from Armenia and Mesopotamia to Bactria and India,* Berkeley: University of California Press, 2013, pp.31—33.

[2] 孙英刚：《犍陀罗文明史》，上海：三联出版社，2018年，第38页。

切克推测在亚历山大里亚被蛮族毁掉之后，此城被更名为塞琉西亚，并在安条克一世时被称为安条克城。[1]贝希斯敦铭文中已经提及马尔吉亚那作为叛乱诸省之一，表明在大流士之前该地区已经成为帝国的一个部分，考虑到阿契美尼德中央集权解体后中亚城市的衰退情况，尤其是梅尔夫在整个东伊朗地区所具有的战略地位，以及由此带来的在政治、经济和宗教传播上的特殊意义，[2]因此不排除在从阿契美尼德王朝末年到塞琉古帝国建立的几十年里梅尔夫先是遭劫被毁，而后再度被重建的可能。而这恰恰印证了本书前言部分提及的城市因其地理位置、功能用途、地形地貌和社会/文化传统因素而具备的“根深蒂固的连续性”。

梅尔夫古城遗址位于今日梅尔夫以东30千米处，由被称作埃里克·卡拉的圆形城堡和名为古尔·卡拉的方形城区组成，两个部分分别修建于阿契美尼德王朝和希腊化时代。这种将圆形要塞和方形城市相结合的风格也存在于中亚其他遗址，例如达尔维津特佩和第尔伯津特佩。[3]苏联的考古研究已经证明，该地早在居鲁士征服之前就已经是个配备了灌溉系统的大型城市定居点。[4]

梅尔夫下城区城墙高约10米，长达8千米，并具有多层结构，其顶层是一个1.1米宽的通道，而这种多层设计通常多见于希腊化时代的小亚细亚，它在中亚的存在反映了希腊化时代军事建筑技术在当地的传播。该城下城区内出土了若干安条克一世和安条克二世的硬币，而在遗址外围还出土了若干希腊

[1] Cohen, *The Hellenistic Settlements in the East from Armenia and Mesopotamia to Bactria and India,* Berkeley: University of California Press, 2013, p.261.

[2] 如果说巴尔赫位于东伊朗世界的中央，则任何试图北上扩张的军阀都应当重视梅尔夫的存在。在汉代，梅尔夫是丝路南道和北道的交汇处，老普林尼曾称赞马尔吉亚那钢的品质仅次于塞里斯钢，但两者很有可能就是一类金属。而梅尔夫在宗教传播中的关键作用，参考一篇论文：Religious Landscape of the Ancient Merv Oasis.

[3] 沈爱凤：《从青金石之路到丝绸之路》，济南：山东美术出版社，2009年，第441页。

[4] 加富罗夫：《中亚塔吉克史》，肖之兴译，北京：中国社会科学出版社，1985年，第40页。

化的神像和斯芬克斯像，同时在梅尔夫古城内也发现了回字形的祆教神庙，其起源自伊朗高原，并在阿富汗的苏尔科·科塔尔和土库曼斯坦的旧尼萨都有所发现。[1]这种多元文化混合的风格是希腊化时代中亚城市建设最鲜明的特点，并极其明显地体现在中亚南方的艾哈农城市中。

艾哈农是迄今为止唯一一座在巴克特里亚境内发现的完整的希腊化时代的城市遗迹，法国考古学家伯纳德于1962年发现了该遗迹的存在。艾哈农在当地语言中意为月亮女士，该城市位于阿富汗北部的科克查河和喷赤河的交汇处，其附近便是金属矿脉和肥沃的农业平原。城市同样分为上下两个区域，上城区是一个60米高的卫城，而城市建筑大多集中于下城区，包括有一条东北—西南走向的大道，从正门直抵科克查河畔。下城区中央是该城市的建立者基尼阿斯的墓地，其周围则是神庙和王宫。体育场位于下城区的西北部，剧场位于通往上城区的山坡，该区域东南则是艾哈农的兵工厂，居民区亦位于南方。

艾哈农城市实现了希腊式的城市规划与本土的建筑设计风格的融合，其设计体现出典型的米利都—希波达姆斯风格的规划模式，尽管也有观点认为此风格并非城市最初的建造者的意图，但是在前2世纪上半叶，当欧克拉提德斯对于该城的大规模重建活动后，宽阔的大街和小巷便构成了艾哈农城市棋盘式规划的脉络，并将面积较大的区域分配以专门功能。这种城区规划模式也体现在德米特里入侵印度后建立的锡尔卡普中，这两个遗迹的布局都是典型的古典时代东地中海风格，并最早由米利都的希波达姆斯付诸实施。[2]

刘易斯·芒福德认为，米利都式的规划迎合了殖民者在无法长期充分利用和开发的土地上建立一种最低限度的秩序的需求，并保证其能在最短的时

[1] 林梅村：《丝绸之路考古十五讲》，北京：北京大学出版社，2006年，第200—203页。

[2] Rappe, "THE GRECO—BACTRIAN MIRAGE: RECONSTRUCTING," *Archive: A Journal of Undergraduate History*, 2003, pp.54—75.

间里将一切置于控制之下。[1]在艾哈农，这种转变发生在公元前2世纪的第二个25年，似乎暗示了此时希腊—巴克特里亚王国以及艾哈农市政当局在行政上日渐东方化的色彩。

艾哈农是属于希腊人国家的希腊人城市，该城市建立于前4世纪后期，并在相当一段时间里处于塞琉古帝国统治下。希腊化国家的统治者基本都是希腊人，而在塞琉古帝国，上升到官员队伍的当地人从未超过全部官员比例的2.5%。[2]在艾哈农，当地建筑艺术中显著的希腊式风格鲜明地体现出了希腊人在城市内的地位和权力。但是希腊化本质上是东方化，希腊的建筑艺术自然也不可避免地存在一层浓郁的东方化的底色。

体育场、剧场和神庙可以被视作希腊城市的三个标志，体育场和剧场在希腊世界都具有公民教育的职能，而在非希腊世界则承担起传播希腊文化的作用。但在艾哈农，希腊的传统已经在不同程度上受到东方化的侵染。相对而言，艾哈农的体育场更多地保持了同希腊古典时代的一致性，这或许在很大程度上归因于东方社会对于公开场合下裸露身体的希腊传统的排斥。但在东方化影响下，当地的剧场已经产生了相当程度的变化：这个剧场依山坡而建，成半圆形向上延伸，尽管表面上看类似于古典时代的希腊剧场，但是在内部结构上，设计者却在其中添加了属于特权人士的包厢房间——反映出希腊传统的平等意识在东方环境下的逐渐淡化。[3]

艾哈农有两座神庙，位于北部城墙外的神庙明显地体现出受到当地风格影响的特点。例如尽管中央神庙还是希腊式的风格，但是神庙却建立在当地

[1] 刘易斯·芒福德：《城市发展史》，宋俊岭、宋一然译，上海：三联出版社，2018年，第182页。

[2] 孟凡青：《塞琉古王国的统治与“希腊化”》，硕士学位论文，东北师范大学，2011.

[3] 杨巨平：《阿伊·哈努姆遗址与“希腊化”时期东西方诸文明的互动》，《西域研究》，2007年第1期，第96—105页。

传统泥砖建材的基础之上。[1]当地的神庙中出土了装饰有希腊特色的忍冬—椰枣纹路的凉鞋的残片，表明这座神像乃是一位希腊神，但是出土的文物中还有东方神像的骨雕以及希腊—东方特色的浮雕残片。这说明不管是出于何种目的，在神庙中同时出现希腊和本地的神灵塑像是一个不争的事实。

王宫是艾哈农城市最值得研究的部分。俄国学者斯塔维斯基在论及艾哈农宫殿时，认为包括宫殿的墙体砌造、立柱柱础、宫殿的平屋顶、入口处三排柱子的排列方式等方面，艾哈农都遵循了古代波斯和东方的传统。[2]希腊的建筑师在设计艾哈农宫殿时并不能从自己的文化中找到先例可循，因此他们能参照的对象和灵感主要来自巴比伦式和阿契美尼德式的建筑范例。[3]艾哈农王宫这种大庭院与行政经济单元密切联系的设计便是一种典型的东方国家的传统，这可以在大流士一世在波斯波利斯和苏萨的宫殿看到，并至少能够上溯到新巴比伦时代尼布甲尼撒在巴比伦的宫殿。[4]宫殿立柱的柱头是典型的科林斯式、爱奥尼亚式以及多立克式的古典风格，但是他们的柱础却是阶梯状的方形柱础，这就是典型的阿契美尼德风格，这种风格的柱础时至今日还可以在伊朗外交部的门前看到。

城市建设在很大程度上不免要受到规划者本人的影响，但毕竟还需要充分考虑到当地的实际情况，例如当地的建材、传统、风俗、技术、地理和气候条件。艾哈农的房屋内很少能发现装饰性的家具，这一结果启发了一种观点，即东方社会传统的挂毯和地毯取代了地中海世界的部分家具。[5]现实环境

---

[1] Lecuyot, “Ai Khanoum, Between East and West, A Composite Architecture,” in *The Graeco—Bactrian and Indo—Greek World*, London: Routledge, 2020.

[2] 沈爱凤：《从青金石之路到丝绸之路》，济南：山东美术出版社，2009年，第434页。

[3] 雅诺什·哈尔马塔：《中亚文明史·第二卷》（修订版），徐文堪、芮传明译，北京：中译出版社，2016年，第92—93页。

[4] Lecuyot, “Ai Khanoum, Between East and West, A Composite Architecture,” in *The Graeco—Bactrian and Indo—Greek World*, London: Routledge, 2020.

[5] Lecuyot, “Ai Khanoum, Between East and West, A Composite Architecture,” in *The Graeco—Bactrian and Indo—Greek World*, London: Routledge, 2020.

因素决定了无论外来的因素多么浓郁和显眼，希腊化的建筑始终都带有一层抹不去的东方的底色，希腊化的实质必然是东方化。

艾哈农具有王城的规模，因此普遍观点一般视该城为由欧克拉提德斯所建立的欧克拉提德城，他在德米特里一世统治时期篡夺了希腊—巴克特里亚王国的统治权。但是这座城市并没有留下许多文献记载，仅有的两个铭文里，一个是希腊七贤的警句，另一个则是由名为Klearchos带来的德尔斐箴言的复制品，后者被刻在该城创建者基尼阿斯的陵墓上。

德尔斐是希腊世界最重要的两大神谕所之一，其对希腊人的重要性毋庸多言。而将德尔裴的神谕刻在具有如此纪念意义的地方，有观点认为，通过来自德尔裴的神谕铭文，远离故土的希腊人以及其后代得以触摸到遥远母国的存在，并由此在中亚的希腊人与希腊本土之间构成一种连接，进而维持当地人对希腊文化的认同。[1]

巴克特里亚的希腊人是一个矛盾的社会群体。他们的祖先最初是为了寻求财富、荣誉以及对波斯复仇目的而跟随亚历山大出征亚洲。他们只想在功成名就之后返回故乡，或是在像托勒密这样仁慈的君主统治下过舒服的生活，相比而言巴克特里亚对他们并没有什么吸引力。亚历山大在亚洲各地建立城市，并在城市内大量安置希腊—马其顿士兵，并强迫他们定居于此。统治者的身份和希腊化的教育固然使他们保持了希腊的身份认同，巴克特里亚的希腊社团也在一定程度上保持了同地中海世界的联系，但是作为已知世界的最东方的希腊人，身处东方社会的汪洋大海中，他们不可避免地被同化。毕竟从亚历山大时代开始，定居于巴克特里亚的是士兵而非家庭，这里也缺乏像埃及那样源源不断吸纳希腊人的魅力，或者走上一条有别于东地中海和

[1] Mairs, *Foundation Myths in Dialogue: Discourses about Origins in Ancient Societies*, Philadelphia: University of Pennsylvania Press, pp.103—128.

近东世界的属于自己的道路。[1]

这种矛盾性集中表现在当地的希腊人对希腊世界在文化上的依赖，以及在政治上对于希腊帝国的抗拒。这种大背景下产生的希腊人——巴克特里亚—希腊人——只在他们父辈中听到关于希腊的传说，他们并没有真正见识到希腊的情况，因此他们创造的社会和文化，在希腊和地中海民族看来无疑是陌生的。艾哈农城市便是一个案例，其中央宫殿的庭院环绕着科林斯式的立柱，当地也有希腊风格的剧场和体育馆，但是艾哈农的底色依然是当地的——宫殿和神庙的设计是东方的风格，城内居民区和房屋设计遵循的也是当地气候条件和盛行风向。

因此有观点强调一种希腊身份在东方社会的发展，希腊属性的存在使得当地物质文化中的民族特性趋于中性化，而希腊文化也正是在保持自己边界的情况下，通过融合吸收其他文化，从而成为一种更加伟大的多样化的文化。[2]

这种经融合而成的文化本身就是广泛的文明交往活动的结果，这种文化不仅在中亚结出了累累硕果，同时还影响到了中国和近东地区。艾哈农式的房屋规划在塔吉克斯坦、土库曼斯坦、乌兹别克、阿富汗，乃至在美索不达米亚的Abu Qubur有所发现，而在中国新疆的山普拉遗址，发现了头戴王冠的希腊武士和无花果纹饰的织物，而在营盘，当地出土的制品上布满了丘比特、鲜花和半人马。[3]尤其是在被称作黄金之丘的Tillya Tepe，该遗址混合了希腊—巴克特里亚、月氏、早期贵霜、草原游牧民以及希腊化的文化因子，是多元文化在丝绸之路上交汇的卓越典范，也是中亚不同遗址之间相互作用

[1] Daswani Quayson, *A Companion to Diaspora and Transnationalism*, Hoboken: Wiley Blackwell, 2013, pp.448—449.

[2] Mairs, “Greek Identity and the Settler Community in Hellenistic Bactria and Arachosia,” *Migrations and Identities*, Vol.1, 2008, pp.19—43.

[3] Jones, “Centaurs on the Silk Road: Recent Discoveries of Hellenistic in western China” *The Silk Road*, vol.6, no.2, 2009, pp.23—32.

和接触的结果。[1]

四、草原文明

从中国东北到匈牙利的草原，长达数千里延绵不绝的草原地带塑造了影响人类文明长达几十个世纪的草原帝国。正如我们前文所提到的观点认为，人类乃环境的产物，文明亦是如此，自然环境的先定作用在草原帝国的历史发展中体现得尤为明显，他们对于人类历史的重要性不在于历史上几个昙花一现的征服者帝国，而在于他们在东方和西方游荡时，对古老的定居文明造成的深远影响。这种游荡和迁徙来自草原系统生业经济的脆弱性，自然环境的差异造成了两大文明在资本积累的规模、程度以及上限的差异，草原文明的匮乏与农业文明的富庶形成鲜明对比，这刺激起前者贪婪的征服欲望，特别是当农耕文明因一系列气候事件而陷入生产衰退，以土地兼并为代表的资本获利超过劳动获利与国家经济增长，进而引发地方贵族对中央政府日益增长的离心力的情况下。

反常的气候事件也极大地刺激了草原帝国的攻击欲望，一个鲜明的案例是，4世纪中叶的北大西洋震荡呈现持续的正指数，使得从法国西海岸到斯堪的纳维亚半岛出现温和气候和充沛降雨，但却在中亚地区形成了高压与干旱，从而破坏了当地脆弱的经济结构，进而引发了匈人在4世纪70年代的大规模迁徙，其余波直接改写了欧洲的历史。

农耕与草原的对立是人类最早，也是影响最为深远的对立。但是也应该看到，农耕—草原之间的经济互补性是促成两者之间交往活动的一大原因，战争只是交往活动的一个组成部分，在长达上千年的人类历史中，和平的贸易活动才是两者之间文明交往的主要方式。交往是人类的天性，与世隔绝则

[1] Dubbini, “From Northern Afghanistan to Xinjiang, Hellenistic Influences in the History of a Yuezhi—Kushan Burial,” *Journal of Asia Civilizations*, vol.37, no.1, 2014, pp.1—22.

必然会阻碍聪明才智的诞生，因此从文明交往的角度而言，两者的和平交往活动不仅极大地丰富了彼此之间的物质文化生活，促进了南方技术、艺术以及宗教观念在北方草原帝国的传播，同时，由于自文明时代以来，欧亚大陆的迁徙活动通常是自东向西，它构成了跨欧亚的丝绸之路的重要一环，使得欧亚草原文明在信仰、习俗、艺术、宗教观念等方面呈现出了相当程度的一致性，并对于东方的先进技术在西方的传播起到重要作用。

米努辛斯克盆地位于今日蒙古西北，俄罗斯南方的哈卡斯共和国境内，东临萨彦岭，西临库兹涅茨克山，前3千纪后期印欧人向中亚方向的迁徙促使一支印欧人群体来到米努辛斯克盆地，并形成了具有代表性意义的阿凡纳羡沃文化。现代研究表明该部落已经学会饲养大型牲畜，并开始进行农业生产，其社会结构沿袭了新石器时代的平等色彩，而在丧葬习俗上，他们是已知最早的使用马匹殉葬的草原民族，这一习俗同样见于稍晚时期的辛塔什塔—彼得罗夫卡文化，并为后来欧亚草原的众部落所沿袭。

上文曾提及与哲通文化大致同时代的克尔捷米纳尔文化。该文化的遗址最早可以追溯到前4千纪，最晚截至前2千纪初，捕鱼和游猎构成了该文化的经济基础。在其主要遗址的詹巴斯卡拉和达尔巴兹克孜尔发现了若干细长的、半椭圆形和半球形的陶器，他们通常以波浪式的平行线作为陶器纹饰，奥克拉德尼科夫教授认为这种装饰风格体现出该文化同包括哲通、纳马兹加、卡拉德佩等在内中亚南方农业文化的联系。而基于对当地出土的打制石器的考察，当地的石斧、钻子和石刀体现出了同里海南方卡拉博加兹湾的哲贝尔岩洞出土石器的相似性。[1]

扎曼巴巴文化是形成于前2千纪上半叶的一支草原文化，它位于今日的布哈拉附近，被俄国考古学家库兹米娜视作首支反映了草原民族南迁的考古学

[1] Denis Sinor, *The Cambridge History of Early Inner Asia*, Cambridge: Cambridge Press, 1990, pp.64—65.

文化。[1]他们广泛使用没有加锡的铜，其遗迹内发现了若干大麦和小麦，证明他们已进行了一定规模的农业生产，而扎曼巴巴文化出土的生育女神神像和矩形陶器，则体现出该文化同南方农业文明的关系。[2]

在阿凡纳羡沃文化之后，米努辛斯克盆地在前2千纪中叶又出现了一支新的印欧人文化，即安德罗诺沃文化。安德罗诺沃文化已经发现了用以耕作的锄头，以及用作研磨谷物的石板磨子，这体现出该文化群体在农业生产领域内的进步。他们从阿尔泰山和哈萨克北部的卡尔宾山获得金属矿物，以黏土浇铸模具，并铸造了若干金属斧头和长矛。传统的畜牧业依然在安德罗诺沃文化群体中占有重要地位，对草场的依赖和为保证草场不因为过度放牧而退化，使得这一群体每隔一代人就要迁徙到几十千米之外。安德罗诺沃文化群体的肉食供应主要以牛肉为主，羊肉只有不到10%，猪则完全消失，而家畜饲养业的发展导致的积累的增加加速了社会结构的转型，并强化了丈夫在家庭中的地位。在这个过程中，气候亦对安德罗诺沃文化群体造成很大影响，公元前13—公元前9世纪，欧亚草原的骤然变冷和潮湿使其逐渐放弃混合经济，并转向更加灵活的游牧生活方式，而对于这种挑战的普遍性应对直接导致了游牧经济在草原地带的兴起。[3]

希罗多德记载了中亚的马萨格泰人对居鲁士统治时期波斯帝国的重大胜利。马萨格泰人系生活于里海东岸的一支游牧民族，属于广义的斯基泰人或塞种人的一支——斯基泰人泛指从中亚草原到黑海的游牧民族，希罗多德所提及的斯基泰人即海对岸的塞种人，而马萨格泰人则通常指中亚地区的塞人，包括有三支：尖盔塞种人、饮豪麻汁的塞种人以及索格底亚那之外的塞

[1] 叶莲娜·伊菲莫夫纳·库兹米娜：《丝绸之路史前史》，李长春译，北京：科学出版社，2015年，第93页。

[2] Denis Sinor, *The Cambridge History of Early Inner Asia,* Cambridge: Cambridge Press, 1990, pp.80—81.

[3] 叶莲娜·伊菲莫夫纳·库兹米娜：《丝绸之路史前史》，李长春译，北京：科学出版社，2015年，第49—51页、第89页。

种人。就根据希罗多德的介绍来说（I, 216; II, 61），此时的斯基泰社会尚存在相当程度的野蛮痕迹，表明其尚且处于文明社会的初级阶段。

现代研究大多集中于阿契美尼德王朝与希腊世界之间的冲突，而相对淡化了帝国中后期来自中亚游牧民族的威胁。尽管波斯波利斯以及纳克希·鲁斯塔姆官方的浮雕表明波斯对于中亚的控制，但是这种艺术表现未免有粉饰太平的嫌疑。来自薛西斯时代的泥板文书暗示了帝国某地发生的叛乱活动，而基于对雕绘艺术形象的研究表明，在大流士统治的后半期、薛西斯一世以及大流士二世·奥科斯时期，中亚地区的游牧部落是帝国所面临的最主要的问题之一。[1]而与中亚地区的战争图像在帝国各地都可找到存在的证据，在美索不达米亚尼普尔的印章上，在哈萨克斯坦出土的木头梳子上，在安纳托利亚发现的印章上，等等。[2]这都暗示了来自中亚的游牧部落乃是帝国最令人生畏的敌人。

草原民族逐水草而居的生产方式决定了城市在两种社会下的不同形态。在13世纪，大蒙古国贵族强大的消费能力使得大量斡脱商人聚集在斡耳朵附近，由此而在草原上形成了伴随游牧民迁移而活动的独特的商业城市，甚至还催生出了元上都、哈拉和林等固定的政治中心。[3]而这种移动城市的历史则可以追溯到斯基泰时代，斯基泰国王对大流士一世的使者宣称，斯基泰人没有城市和耕地[4]——这里的含义是斯基泰社会存在一种迥异于农耕文明的城市形态。斯基泰人的城市是一种移动城市，主要是以毡做成的天幕组成，这种天幕极可能是现代叶脱型或者吉别托卡型天幕的直系祖先。而叶脱型天幕，直至20世纪

[1] Wu, “O Young Man...Make Known of What Kind You Are: Warfare, History, and Elite Ideology of the Achaemenid Persian Empire,” *Iranian Antiqua*, vol.37—39, pp.221—222、pp.268—270.

[2] Wu, “Central Asia in the Achaemenid Period,” 2020.

[3] 温旭：《草原地区移动的商业城市——以蒙古贵族斡耳朵的贸易活动为中心》，《浙江学刊》，2019年第6期，第218—225页。

[4] Herodotus, IV, 127.

初，仍是中亚游牧民族的标准型建筑，其形状是圆柱形的帐体和尖顶帐尖。古代的斯基泰人和萨尔马提亚人通常将天幕建立在大车上以便移动，这种车通常使用牛而非马匹来拖拽，由此整个斯基泰人的村落/城市都可以移动，并在必要的情况下安营扎寨。[1]这种大篷车移动城市也通过阿米阿努斯·马塞里努斯对匈人的记载得以证明："在他们的国家没有耕地……他们居无定所……总是从一个地方迁居到另一个地方……他们就生活在车上……母亲怀他的时候在一处，生他的时候在一处，将他养大又在一处。"

值得注意的是斯基泰—游牧社会的文化影响，一方面这体现在若干野蛮风俗的遗存上，例如从斯基泰人一直延续到6世纪的突厥社会的草原民族的剺面传统，[2]另一项臭名昭著的则是以人头为饮器的风俗，这或许是史前时代社会的遗存——1957年在河北石家庄市发现的龙山文化晚期的涧沟村遗址，其内就包含若干用作饮器的头盖骨。《史记》记载赵襄子杀智伯后以其头为饮器，同样的风俗见于老上单于时代的月氏王，死于同中亚游牧民族冲突的居鲁士二世，为保加尔人所败的罗马皇帝尼基福鲁斯一世，以及10世纪时同佩切涅格人冲突的基辅大公斯维尔托斯拉夫。这种野蛮风俗的存在一方面说明草原民族生产方式在资本积累上的滞后性，也佐证了欧亚草原上文明交往的广泛性。

斯基泰艺术是文明交往活动在欧亚草原上广为传播的一个例子。武器、马具、动物艺术，是斯基泰艺术的三要素，尽管它最初仅被认为是一种斯基泰人的文化，但进一步的考古发现揭示了其分布范围的广泛性，从黑海到蒙古高原，包括但不限于内蒙古赤峰的夏家店上层文化，鄂尔多斯的毛庆沟遗址，阴山的桃红巴拉遗址，南俄草原的塔尔加文化，中亚的塞种文化，以巴

[1] 威廉·蒙哥马利·麦高文：《中亚古国史》，张巽译，北京：中华书局，1958年，第60—61页。

[2] 关于剺面的传统，希腊的记载见于Herodotus,, II, 61.汉文史料见于杜佑《通典·边防十三·突厥上》，"（突厥人）有死者，停尸于帐，子孙及诸亲属男女,各杀羊马，陈于帐前，以刀剺面且哭，剺，理之反，血泪俱流，如此者七度，乃止。"576年瓦伦丁代表东罗马出使西突厥，恰逢可汗Silziboulos去世，瓦伦丁被其子Turxath逼迫要求剺面以示哀伤。

泽雷克墓地为代表的阿尔泰中期文化等等。[1]这暗示了公元前1千纪草原游牧民族在整个欧亚大陆范围内的文明交往的广泛性，因此有观点认为，早在汉代之前，草原丝路的不同路段已经被不同地区的游牧民族所贯通。[2]

丝绸之路之所以意义重大，很大程度上在于这条文明交往之路跨越了语言、民族、宗教的藩篱，并实现了不同文化、文明、国家之间的文化交流与融合。沿着早期的草原之路，游牧文明的艺术得以在欧亚大陆广泛传布。它同青铜时代的青金石之路、玉石之路一样，成为丝绸之路的先声，并对若干世纪后丝绸之路的形成意义重大。

---

[1] 沈爱凤：《从青金石之路到丝绸之路》，济南：山东美术出版社，2009年，第384—388页。

[2] 张龙海：《试论鬼方、斯基泰人、塞人与草原丝绸之路的贯通》，《内蒙古社会科学》，2020年第5期，第59—67页。叶莲娜·伊菲莫夫纳·库兹米娜，《丝绸之路史前史》，李长春译，北京：科学出版社，2015年，XV.

第三章

古典时代的丝绸之路与丝路城市

一、大月氏人时期的中亚丝路与城市

“我们中亚地区是多个宗教和文化相互作用的地区，主要原因之一便是伟大的丝绸之路穿过这片土地。”[1]在丝绸之路上，中亚文明展现出高度的繁荣,从公元前2世纪到公元2世纪，中亚地区绿洲城市间的长途贸易蓬勃发展。继阿契美尼德王朝和亚历山大帝国及希腊化王国塞琉古王国相继统治中亚地区后，公元前250年，即塞琉古王国末期，其统治下的巴克特里亚地区宣布独立，建立希腊—巴克特里亚王朝（前250—前135），该王朝在统治一百余年后，约公元前141年遭到吐火罗人的入侵，大夏建立。而后约公元前130年，大月氏人因受乌孙攻击西迁至阿姆河流域，吐火罗人建立的大夏被大月氏征服，大月氏人将原大夏诸城邑交于五翕侯管理。百余年后，公元1世纪初期，五翕侯之一的贵霜翕侯丘就却一统五部翕侯，建立贵霜王朝。同时，大致与巴克特里亚独立同一时期，在今伊朗地区，阿萨息斯王朝建立，我国史书称其为“安息国”。本章将分别讲述大月氏人、汉朝及帕提亚帝国治下的丝绸之路贸易及丝路沿线城市。

大月氏的前身是月氏，在《史记》问世以前的先秦典籍中，月氏也被写作“禺知、禺氏、牛氏等”，[2]此皆为月氏一称的同名异释，说明中国在很早就已经知道了月氏的情况。司马迁的《史记·大宛列传》主要依据张骞出使西域的见闻来进行撰写。《大宛列传》以大宛为中心，旁及周边一些国家和部落，远至西亚南部、南亚等地，还包括中国新疆和川、滇部分地区。因张骞通西域最先到达的西域国家是大宛，故而司马迁对大宛周边国家距离远近

---

[1] A.Y.Baltabayeva, G.Rizakhojayeva, “the Phenomenon of the Great Silk Road in the Cultural Integration Process,” *Серия общественных и гуманитарных наук*, vol.6, no.322, 2018, p.93.

[2] 余太山：《塞种史研究》，北京：商务印书馆，1992年，第52页。

的记载，皆以大宛为准，一般采用“在大宛+（方向）+（里程）里”[1]的写法。对于大宛，《大宛列传》有如下记载：

大宛[2]在匈奴西南，在汉正西，去汉可万里。其俗土著，耕田，田稻麦。有蒲陶酒。多善马，马汗血，其先天马子也。有城郭屋室。其属邑大小七十余城，众可数十万。其兵弓矛骑射。其北则康居，西则大月氏，西南则大夏，东北则乌孙，东则扜罙、于阗。[3]

由上述记载可知，大宛位于西汉的正西方位，匈奴的西南方向，与西汉相距达万余里，超过4158千米。且匈奴与汉毗邻，张骞到达大宛必得经过匈奴之地，正因此，张骞西行途中才会为匈奴所截，被拘禁十余载。大宛居民非游牧民族，而是过着定居生活，他们耕种稻麦、种植葡萄并酿制葡萄酒，且大宛出产良马，尤其以汗血宝马著称，这表明大宛的农业和畜牧业都很发达。当地有相当规模的城市文明，约十万人居住在城墙环绕、屋宇众多的城市中。当地士兵擅长跃马弯弓、执矛杀敌。大宛北接康居，西连大月氏，南通大夏国，东北可达乌孙，东为扜罙、于窴。

张骞经大宛、康居后，至大月氏，《史记·大宛列传》对大月氏有如下记载：

大月氏在大宛西可二三千里，居妫水北。其南则大夏，西则安息，北则康居。行国也，随畜移徙，与匈奴同俗。控弦者可一二十万。故时强，轻匈奴。及冒顿立，攻破月氏，至匈奴老上单于，杀月氏王，以其头为饮器。始月氏居敦煌、祁连间，及为匈奴所败，乃远去，过宛，西击大夏而臣之，遂

[1] 《汉书·食货志》记载：“理民之道，地著为本。故必建步立亩，正其经界。六尺为步，步百为亩，亩百为夫，夫三为屋，屋三为井，井方一里，是为九夫”。井方一里为九百亩耕地，即九千步，每一边的边长为三百步，即一千八百尺。汉时一尺为0.231米，由此可得，一里为415.8米。

[2] 大宛位于费尔干纳盆地，处于天山和吉萨尔—阿赖山之间，在今乌兹别克斯坦、吉尔吉斯斯坦和塔吉克斯坦三国交界处。

[3] 司马迁：《史记》，北京：中华书局，1959年，第3160页。

都妫水北，为王庭。其余小众不能去者，保南山羌，号小月氏。[1]

据上文记载所知，大月氏在大宛以西二三千里，约832千米至1247千米，位于阿姆河流域，大月氏南接大夏国，西通安息国，北连康居。司马迁将大月氏称为“行国”，意即“移动的国家”，大月氏因游牧活动的流动性而进行迁徙，是一个游牧国家。在大月氏，拉弓打仗的战士有一二十万。大月氏强大时轻视匈奴，到冒顿立为单于时，匈奴打败月氏，到老上单于时，匈奴杀月氏王，取其头骨制为饮酒器皿。同时，《大宛列传》对大月氏人的迁移有简要叙述。月氏人一开始居于敦煌和祁连之间，被匈奴打败后，大部分人离开故地，经过大宛，往西打败大夏国并使之俯首称臣，于是在阿姆河以北建都，而未离去的一小部分人留居故地，被称为小月氏。

具体来说，起初，月氏地处河西走廊，在匈奴以西。匈奴强大之前，原本臣服于月氏，冒顿单于即位前曾被送往月氏做人质。“直到公元前3世纪，月氏和东胡[2]是蒙古草原上占支配地位的两支力量，他们分别从西和东两个方向压迫匈奴”。[3]匈奴被左右夹击，处境窘迫。约公元前209年，冒顿即位，此后，匈奴开始崛起，先后三次打败月氏。公元前221年，秦始皇一统中国，冒顿单于第一次打击月氏也大约是这个时候，月氏被击败后撤退到今甘肃西部。公元前176年，冒顿单于又在甘肃西部击败了月氏。到冒顿之子老上单于在位（前174—前161年）时，月氏彻底被匈奴击溃，只得被迫向西迁徙。西迁的月氏人，史称大月氏人，留居故地的月氏人，史称小月氏人。大月氏人首先到达伊犁河流域，“大月氏西迁伊犁的时间一般认为是在公元前174年至公元前160年，即匈奴老上单于在位时期”[4]。当时伊犁河流域是乌孙国所在地，大月氏人怀着争取生存的信念，击败乌孙，乌孙首领难兜靡被杀，“乌

[1] 司马迁：《史记》，北京：中华书局，1959年，第3161页、第3162页。

[2] 东胡是春秋战国时期占据蒙古东部的游牧民族。

[3] 雅诺什·哈尔马塔：《中亚文明史·第二卷》（修订版），徐文湛、芮传明译，北京：中译出版社，2016年，第156页。

[4] 王治来：《中亚通史·古代卷 上》，北京：人民出版社，2010年，第95页。

孙人民和仍处于襁褓之中的王位继承人昆莫投奔匈奴，成为匈奴的附庸”[1]。约公元前130年，[2]昆莫率众打败大月氏人，占据伊犁河流域及伊赛克湖周围地区，大月氏人不得不再次西迁。大月氏人离开伊犁河流域后，取道费尔干纳盆地，即大宛所在地，向西迁至阿姆河和锡尔河之间东部地区的索格底亚那，在这里略作停留即南下跨过阿姆河，攻入巴克特里亚地区。[3]是时，吐火罗人已推翻原希腊—巴克特里亚王朝的统治，建立大夏政权，大月氏人入侵后，吐火罗人被迫臣服于大月氏，可以说，巴克特里亚“（至少）遭受了两次不同游牧民族的征服”[4]。需要强调的一点是，因得益于骑马弓射战术，月氏不是简单的游牧民族，而是一个游牧国家。月氏在受到匈奴的压迫之前在中亚处于优势地位，中亚各国承认月氏统治者的权威，月氏迁移时“是以有序的方式进行的，某种程度上是有计划的战略搬迁，而不是溃败”[5]，月氏的迁徙“不是一个族群从一地向另一地的移动，而是月氏帝国从其东部和北部边境撤走”[6]。

关于大月氏所灭的大夏国究竟指的是哪一政权有争议。李坤捷在撰写《中亚五国史纲》第一章时，认为“公元前135年，大月氏灭大夏，张骞所称

[1] Adesh Katariya, *The Glorious History of Kushana Empire: Kushana Gurjar History*, Adesh Katariya, 2012, p.21.

[2] 关于大月氏人受乌孙攻击后被迫西迁至阿姆河流域的时间有争议。王治来在《中亚通史》中称匈奴老上单于末年，即公元前161年—公元前160年，大月氏被从伊犁河流域驱逐，迁往索格底亚那，王欣在《吐火罗史研究》一书中称大月氏约在公元前130年受到乌孙攻击而迁走。本文采取后者的观点，余太山在《塞种史研究》一书中也认为大月氏人只是经过索格底亚那地区，并未占领该地区，就像他们经过大宛一样。这种情况下，如果大月氏人是公元前160年左右被乌孙攻击而迁至阿姆河流域，那么他们至少在索格底亚那停留了近30年。

[3] 大月氏人迁徙到巴克特里亚地区的确切年代尚不可知，一般认为征服大夏是在公元前139年到前128年之间的某个时候。

[4] Hans Loeschner, “Notes on the Yuezhi—Kushan Relationship and Kushan Chronology,” *Oriental Numismatic Society*, vol.197, 2008, p.4.

[5] Benjamin, Craig, et al. “The Yuezhi Migration and Sogdia,” *ĒRĀN UD ANĒRĀN*, 2003, p.87.

[6] 雅诺什·哈尔马塔：《中亚文明史·第二卷》（修订版），徐文湛、芮传明译，北京：中译出版社，2016年，第158页。

的大夏即为希腊—巴克特里亚王朝”[1]。而王欣在《吐火罗史研究》一书中则提出“至少在公元前128年张骞到达时，已有很多吐火罗人在巴克特里亚定居了下来……其统治集团无疑进入了城市，成为当地的统治者”[2]的观点，这里大月氏人打败的大夏指的是推翻希腊—巴克特里亚王朝统治的吐火罗人建立的政权。

本文采纳后者的新观点。自亚历山大身死，帝国一分为三，中亚广大地区都划归塞琉古王国。公元前3世纪时，塞琉古王国内外交困，内有诸子争夺王位，外与埃及征战不休，同时，索格底亚那和巴克特里亚不断发生起义，塞琉古王国式微。公元前250年，原塞琉古王国治下的巴克特里亚总督狄奥多特宣布独立，但名义上依旧隶属塞琉古王国，狄奥多特建立的王朝被称为希腊—巴克特里亚王朝（前250—前135年），这一名称表现出该王朝与前希腊化王国的关系。约公元前141年，吐火罗人可能因原驻地被塞人侵占而被迫南下，跨过锡尔河和阿姆河，入侵希腊—巴克特里亚王朝，至公元前135年才将其取而代之。公元前138年，当张骞出发时，正值吐火罗人逐步控制希腊—巴克特里亚王朝，就在张骞被匈奴拘禁的十余年内，约公元前130年，原先因匈奴被迫西迁的大月氏为乌孙所破，再次被迫西迁，占据阿姆河以北地区，并向南扩张，于公元前128年征服吐火罗人建立的大夏政权。所以公元前129年至公元前128年，当张骞到达巴克特里亚地区时，吐火罗人被大月氏人征服这一事件刚发生不久，他所称的大夏，不是希腊人的希腊—巴克特里亚王朝，而是大月氏人征服吐火罗人后的政权。当大月氏人为匈奴所破西迁至伊犁河流域时，当地大部分塞人被迫离开故土，吐火罗人受此影响，从伊赛克湖迁至锡尔河北岸。约公元前141年，吐火罗人的领地可能又被塞人侵占，他们只能跨过锡尔河和阿姆河，侵入希腊—巴克特里亚王朝，取代希腊人的统治。

---

[1] 马大正、冯锡时：《中亚五国史编》，乌鲁木齐：新疆人民出版社，2000年，第16页。

[2] 王欣：《吐火罗史研究》，北京：商务印书馆，2017年，第87页。

《史记·大宛列传》对大夏有如下记载：

大夏在大宛西南两千余里妫水南。其俗土著，有城屋，与大宛同俗。无大君长，往往城邑设小长。其兵弱，畏战。善贾市。及大月氏西徙，攻败之，皆臣畜大夏。大夏民多，可百余万。其都曰蓝市城，有市贩贾诸物。其东南有身毒国。[1]

由上文可知，大夏位于大宛西南方向，距大宛两千余里，约832千米。“与大宛同俗”，说明当地居民同大宛居民一样，过着定居生活，且农业与畜牧业兼具。各个城市没有大君长，只设小长，这可能是大月氏对大夏的征服导致的，大月氏迫使“大夏的‘大君长’放弃自己的名号，而令各城邑的‘小长’直接臣属于大月氏”。大夏的战士懦弱畏战，人民擅长经商。大夏人口众多，可达一百万。都城为蓝市城，在这里，商人贩卖各式各样的商品货物。关于蓝市城的位置众口不一，蓝市城很可能就是原希腊——巴克特里亚王朝的都城Bactra（位于阿姆河南岸）。大夏东南方向是身毒国（指印度）。吐火罗人建立的大夏国存在时间极短，只有从公元前141年到公元前128年这短短12年左右的时间。

公元前130年左右，大月氏征服了吐火罗人建立的大夏。丝绸之路的南北两道在越过葱岭后，均可进入大月氏境内，大月氏理所当然成为中西商道的中转站。大月氏征服大夏后仍保持游牧生活方式，其统治中心依然在阿姆河以北的索格底亚那地区，大月氏人起初没有直接统治大夏，而是满足于大夏诸城邑“小长”的臣服，这些“小长”逐渐发展为以五翕侯为主的几个地区。

五翕侯统治时期，是大月氏历史的第一个时期。《史记·大宛列传》中记载的大夏“无大君长，往往城邑设小长”[2]。张骞到达大夏时，大夏刚刚被大月氏征服不久，他目睹了在原大夏领土上出现的“有都却无王，只有互

[1] 司马迁：《史记》，北京：中华书局，1959年，第3164页。

[2] 司马迁：《史记》，北京：中华书局，1959年，第3164页。

不统属的各城邑‘小长’并立的现象”[1]。这极有可能是因为虽然大月氏的统治中心依然在阿姆河以北，但大月氏征服大夏后，明显不可能使其继续保持“大君长”的称号。大月氏取消原大夏的“大君长”一称，让大夏诸城各“小长”并立而存，向大月氏称臣俯首、缴纳贡赋，这是一种游牧民族对农业地区惯用的统治方式。此后百余年间，吐火罗人诸城邑的“小长”逐渐发展为统治几个中心地区的五翕侯。翕侯是大月氏、康居、乌孙等对高级部落将领的称呼，且“翕”与“翖”同，翕侯也可称作翖侯，五翕侯之意大致相当于游牧部落的五个酋长，他们的地位仅次于王。《汉书·西域传》对于五翕侯有如下记载：

大夏本无大君长，城邑往往置小长，民弱畏战，故月氏徙来，皆臣畜之，共禀汉使者。有五翖侯：一曰休密翖侯，治和墨城，去都护二千八百四十一里，去阳关七千八百二里；二曰双靡翖侯，治双靡城，去都护三千七百四十一里，去阳关七千七百八十二里；三曰贵霜翖侯，治护澡城，去都护五千九百四十里，去阳关七千九百八十二里；四曰肸顿翖侯，治薄茅城，去都护五千九百六十二里，去阳关八千二百二里；五曰高附翖侯，治高附城，去都护六千四十一里，去阳关九千二百八十三里。凡五翖侯，皆属大月氏。[2]

关于五翕侯统治的地区，《后汉书·西域传》的记载有些许不同：

初，月氏为匈奴所灭，遂迁于大夏，分其国为休密、双靡、贵霜、肸顿、都密，凡五部翕侯。[3]

此前学界对五翕侯是大月氏人还是大夏人有长期争论，认为五翕侯是大月氏人的学者，大多依据《后汉书》的记载，《后汉书》中既言明五翕侯为大月氏所置，自然应是大月氏人；认为五翕侯是大夏人的学者，则依据《汉

[1] 王欣：《吐火罗史研究》，北京：商务印书馆，2017年，第89页。
[2] 班固：《汉书》，北京：中华书局，1962年，第3891页。
[3] 范晔：《后汉书》，北京：中华书局，1965年，第2921页。

书》的记载，认为按照语法，整个段落的主语为大夏，“有五翕侯”应解读为大夏有五翕侯，正好对应“皆属大月氏”一句，如果五翕侯本就是大月氏人，则没必要强调“皆属大月氏”。余太山为后一观点的代表人物，除语法上的解释外，他认为班氏父子镇守西域多年，与西域各国来往多年，他们不可能不了解贵霜帝国的渊源，且《后汉书》只是说大月氏入侵大夏后置五翕侯，并没有说五翕侯就是大月氏人，“必须承认这些翕侯完全有可能是亲大月氏的大夏国人”[1]。本文赞同后一观点，认为大月氏在征服大夏初期，王都在阿姆河以北之时，尚不能对大夏实行直接统治，因而设置五翕侯借以进行统治，五翕侯不是大月氏人，而是吐火罗人。

关于五翕侯的统治区域，《汉书》和《后汉书》的记载也有差别。《汉书》所记载的五翕侯统治的地区为休密、双靡、贵霜、肸顿和高附，《后汉书》记载的五地则为休密、双靡、贵霜、肸顿和都密。前四地名称并无不同，只最后一地之名称差异较大。王欣在《吐火罗史研究》中提出一种可能，据《汉书》记载，张骞离开大月氏后，大月氏将都城由阿姆河以北迁至大夏故都蓝市城，其统治集团想要对大夏进行直接统治，高附很可能趁大月氏立足未稳之机独立，大月氏遂以都密代替高附，因而《后汉书》当中记载的五翕侯中有都密翕侯而无高附翕侯。值得注意的一点是，《后汉书》对高附亦有记载，《后汉书》曰：“高附国……所属无常，天竺、罽宾、安息三国强则得之，弱则失之，而未尝属月氏……后属安息。及月氏破安息，始得高附。”[2]此处的高附与《汉书》所云高附不是同一地，余太山认为，此处的高附应指喀布尔，《汉书》所云之高附曾属于罽宾，大月氏将王庭迁至阿姆河以南后，极有可能另设了都密翕侯。

五翕侯统治地区的确切地点历来众说纷纭，莫衷一是。其中最有代表性的是印度学者纳拉因和中国学者余太山的观点。纳拉因认为，休密、贵霜和

[1] 余太山：《塞种史研究》，北京：商务印书馆，1992年，第34页。
[2] 范晔：《后汉书》，北京：中华书局，1965年，第2921页。

肸顿三翕侯的领地在法扎巴德、卡拉查延等地周围，法扎巴德是阿富汗北部巴达赫尚省的首府，两地都位于阿富汗东北部；都密控制今泰尔梅兹地区，位于阿富汗与乌兹别克斯坦两国交界处的阿姆河北岸；双靡位于瓦罕谷地的门户伊斯卡什米。[1]余太山根据《魏书·西域传》的相关记载推测认为：休密在今瓦罕谷地的萨里克—高盘一带，瓦罕谷地北依帕米尔高原南部，南傍兴都库什山脉东段，位于阿富汗巴达赫尚省；双靡在今齐特拉尔和马斯图吉之间，齐特拉尔位于巴基斯坦北部，地处齐特拉尔河右岸，马斯图吉同样位于巴基斯坦北部，比齐特拉尔更靠北，位于雅尔空河左岸；贵霜在瓦罕西部潘扎水左岸；肸顿位于阿富汗巴达赫尚省首府法扎巴德以东地区；高附在古克查河流域。前人研究确有分歧，但有一点是确定的，从五翕侯所处的方位来看，五地都位于兴都库什山以北、阿姆河上游、瓦罕谷地，即五翕侯统治区域皆位于巴克特里亚东部山区，而巴克特里亚西部和大夏故都蓝市城此时都已置于大月氏统治集团之下。同时还应注意，这五个附属国是不稳定的，它们之间的联系十分松散。

此外，由《汉书》所记“大夏……共禀汉使者”[2]可知，五翕侯虽以大月氏为尊，但其自身也具有一定的独立性。20世纪90年代悬泉置遗址[3]中发掘的悬泉汉简对中亚的国王、使者等有一定记录。其中，与大月氏相关的简十一记载道：“……遣守候李××送自来大月氏休密翖侯……贵人××密贵人……弥勒弥……客皆冯奉献诣行在所，以次为驾，二乘驾。三月戊申东。建昭二年三月癸巳朔辛丑敦煌大守疆、守部候脩仁行丞事，谓敦煌：以次为

[1] A.K.纳拉因：《月氏五翕侯》，杨瑞林译，上海：上海译文出版社，1984年，第31—42页。

[2] 班固撰：《汉书》，北京：中华书局，1962年，第3891页。

[3] 悬泉置遗址位于甘肃省敦煌市，悬泉置是公元前2世纪至公元3世纪汉代设立在丝绸之路上连接中原与西域的重要驿站，地处中西交通之孔道，因出土的汉简上书有“悬泉置”而得名。汉武帝时称悬亭，汉昭帝时改为悬泉置。

驾，如律令”。[1]汉简上记载的字迹虽有些模糊，但仍能看出此一行人来自休密翕侯统治区域，他们自西向东而行，“建昭二年三月癸巳朔辛丑”是公元前37年4月9日，这些西域客人于“三月戊申”即4月16日路过悬泉置，李××是朝廷派来专门保护西域使者的人，这枚汉简至少表明休密翕侯的使者东行至汉一事，可见大月氏统治下的翕侯具有一定的独立性。

《后汉书·西域传》对贵霜国家的建立有如下记载：

初，月氏为匈奴所灭，遂迁于大夏，分其国为休密、双靡、贵霜、顿、肸都密，凡五部翖侯。后百余岁，贵霜翖侯丘就却攻灭四翖侯，自立为王，国号贵霜。侵安息，取高附地。又灭濮达、罽宾，悉有其国。

自公元前130年左右大月氏南下攻灭大夏后，初期大月氏王庭居于阿姆河以北，遂置五翕侯统治巴克特里亚地区。后大月氏统治集团迁至大夏故都蓝市城，大月氏对巴克特里亚西部实行直接统治，五翕侯在奉大月氏为尊的前提下统治巴克特里亚东部地区。五翕侯之间虽有竞争，但彼此和睦相处长达百余年，直到公元1世纪前期，贵霜翕侯丘就却一扫四合，结束了五翕侯并立而存的局面。丘就却建立的贵霜王朝，除控制原五大翕侯领地外，还南下扩张至兴都库什山以南，并从安息手中夺取了高附之地，即今喀布尔地区。《后汉书·西域传》中还提及贵霜灭濮达与罽宾等军事活动，“濮达”是巴克特里亚的对音，指当时统治巴克特里亚西部的大月氏统治集团，贵霜灭濮达即是贵霜取代大月氏统治集团得以统治原大夏全境，罽宾即犍陀罗，位于喀布尔河中下游的河谷平原，曾被亚历山大大帝征服，后属希腊——巴克特里亚王朝，公元前2世纪时一支塞种人入侵并成为当地的统治者，贵霜王朝建立后复又征服其地。

丘就却建立的贵霜王朝史称第一贵霜王朝。丘就却本为贵霜翕侯，前文提及五翕侯不是大月氏人，而是征服原希腊—巴克特里亚王朝的吐火罗人，

[1]　张德芳：《河西汉简中的大月氏》，第二届丝绸之路国际学术研讨会论文集《粟特人在中国：考古发现与出土文献的新印证》（下册），2016年，第630—643页。

加之贵霜取代大月氏后一直打着大月氏的旗号进行扩张，故而，“在外人看来，贵霜王朝兴起后的一系列活动，实际上也就是原大月氏王国的继续”[1]。那么，第一贵霜王朝也可被称为吐火罗—大月氏王国，只是第一贵霜王朝空有大月氏之名，而无大月氏之实。丘就却之子阎膏珍去世后，迦腻色伽即位，建立第二贵霜王朝，贵霜的统治阶级上层发生变化。丘就却是吐火罗人，其子亦然，但迦腻色伽即位后，其钱币上的铭文不再使用怯卢文，迦腻色伽雕像显示出的人物装束也属于典型的草原游牧民族，因而王欣推测，迦腻色伽极可能是大月氏统治集团余裔的代表，他的即位可能与大月氏人争夺贵霜的统治权有关。

“贵霜人，是罗马帝国、印度、汉帝国的中介人，站在世界的十字路口上”[2]，故而，贵霜时期的商业贸易十分繁荣。由于商业的发展，贵霜治下的丝绸之路沿线兴起了不少大城市，包括巴克特拉、贝格拉姆、塔克西拉等，它们既是行政中心，同时又作为经济生活中心和商品集散地，在中西贸易中发挥着巨大的作用。

（一）巴克特里亚地区的城市——蓝市城（巴克特拉）

巴克特里亚是古希腊人对兴都库什山以北、阿富汗东北部这一区域的称呼。“古代丝绸之路的汇聚点就在巴克特里亚的中心城市巴克特拉（今巴尔赫）。严格意义上来讲，东、西方诸文明的十字交叉点就在巴克特里亚”[3]。贵霜王朝取代大月氏的统治后，其统治中心初期就位于巴克特拉，《史记》中称蓝市城。关于蓝市城的位置，“据研究很可能就是位于阿姆河南岸的原希腊—巴克特里亚王国的都城巴克特拉，蓝市亦被认为是巴克特拉之别称Alexandria的略译形式”[4]。从希腊—巴克特里亚王朝、吐火罗人和大月氏均

[1] 王欣：《吐火罗史研究》，北京：商务印书馆，2017年，第97页。

[2] 小谷仲男：《大月氏：寻找中亚谜一样的民族》，王仲涛译，北京：商务印书馆，2017年，第42页。

[3] 彭树智：《文明交往论》，西安：陕西人民出版社，2002年，第103页。

[4] 王欣：《吐火罗史研究》，北京：商务印书馆，2017年，第90页。

在此地设都即可窥见蓝市城之繁华。此前，巴克特里亚地区相继经历了波斯人和希腊人的入侵，受其影响颇深，尤其是在希腊人的统治下，巴克特里亚的城镇化进程加快，当地的农业、商业和手工业都得到了发展。从征服者到巴克特里亚之后的变化来看，吐火罗人攻灭希腊—巴克特里亚王朝，来到蓝市城后，即从游牧生活转为定居生活，大月氏人来到此地后，也丧失了向匈奴复仇的斗志，拒绝与西汉联手夹击匈奴，这都表明蓝市城是一个十分适合定居的绿洲城市。

巴克特拉是受希腊文明影响的城市代表之一。在亚历山大东征过程中，“亚历山大及其后继者在东方建城（包括殖民地）至少在300个以上，其中保留下名称者约275个……在巴克特里亚及其相邻地区有名可据者有19个（其中亚历山大建了8座）”[1]。诸多城市中，巴克特拉以其重要的战略位置，成为兵家必争之地，爱琴海文明与中亚文明融汇于此。希腊化国家衰亡后，贵霜继承了巴克特利亚地区，也继承了希腊文化，并将其融合成新的贵霜艺术。《史记·大宛列传》记载大夏时云：“（蓝市城）有市贩贾诸物”，表明蓝市城的街道上陈列着各式各样的货物，这里的人民十分善于经商。在丝绸之路上，巴克特里亚是“为运输青金石、尖晶石红宝石和（很可能是）祖母绿而开发的广泛贸易路线的一个关键中心”[2]。张骞曾向汉武帝提到，在大夏时他见到了产自中国西南地区的邛竹杖和蜀布，这也进一步证实了巴克特里亚地区在西亚、南亚和东亚商贸网中的中心地位。不论是从中国西北经中亚去往西方，还是从中国西南经印度去往西方，都要经过巴克特里亚地区，而巴克特拉作为巴克特里亚的中心城市，其中介商业十分发达。

（二）犍陀罗地区的城市——贝格拉姆和塔克西拉

迦腻色伽即位后将第二贵霜王朝的统治中心南移至犍陀罗地区的政治

[1] 杨巨平：《亚历山大东征与丝绸之路开通》，《历史研究》，2007年第4期，第155页。

[2] Adesh Katariya, “Great Yuezhi Migration from Tarim Besin,” p.5.

中心白沙瓦附近，这里位于喀布尔河的冲积平原，自然条件非常优越。犍陀罗的地理位置十分特殊，它位于亚欧大陆的心脏地带，在西侧和东北方有高大的兴都库什山和喀喇昆仑山对其呈半包围状态，往东可至印度河，南边则是以白沙瓦为中心的平原地带。犍陀罗是丝绸之路的重要枢纽和佛教文化中心，在这里，印度文明、伊朗文明、希腊文明和草原文明彼此相遇并产生碰撞。公元1世纪初期，丘就却一扫四合，结束了小国林立、战乱不已的局面，这对犍陀罗来说是一件举足轻重的大事。

在贵霜治下，不同地区之间的文明交往得以顺利进行，在古代丝绸之路上，商旅、僧人和使节往来络绎不绝。公元前3世纪，佛教传入犍陀罗并逐渐走向繁荣，佛教的寺院体系在丝绸之路的商业贸易中起到十分重要的作用，商人与佛教之间互助式的联系十分密切。在商路上，寺院是商队的补给站，有的寺院还提供融资借款服务，佛教有神圣光环的加持，故而在商人的眼中，寺院的信用极高。商人向寺院布施，给寺院提供物质供养，寺院给商队提供精神、金融等服务，同时，佛教七宝等装饰品及其他宗教用品也是丝路贸易上的重要商品。此外，商人与僧侣还勾结起来从事一些非法勾当，如僧侣帮助商人逃避关税，“有时僧侣帮助商人逃税可以得到商人所逃税款的一半或全部作为报偿”[1]。可以说，佛教促进了丝绸之路上贸易的繁荣，同时，佛教也随着商人的脚步向外传播。另一方面，由于王权对佛教的支持，佛教达到了其发展的黄金时代，在犍陀罗地区，宗教的输入与输出是另一个极其重要的部分。传统观点认为，佛教是从印度传入中国的，但必须注意，佛教是在中亚地区经过贵霜帝国的洗礼后才传入中国的，在这一过程中，贵霜扮演着无可替代的角色，不仅如此，“贵霜人是将佛教传播到帕提亚、中国和

[1] 周伯戡：《佛教初传流布中国考》，《国立台湾大学文史哲学报》，1998年第47期，第303页。

中亚其他地区最重要的人”[1]。贵霜统治时期，佛教“发生了可谓根本性的变化，大乘佛教开始兴起，佛像出现，阿弥陀信仰、净土观念、弥勒信仰等诸多佛教以前并不具备的元素开始出现”[2]。大乘佛教在这里成型以后，无数的高僧秉持着“普度众生”的理念，将佛教传入中土。正是从犍陀罗开始，佛教得以从一个地方性宗教发展成为一个世界性宗教，实现了质的飞跃。

在犍陀罗地区的众多贵霜城市中，贝格拉姆最能反映出贵霜帝国的繁荣。贝格拉姆城是迦腻色伽的夏都，也是贵霜帝国最为著名的城市之一，处在犍陀罗北部边缘地区。玄奘在《大唐西域记》中将其称为迦毕试。贝格拉姆城遗址位于今阿富汗东南部的帕尔万省、喀布尔河的两条支流潘吉希尔河和果尔班德河的交汇处，在首都喀布尔以北，距离喀布尔约64千米。该城始建于公元前2世纪，约12世纪时被废弃。1922至1924年，法国阿富汗考古团的阿尔弗雷德·富歇在此发现了两座南北相距600米的城市遗址，他将北城称为“旧王城”，南城称为“新王城”，贝格拉姆为贵霜帝国的夏都这一论断即由富歇提出。1937年4月，考古学家哈金夫妇开始对其进行发掘，发现了大量贵霜时代的宝藏。他们在新王城Ⅱ号发掘区的10号房间发掘出大量罗马式玻璃器和印度的象牙、骨雕等。1939年，又在13号房间发现了一批与10号房间风格类似的器物，这两个房间的大批器物包括“上千件象牙和骨雕、179件玻璃器、112件青铜器、61件石膏制品，以及少量铁器、陶器、石器和漆器碎片等等”[3]，这些器物的来源地主要有三：印度、罗马和中国。一般认为，象牙和骨雕来自印度，玻璃器、青铜器和石膏制品来自古罗马，漆器来自中国。这足以令我们一窥当年在中亚地区将罗马、印度和中国连接起来的丝绸之路的繁荣景象。

---

[1]　Christopher I.Beckwith, *Empires of the Silk Road : A History of Central Eurasia from the Bronze Age to the Present*, Princeton: Princeton University Press, 2009, p.85.

[2]　孙英刚、何平：《犍陀罗文明史》，上海：三联书店，2018年，第15页。

[3]　罗帅：《阿富汗贝格拉姆宝藏的年代与性质》，《考古》，2011年第2期，第69页。

“贝格拉姆‘宝藏’具有两大争议：宝藏所属年代及其用途……现在普遍接受的观点是，这批宝藏的年代大致是1世纪或2世纪初期。”[1]至于这批宝藏作何用途，则跟贝格拉姆的城市性质有很大关系。富歇根据这些发掘出的物品推断贝格拉姆是贵霜王室的居所，“宫殿的存在通常意味着这座城市是一个主权国家的首都”[2]，考古学家所发掘的10号和13号房间就位于古代宫殿中。但关于贝格拉姆的性质，除富歇认为的夏都以外，还有其他说法，贝格拉姆所处位置极具战略性，它极有可能是贵霜帝国重要的中转和贸易城市。罗帅指出贝格拉姆发掘出的器物应来自一处商站，而不是王室宫殿。原因有三：其一，这批器物中没有金银器和珠宝首饰，贵霜统治阶级很重视金器，排除被盗的可能，如果这批器物是王宫的宝藏，则不可能没有金银器和珠宝，此外，器物中包含极普通和廉价的陶罐，且成批出现，显然不合理；其二，这批器物大多是日常实用之物，没有可供观赏的艺术品；其三，这批器物皆来自外地，没有本地的宝物。从地理位置来看，作为商业中转站，贝格拉姆相当合适，在丝绸之路上无论往东还是往西，贝格拉姆都是必经之地。如果贝格拉姆的性质确为一处商站，那么从出土的器物来看，此处当年贸易之繁荣可见一斑。像贝格拉姆这样的城市在长途贸易中所起的作用及其重要地位仍有待于进一步研究。

另一个著名城市塔克西拉位于犍陀罗地区的核心区域。“在过去，塔克西拉是一个大的城市中心，作为伟大文明的一部分，从公元前五世纪到公元五世纪一直兴盛不衰，尤其是在阿育王时期和贵霜时期”[3]。塔克西拉是南亚次大陆上最古老的城市之一，它起源于新石器时代（前4千纪中叶），位于

[1] Rachel Mairs, “Glassware from Roman Egypt at Begram (Afghanistan) and the Red Sea trade,” *British Museum Studies in Ancient Egypt and Sudan*, 2012, vol.18.p.4.

[2] Adesh Katariya, “Kushana Gurjar Kingdom”, p.4.

[3] Dharmendra Kumar Shahi, “Spatial Narratives of Taxila: A Thematic Study of Urbanisation in Ancient Past,” *International Journal of Research in Social Sciences*, vol.9, 2019, p.427.

在今巴基斯坦首都伊斯兰堡西北30公里处，是举世闻名的犍陀罗艺术中心。从公元前5世纪起的千年间，这里先后经历了波斯帝国、亚历山大帝国、孔雀帝国、希腊—巴克特里亚王朝、安息帝国和贵霜帝国的统治。1863年，北印度考古总监亚历山大·坎宁汉爵士对塔克西拉进行了较为粗糙的发掘，1913年，印度考古局局长约翰·马歇尔继续对其进行发掘，前后历时22年，共发现3处城址、多处佛塔和上万件文物。3处城址包括皮尔丘、斯尔卡普和斯尔苏克，“皮尔丘属孔雀王朝，其余的寺庙遗址被认定为贵霜王朝时期”[1]。斯尔卡普的建筑结构都呈长方形，建筑物包括王宫、寺庙、佛塔等，至于斯尔苏克，马歇尔认为贵霜人很有可能遗弃了斯尔卡普，而后另建了斯尔苏克城，在斯尔苏克城，马歇尔发掘出了大量赫尔马攸斯[2]时期的铜币。不仅如此，此次发掘还出土了大量装饰用的物品，“包括玛瑙、绿松石、天青石、玻璃、珍珠、水晶、光玉髓等常用于东西方贸易交流的物品”[3]。

贝格拉姆和塔克西拉等城市在贵霜治下迅速发展，成为丝绸之路上不可或缺的重要贸易城市，犍陀罗佛教艺术也沿着丝绸之路一路到达塔里木盆地，一定程度上对我国西部的石窟艺术产生了影响。除上述城市外，贵霜治下的丝路沿线城市还有很多，如位于阿富汗首都喀布尔西北97公里处的巴米扬、谢伯尔汗5公里处的迪利雅特佩、贾拉拉巴德以南8公里处的哈达等。

二、汉人治下的西域丝路与城市

早在张骞通西域之前的商周时期，丝绸贸易就已活跃起来，当时的贸易

[1] 邹飞：《塔克西拉佛教遗址发掘历程述论》，《敦煌学辑刊》，2017年第3期，第187页。

[2] 赫尔马攸斯是印度—希腊王国的国王，统治时期为公元前90至公元前70年，其都城位于喀布尔附近。

[3] 邹飞：《塔克西拉佛教遗址发掘历程述论》，《敦煌学辑刊》，2017年第3期，第188页。

地区已“远至甘肃的河西走廊、新疆和中亚一带”[1]。《穆天子传》记载了周穆王西巡的传说，周穆王从宗周（一般认为指洛阳）出发，渡黄河，越太行山，经河套地区，入青海，西行至西王母之邦。周穆王每到一处部落就赐予当地丝绸、贝带、[2]黄金等，当地部落则回赠周穆王马、牛、羊、麦等，这种中西之间的交往为后来丝绸之路商业的繁荣奠定了基础。春秋战国时期，种桑已很普遍，丝织业不断发展，尤其是在黄河流域和江淮一带。秦朝统一后，大力发展全国的水陆交通，统一货币和度量衡，这都利于商业贸易的发展。

西汉时期，汉武帝从匈奴投降者口中得知匈奴大破月氏一事，月氏对匈奴仇怨颇深，但苦于无人相助，不能报仇雪恨，汉武帝遂决定派使者沟通西域，与月氏联合夹击匈奴。建元年中，张骞任“郎”一职。建元二年（前139），张骞首次出使西域，他率领百余名随行人员，在匈奴人堂邑父（又名甘父）的导向下从长安出发前往西域，进入河西走廊后，突遇匈奴骑兵队，一行人等皆被抓获。张骞被匈奴拘禁时间长达十余年。然张骞初心不改，元光六年（前129），匈奴监管日渐松弛，张骞趁匈奴不备，带领随从成功脱逃。他们越过葱岭，到达大月氏，但大月氏在大夏故地安居乐业，已无意东返复仇，因而张骞未能与大月氏联盟。在归国途中，张骞再次被匈奴抓获，一年多后趁匈奴内乱逃脱。这是张骞首次出使西域的情况。元狩四年（前119），汉武帝派遣张骞第二次出使西域。因元狩二年（前121）时汉武帝派杰出将领霍去病打通河西走廊，霍去病大破匈奴，自此，河西、金城（今兰州）至罗布泊地区再无匈奴势力，这时的河西走廊已为西汉控制，此次行程比较顺利。张骞此次出使西域的目的在于联合乌孙夹击匈奴。张骞率领300人，携带数以万计的牛羊和价值连城的金币丝帛前往西域。但恰逢乌孙处于分裂状态，且国王已年迈，不知汉朝之强大，加之乌孙惧怕匈奴，故而，与

[1] 李明伟：《丝绸之路贸易史》，兰州：甘肃人民出版社，1991年，第6页。

[2] 贝带指用贝壳装饰的腰带，为武士所用。

张骞出使大月氏一样，乌孙亦无意结盟，张骞又没达成目的。不过此行并非无果，张骞派遣随行副使到大宛、康居、大月氏、大夏、安息等国访问，使汉朝与这些中亚国家建立了直接联系。

公元前138至前119年，张骞两度出使西域，使得从汉朝通往西域的交通道路逐渐开辟。由于在这条路上输出数量最多的贸易商品是丝织品，故名丝绸之路。丝绸之路始于长安，向西至敦煌后分南北两道，西汉时到中亚地区主要取南道，具体路线为先出阳关（敦煌西南），经罗布泊南缘，至鄯善（楼兰），沿南山（昆仑山）北麓，经且末（新疆且末县西南50里处）、精绝（新疆民丰县北尼雅遗址）、扜弥（新疆于田县东巴什拉乎拉克）、于阗（新疆和田县）、皮山（新疆皮山县）、莎车（新疆莎车县）、蒲犁（新疆塔什库尔干），越过葱岭，到大月氏。

张骞两次出使西域均未达到预期目的，但却对中西之间交通的开拓和经济文化的交流做出了巨大的贡献。首先，张骞出使西域加强了汉与西域各国的联系。张骞第二次出使西域虽没能与乌孙联盟，但乌孙派遣了数十名使者和数十匹马随张骞一同到汉，得见汉之广大，“乃益重汉”，随后几年，张骞派遣至大月氏等西北国[1]的副使也纷纷带着各国使者至汉，汉与西北国的交通遂得以开通。其次，促进了中西之间的经济文化交流，中西之间的商业贸易得到发展，使“微型的民间短程转运贩卖变为规模宏大的国际商业交往”[2]。在中西商贸中，丝织品是最主要的商品，中原商人将丝织品、漆器等贩运至西域，西域商人再转运至中亚乃至欧洲，中亚商人则把琉璃、宝石等运到中国，西域的蔬菜、瓜果、皮制品、毛织品等日用品和西域的音乐、舞蹈等也传入中原。同时交易的物品还有出自印度的香料、染料、象牙、大米、木材和宝石等和出自罗马的器物。最后，很重要的一点在于，张骞凿空

[1]　西北国指天山以北至巴尔喀什湖以东、以南地区以及葱岭和乌孙以西诸国。

[2]　丘进：《关于汉代丝绸国际贸易的几个问题》，《新疆社会科学》，1987年第2期，第50页。

西域是中国首次主动、有意识地加入当时的世界系统。公元前5世纪波斯向西入侵希腊与公元前4世纪亚历山大东征将东西方世界紧密地联系起来，但中国似乎一直游离在这一世界系统之外，张骞通西域则将中国拉入这一系统，可以说，此举具有划时代的意义。

元狩二年（前121）霍去病大破匈奴后，“从甘肃南部的兰州到河西走廊、盐泽（罗布泊）的地区，一时没了匈奴的踪影，这成了汉朝进入西域的绝好机会”[1]。从汉武帝到汉宣帝时期，西汉逐步在河西地区设立了酒泉、敦煌、张掖和武威4个郡县，并对河西地区进行开发。汉武帝首先向新开拓的地区进行移民，据史料记载，在武、昭、宣帝时期，“河西四郡的人口从28.02万人增至50多万人”[2]，他们为开发河西地区提供了主要的劳动力。其次，为解决移民的粮食问题，西汉政府同时实行屯田，即利用戍卒和移民垦殖荒地。在发展农业的过程中，西汉政府开凿沟渠，兴修水利，用于灌溉，加之在武帝征和年间，代田法和耧车的传入更是大大提高了农业的发展，河西地区逐渐由游牧区转变为农业区。农业区与游牧区最大的区别在于农业区设有驿站、旅店等城镇设施，同时，这些郡县具有军事性质，这些都为丝绸之路的畅通提供了保证。

然而与此同时，匈奴仍活跃在西域东部，他们鼓动楼兰、姑师等小国攻劫汉使，给中西交通造成严重障碍。为了确保中西交通的安全，元封三年（前108），汉武帝派赵破奴举数万兵力击姑师、破楼兰，随后在酒泉至玉门之间设置亭障[3]。元封六年（前105）乌孙以千匹马求娶汉女，西汉先后嫁两位宗室女与乌孙和亲，从而达到与乌孙结盟的目的。至于大宛，《史记·大宛列传》记载：“汉去我（大宛）远，而盐水中数败，出其北有胡寇，出其

[1] 小谷仲男：《大月氏：寻找中亚谜一样的民族》，王仲涛译，北京：商务印书馆，2017年，第43页。

[2] 李明伟：《丝绸之路贸易史》，兰州：甘肃人民出版社，1991年，第34页。

[3] 亭障是供应粮草的驿站和哨所。

南乏水草。又且往往而绝邑，乏食者多”，[1]大宛便借此扣留和截杀汉使，图谋财物。为此，汉武帝派遣李广利远征大宛，太初元年（前104），第一次远征无果，返至敦煌。太初三年（前102），李广利再次西征，率三万汉兵攻破大宛，立善待汉使的宛将昧蔡为宛王。诸小国听闻大宛被攻破，“皆使其子弟从军入献，见天子，因以为质焉”[2]。西汉于是在敦煌西至盐泽[3]设亭障，置使者校尉。使者校尉代表汉政府在西域行使国家权力、征收赋税等，表明西汉在西域的统治逐渐巩固。

汉武帝伐大宛这一时期，匈奴虽已受到多次打击，但仍想方设法招揽汉人以图发展壮大。如公元前100年，苏武等人奉命将汉朝扣留的匈奴使者送还匈奴，但匈奴想方设法想要苏武投降，为其所用，苏武誓死不屈，便被流放至北海（贝加尔湖）；又如公元前90年，汉朝派李广利等出击匈奴，由于李广利在汉朝内部有政争，加上匈奴单于亲率五万骑兵迎敌，李广利转而投降，受到匈奴的重用。在那些投降匈奴的汉人的帮助下，匈奴势力一度兴盛。公元前87年，汉武帝死，汉昭帝即位。在霍光辅佐昭帝和宣帝时期，匈奴逐渐走向衰落。汉昭帝末期，匈奴进攻乌孙，乌孙求助于汉。公元前71年，汉派五将军与乌孙合力从东西两面夹击匈奴，匈奴不敌，于是逃遁。同年冬，匈奴再次攻击乌孙，所获甚少，返回时又突遇恶劣的雨雪天气，返回匈奴境内的人不及1/10。于是匈奴西方之乌孙、北方之丁零和东方之乌桓趁匈奴虚弱之际对其夹攻，匈奴元气大伤。公元前68年，匈奴又发生饥荒，公元前63年起，丁零连续3年抢掠匈奴。

在如此接二连三的打击下，匈奴一蹶不振，西汉在西域的势力日益壮大。公元前68年，汉宣帝派西汉将领郑吉在西域屯田于渠犁，护楼兰以西南道。在与匈奴争夺车师的斗争中，郑吉取得胜利，其后又有匈奴日逐王将众

[1] 司马迁：《史记》，北京：中华书局，1959年，第3174页。

[2] 司马迁：《史记》，北京：中华书局，1959年，第3178页。

[3] 盐泽即今罗布泊所在地。

来降，郑吉受降。这两件事让郑吉威震西域，郑吉受封为安远侯。神爵二年（前60），汉宣帝在乌垒城（今轮台县）设西域都护府，郑吉即为西域第一任都护。西域都护是汉朝派驻西域的最高军政长官，代表汉政府行使权力，掌握极大权力，可册封当地统治者、征收粮草、调遣军队和管理屯田等。西域都护的管辖范围包括玉门关、阳关以西、天山南北，绝大部分位于今天的新疆地区，但也有一部分位于中亚，如大宛全境（费尔干纳盆地）、乌孙部分地区（巴尔喀什湖以南和伊赛克湖周围）、休循（今吉尔吉斯斯坦共和国南部）以及帕米尔地区等，像康居、大月氏、安息、罽宾、乌弋山离等国则不在西域都护管辖范围内。

西域都护的设立称得上是中亚历史上的大事件。首先，张骞通西域虽开通了中国同中亚地区的直接交通，但那时随时会受到周边小国的侵扰。而西域都护则可以调动管辖范围内小国的军队，用以征战。在西域都护的保护下，这条中西交通线路更加畅通。其次，有利于东西方之间的贸易往来和经济文化交流。因道路畅通，这一时期的丝绸贸易极其活跃，丝织品不断向西域输入，“新疆昭苏县发掘的乌孙墓，民丰县发掘的东汉时的合葬墓以及罗布泊发掘的汉代遗址中”[1]均有大量丝织物。西域都护的设立使其管辖范围内的诸小国与中国内地在政治、经济和文化上的联系更加紧密，使玉门关、阳关以西，巴尔喀什湖以南、以东地区成为我国领土的一部分。

但西汉之后，汉朝时局动荡，国力衰弱，中西交通一度经历了“三绝三通”。1世纪初，王莽执政，一改往日西汉对匈奴和西域诸国的态度，采取了与西汉截然相反的措施，如废弃了汉宣帝与匈奴“长城以北属匈奴，以南属汉”的约定，将西域诸国的“王”一称改为“侯”等等，导致汉与匈奴及西域诸国关系急剧恶化，匈奴势力乘虚而入，西域复又被北匈奴[2]控制。王莽统治末期，西域纷乱不止，都护李崇没于龟兹（今新疆库车），都护一职

[1] 李明伟：《丝绸之路贸易史》，兰州：甘肃人民出版社，1991年，第43页。
[2] 西汉后期，匈奴分为南北两支，南下附汉的为南匈奴，留在漠北的为北匈奴。

遂罢。此为“一绝”。汉明帝（57—75）时，东汉发动对匈奴的战争，并派遣班超、郭恂等36人出使西域，鄯善、于阗、疏勒（今新疆喀什）等皆与汉和好。永平十六年（73），窦固、耿秉等率1.4万余骑大败匈奴，东汉得以开设西域都护及戊己校尉，任命陈睦为都护，耿恭为戊校尉，关宠为己校尉，中西交通恢复。此为“一通”。

永平十八年（75），汉明帝死，北匈奴趁机怂恿焉耆（今新疆焉耆县）、龟兹等反抗东汉，时东汉正值大旱，谷价腾飞，人民苦不堪言，因而无暇顾及西域。建初元年（76），汉章帝命班超撤退，并撤回西域都护和戊己校尉。中西交通再次断绝，此为“二绝”。西域诸国听闻班超将被调离，深恐再次受到匈奴的残暴统治，纷纷挽留班超。班超遂决定留下并联合于阗、疏勒等国，稳定南道。建初三年（78），班超上书说服了汉章帝联合西域诸国兵力攻龟兹。建初五年（80）章帝又派徐干率兵协助班超。汉和帝永元二年（90），大月氏攻击疏勒，企图控制南道，班超联合西域诸国一举击退大月氏，威名大震，次年，龟兹等皆归附东汉，东汉重新控制了西域。永元三年（91），东汉恢复西域都护、戊己校尉等职，班超任都护一职。此为“二通”。

和帝死后，殇帝延平元年（106），西域复叛，东汉政府认为西域过于遥远，且诸国常常反叛，政府耗费的钱财、兵力过多，竟于安帝永初元年（107）撤销都护，放弃了西域地区，此为“三绝”。此举导致北匈奴势力趁机南下，并一路攻至敦煌一带，对东汉形成威胁。为解除这一威胁，延光二年（123），东汉政府派班超之子班勇为西域长史，班勇率五百人赴西域，联合鄯善、龟兹等西域国家，清除了北匈奴势力，永建二年（127），焉耆、龟兹、于阗、莎车、疏勒等归附东汉，此为“三通”。

在战争中，粮食是极其重要的物质基础。汉武帝曾派遣卫青、霍去病、李广利等人远征匈奴，但汉军常常因为后勤补给匮乏而失利，为解决战事问题，只能选择在沙漠的绿洲地区修筑屯城以自给自足。出于此，汉朝在西域实行兴置屯田的措施。屯田最早可上溯至秦始皇时期，秦朝蒙恬与匈奴作战时，为解决军队粮食问题，筑起44座城作为粮食基地。面对匈奴的威胁，汉朝也采取了兴置屯田的措施。西汉屯城从理论到实践，大致经历了汉文帝、汉景帝、汉武帝和汉昭帝这四个时期。汉文帝时，晁错提出“移民实边”的战略思想，即通过有计划的移民，在边疆地区选择水草较为丰茂的地点建起城市，充实边疆，发展边疆地区的生产，这为汉朝在西域开展屯田奠定了理论基础。到汉武帝时，桑弘羊进一步提出“益垦溉田，稍筑列亭，连城而西”[1]，即通过屯田、设亭障、筑城以渐进西域，再到军事将领赵充国提出在屯城驻扎戍卒，西域的屯城策略日渐成熟。

西汉在西域兴置屯田时期大致为公元前2世纪末到公元初年。西汉屯田区域大致包括乌孙、鄯善、车师、乌垒、龟兹、轮台、焉耆等地区。

（一）乌孙

西汉早期即在乌孙赤谷进行屯城。赤谷城意为“红色山谷”之城，是乌孙国都，位于伊赛克湖东南。汉宣帝末期，乌孙大小昆弥因领民问题发生内乱，汉宣帝派遣常惠带兵到乌孙执行分地界的任务，借机展开屯田。据《汉书·西域传》记载，乌孙王昆莫[2]有十余子，有一子名大禄。大小昆弥之争发生在大禄之子翁归靡两子元贵靡和乌就屠之间。翁归靡为汉室解忧公主所生，乌就屠为胡妇所生。后在汉朝的武力威胁下，乌就屠恐惧不已，称“愿得小号”，成为小昆弥，元贵靡则被立为大昆弥。但“乌就屠不尽归诸翕侯民众，汉复遣长罗侯惠将三校屯赤谷，因为分别其人民地界，大昆弥户六万余，小昆弥户四万余”[3]。自此，汉朝开始在乌孙屯城。

（二）鄯善

鄯善原名楼兰，位于今罗布泊西北岸。起初，楼兰是匈奴的附庸，自西

---

[1] 班固：《汉书》，北京：中华书局，1962年，第3912页。

[2] 昆莫为王号，名为猎骄靡。昆莫一称也称昆弥。

[3] 班固：《汉书》，北京：中华书局，1962年，第3907页。

汉通西域后，楼兰依违于西汉和匈奴之间以求自安，时而臣服西汉，时而臣服匈奴。公元前77年，汉臣傅介子斩杀楼兰王，汉朝立其弟——亲汉的尉屠耆为王，并改楼兰国名为鄯善。尉屠耆“自请天子曰：‘身在汉久，今归，单弱，而前王有子在，恐为所杀。国中有伊循城，其地肥美，愿汉遣[一]将屯田积谷，令臣得依其威重。’”[1]伊循在今若羌县之东，是鄯善属地，土地肥美，适合耕种。汉朝随即派遣一名司马和四十吏士前往伊循，汉朝自此开始在伊循屯田。

（三）车师

车师位于吐鲁番地区，土地丰饶、适宜居住。从公元前99年到前60年，西汉与匈奴对车师展开了激烈的争夺，历史上称为“五争车师”。公元前68年，赵破奴攻破车师王庭交河城，第二年，郑吉带领三百吏卒在车师屯田，但车师对匈奴也极其重要，匈奴屡次反攻，西汉在车师的屯田一度被打断，直到公元前60年，匈奴日逐王降汉，西汉终于夺取车师。车师分为“车师前国”和“车师后国”。公元前48年，汉元帝在“车师前国”的高昌城设立戊己校尉，戊己校尉除指挥军队外，另一重要事宜就是管理屯田，为西域驻军提供食物。高昌位于交河城东南，在今吐鲁番东大约20余公里。据《北史》记载：“昔汉武遣兵西讨，师旅顿弊，其中尤困者因住焉，地势高敞，人庶昌盛，因名高昌”[2]。在西汉攻打大宛时，高昌就曾作为大军的粮食补给基地。

（四）西域都护府地区

公元前60年，汉宣帝在乌垒设西域都护府。《汉书·乌垒传》有记载：“乌垒，户百一十，口千二百，胜兵三百。城都尉、驿长各一人。与都护府同治。其南三百三十里至渠犁。”[3]当前学术界对于乌垒的准确位置还无定论，绝大部分学者认为乌垒位于新疆巴州轮台县，但迄今为止，考古人员已

[1] 班固：《汉书》，北京：中华书局，1962年，第3878页。

[2] 李延寿：《北史》，北京：中华书局，1974年，第3212页。

[3] 班固：《汉书》，北京：中华书局，1962年，第3911页。

经在轮台县挖掘出了十几个古城遗址，这些古城大小不一、形态也不尽相同，难以确认哪一城址是乌垒城址。黄文弼对塔里木盆地进行考察后，认为乌垒位于轮台县的小野云沟，林梅村提出乌垒应是“西域圆城”和“中原方城”[1]的结合体的看法，认为乌垒应在轮台县的奎玉克协海尔古城，陈凌认为乌垒应在轮台县的卓尔库特古城。关于西汉时期西域都护府的治所所在地的确切位置尚有待于进一步研究。不可否认的是，乌垒是古代丝绸之路北道上的战略要地，同时也是西域36国的政治、经济、文化和军事中心，地理位置十分重要。同时又因乌垒“地广，饶水草，有溉田五千顷以上，处温和，田美”，耕作条件较好，利于解决屯城戍卒的军事补给，因而，公元前60年，汉宣帝将西域都护府的治所设在乌垒城，以统摄天山南北。

西汉设西域都护府后，随即以乌垒为中心大规模屯城，包括塔里木河流域的轮台、焉耆、渠犁、龟兹等。其中，龟兹是西汉设西域都护府后继续向西发展的屯城密集地区。龟兹是当时西域诸国中人口最多、经济最发达的地区，对西汉来说，控制了龟兹，就是控制了西域。西域最后一任都护李崇及后来东汉时期的汉军曾在龟兹屯城。此外，轮台屯田区也十分重要，轮台成为汉朝在西域的著名粮仓之一。

王莽执政后，中原与西域的关系恶化，西汉对西域的巩固悉数瓦解，屯田也遭到破坏。东汉时期，国力衰弱，在中西交通“三绝三通”的情况下，东汉的屯田政策随之断续。“终东汉一代，只要西域与汉政府处于相‘通’的状态，汉朝在西域的屯田就存在。”[2]东汉在西域的屯田也是为了配合军事行动，基本走的是西汉的老路，但远不如西汉积极。光武帝刘秀即位后，认为天下甫定，不肯派遣西域都护。直到汉明帝时，重新开始在西域屯田，东西交通得以恢复。

---

[1] 在西域的诸多城址中，方形城址源于中原汉文化，圆形城址源于波斯文化。

[2] 李清凌：《西汉在西北的屯田制度》，《简牍学研究》，1998年，第209页。

1.“一通”时期的屯田

汉明帝即位后，匈奴已威胁至河西郡县，因此，73年，明帝派遣窦固、耿秉北征匈奴，攻取伊吾卢（今新疆哈密地区），在此设置宜禾都尉，开始在伊吾卢屯田。据《后汉书》记载：“伊吾地宜五谷、桑麻、蒲萄。其北又有柳中，皆膏腴之地”[1]，故可作为重要的军事后勤补给基地。为进一步驱逐匈奴在车师故地的势力，打通丝绸之路南道，东汉又派班超和郭恂等36人出使西域，在一行人的努力下，鄯善、疏勒皆归服东汉，次年，车师被窦固率领的大军占领。于是东汉重新设立西域都护及戊己校尉于高昌壁[2]，并在金满（今新疆吉木萨尔北破城子）、柳中（今新疆鄯善西南鲁克沁）、疏勒等地屯田。75年，汉明帝死，焉耆、龟兹、姑墨等进攻疏勒，当时中原大旱，东汉政府力不能及，只得撤回都护，停止屯田。

2.“二通”时期的屯田

78年，班超上书说服了汉章帝，联合西域诸国兵力攻龟兹属地姑墨石城并大获全胜。90年，大月氏攻疏勒，企图控制南道，班超联合西域诸国一举击退大月氏，威名大震，次年，龟兹等皆归附东汉，东汉重新控制了西域。91年，东汉恢复西域都护、戊己校尉等职，班超任都护一职。龟兹归顺东汉后，东汉将西域都护府的治所迁至龟兹它乾，它乾城一直是学术界重点关注的对象。陈凌经过考察后，认为位于阿克苏地区新和县城外农田处的玉奇喀特古城就是东汉西域都护府的遗址所在地，当前大部分历史学家和考古学家都认同这一观点。“二通”时期，东汉继续在伊吾卢屯田，塔里木盆地南缘的于阗、精绝和尼雅等地的屯田也开始有所发展，相较于西汉，东汉在西域屯田的重点转向离匈奴较远的丝绸之路南道。汉殇帝延平元年（106），西域诸国复叛，次年，东汉再次撤销西域都护，废除屯田。

[1] 范晔：《后汉书》，北京：中华书局，1965年，第2914页。

[2] “壁”在汉朝指军营，即屯城。

3.“三通”时期的屯田

东汉撤销西域都护后，北匈奴复又得势，联合车师扰乱东汉边境。123年，东汉派班超之子班勇领兵出屯柳中，并联合鄯善、龟兹击败匈奴，平定车师叛乱。127年，“焉耆、龟兹、于阗、莎车、疏勒等十七国又归附东汉”。[1]东汉在伊吾卢和车师故地的屯田再次恢复。但自班勇被免职、离开西域后，东汉在西域节节败退，屯田也随之被放弃。总的来说，东汉在西域的屯田与“三绝三通”的形势相并行，“通”时开展屯田，“绝”时放弃屯田。值得注意的是，疏勒从73年班超在此屯田开始到107年“罢都护”为止，持续了近40年，是东汉所有屯田中较为稳定的地区，其他屯田均受“三绝三通”的影响较大。

汉朝在西域驻军的另一个重要措施是建立烽燧，烽燧是古代边关重要的军事设施。烽火传递可追溯至周朝，周朝有规定，天子若举烽火，各地诸侯必须立刻带兵前往救援。就烽燧而言，它“不单是指一个烽火台，而是指作为边关报警设施的整个烽火台系列”[2]。烽燧系统由一个个要塞组成，每个要塞都是以土建成的营地，四面有墙，中间是一个小型建筑，其中一角有同样以土筑成的10米多高的亭，亭的顶部托着一筐木柴。当站在亭上的士兵观察到敌人时，立即发送警报，白天以放烟为号，夜间以举火为号，如此一来，“前亭点火，后亭遂和，次亭再续，连绵不断”[3]，消息可在一天之内传到长安。烽燧系统西起玉门，经罗布泊北岸到龟兹和拜城。目前，丝绸之路北道上年代最早、保存最完好的烽燧遗址是库车克孜尔尕哈烽燧遗址，现位于新疆库车县伊西哈拉镇道来提巴格村西北三千米处的盐水沟冲击台地上。克孜尔尕哈烽燧的基底呈长方形，东西长约6米，南北宽约4米，由基底向上逐渐缩收成梯形，高约13米。此外，汉朝还在罗布泊北岸雅丹地貌中的北垠遗址

[1] 李明伟：《丝绸之路贸易史》，兰州：甘肃人民出版社，1991年，第61页。
[2] 韩若春：《烽燧考辨》，《咸阳师范学院学报》，2001年第4期，第35页。
[3] 韩若春：《烽燧考辨》，《咸阳师范学院学报》，2001年第4期，第35页。

以及吐鲁番盆地的高昌古城等地“列亭”，所有战略要地都有汉军驻守。汉代在西域的烽燧系统不仅承担警戒任务，也服务于屯田和邮驿，为屯田事业和邮驿提供了重要的安全保障。

两汉派设驻军、设置屯城和建立烽燧系统等行为，一方面促进了西域的农业发展，解决了汉军的后勤供给问题，减轻了汉政府的负担，增强了汉朝在西域的防守能力，利于汉朝保障西域的统一和安定；另一方面，从文明史的角度来看，它保障了丝绸之路的畅通，便利了东西方之间的经济和文化交流，广袤的塔克拉玛干沙漠不再是难以逾越的阻碍，丝绸之路沿线贸易日益繁荣，中国的丝绸制品经西域诸国最终被运到罗马且其价格高居不下。

三、安息帝国治下的中亚丝路与城市

公元前3世纪中期，帕提亚帝国开始崛起。公元前247年，帕提亚地区趁塞琉古王国与托勒密王国争端不止之机独立。其后，一支Aparni人入侵帕提亚并夺取控制权，其首领阿萨息斯最终成了国王，建立了阿萨息斯王朝（前247—226）。帕提亚帝国的创始人阿萨息斯的渊源一直是伊朗学界感兴趣的问题。斯特拉波对阿萨西斯渊源的叙述最为明确合理：

一个西徐亚人[1]阿萨息斯带领大益人（也就是居住在奥库斯河边被称为阿帕尼人的游牧部落）侵入帕提亚，并且征服了它。阿萨息斯最初力量很弱，他不断地和人作战，夺取他们的土地，无论是他还是他的继承人都是这样；后来，他们由于军事方面的胜利，不断地占领邻近的土地，变得十分强大，最后成了幼发拉底河内侧整个地区的统治者……在某种程度上，他们的帝国在面积上与罗马人的领土不相上下。其原因是他们的生活方式，还有他们的风俗习惯，在许多方面具有蛮族和西徐亚的特点，更得益于他们的霸权和军

[1] 西徐亚人，也译作斯基泰人。

事上的胜利。[1]

根据斯特拉波的记载，阿萨息斯是斯基泰人，即西徐亚人。具体来说，阿萨息斯属于斯基泰人中*Däae*[2]的一分子——Aparni人。而余太山又提出另外一种看法，“Aparni可能是parni之讹，既然据斯特拉波，Sacae[3]包括Asii、Pasiani、Tocharoi和Sacarauli四部，其中Pasiani可与parni勘同……Pasiani是Gasiani之讹……因此，阿萨息斯可能源自Sacae部落之一的Gasiani”[4]。Gasiani也属于斯基泰人。阿萨息斯曾在巴克特里亚地区生活。余太山认为“至迟在大流士三世时（阿萨息斯所出身的Gasiani部落）已经迁居巴克特里亚”[5]。公元前250年，原塞琉古王国治下的巴克特里亚总督狄奥多特宣布独立，阿萨息斯以狄奥多特为榜样，率族人反叛，但终不敌狄奥多特，后摆脱其控制，西迁至里海东南，并入侵帕提亚，夺取帕提亚的控制权。

帕提亚立国之初，偏居一隅，实力孱弱。到帕提亚国王米特里达梯一世（Mithridates I，前171—前138/137年）统治时期，帝国势力不断向西推进，约公元前155年攻占米底，公元前141年征服巴比伦，将势力拓展至两河流域和波斯湾一带，占领了塞琉古王国在两河流域的主要城市塞琉西亚。在东方，米特里达梯一世夺取了重要城镇木鹿。正是在“米特里达梯一世在位时期，帕提亚由王国发展为帝国，因此，他被认为是帕提亚帝国的创始人”[6]。到米特里达梯二世（前123—前88年）时，成功阻挡了帝国东部西侵的塞种人，

[1] 斯特拉波：《地理学（下）》，李铁匠译，上海：三联书店，2014年，第766页。

[2] *Däae*是一个部落联盟，是斯基泰人的一支，在斯基泰人中占较大一部分，由Aparni、Xanthii和Parii三个部落组成。

[3] Sacae即*Sakā*，属于斯基泰人，汉文文献称为塞种。

[4] 余太山：《帕提亚帝国创始人阿萨息斯的渊源》，《西域研究》，2020年第1期，第5页。

[5] 余太山：《帕提亚帝国创始人阿萨息斯的渊源》，《西域研究》，2020年第1期，第9页。

[6] 王三三：《帕提亚与丝绸之路关系研究》，博士学位论文，南开大学，2014年，第75页。

并向西北发展，影响拓展至亚美尼亚。自公元一世纪起，帕提亚帝国空前强大，其领地东至印度河，南抵埃及，西至美索不达米亚，北达黑海、里海、咸海之间的广阔领域。帕提亚帝国俨然取代了塞琉古王国在亚洲的地位，成为亚美尼亚到印度之间广大地区的霸主。公元前1世纪中期，塞琉古王国被罗马灭亡，帕提亚帝国直接连接汉朝与罗马两大帝国，其后的二百年间，帕提亚与罗马展开激烈的争夺，但没有一方是胜利者。在与罗马的争夺中，帕提亚帝国西部边界大致定在幼发拉底河附近，东部边界则因受游牧民族的冲击一直处于不稳定状态。帝国从西到东可分为三个区域：亚述—巴比伦尼亚、伊朗高原上的波斯腹地以及东部不稳定地区，这些帝国统治比较薄弱的区域包括马尔吉亚纳、阿里亚、德兰吉亚纳、阿拉霍西亚等。到224年，帕提亚帝国最后一任国王在征讨萨珊家族阿尔达希尔时兵败被杀，帕提亚帝国被萨珊波斯取代。

我国古籍对帕提亚帝国也多有记载。我国古代因阿萨息斯王朝这一称谓将其简称为安息，中文史籍中的安息国，就是外国史书所称的帕提亚。《汉书·西域传》记载：“安息国，王治番兜城，去长安万一千六百里。不属都护。北与康居、东与乌弋山离、西与条支接。土地风气，物类所有，民俗与乌弋、罽宾同。亦以银为钱，文独为王面，幕为夫人面。王死辄更铸钱。有大马爵。其属小大数百城，地方数千里，最大国也。临妫水，商贾车船行旁国。书革，旁行为书记。”[1]安息国可谓是张骞报告中的最大国家，张骞虽未亲身到过安息，但留居大夏期间对安息之大就有耳闻。公元前116年，张骞第二次出使西域时，便派遣使者携带大量金币、丝帛等物前往安息，安息国以两万骑欢迎汉使。[2]《后汉书·西域传》也有类似记载：“安息国居和椟城，去洛阳二万五千里。北与康居接，南与乌弋山离接。地方数千里，小城数

[1]　班固：《汉书》，北京：中华书局，1962年，第3889页、第3890页。

[2]　帕提亚并非是专门派遣两万骑到东界迎接汉使，而是汉使到达之时，正值帕提亚收复东部的木鹿城，因而能以两万骑迎接汉使。

百，户口胜兵最为殷盛。其东界木鹿城，号为小安息，去洛阳二万里。”[1]余太山认为，番兜应为波斯帝国之一省，阿萨息斯家族的发祥地即在此，安息国的早期都城尼萨亦在该省。至于《后汉书》所称的和椟，也应视作安息国早期都城。[2]目前，番兜与和椟的具体所在地还未得到确认。

“正如希罗多德和其他早期希腊作家描述的那样，虽然斯基泰人最著名的是他们的战士，但他们最大的成就则是贸易体系的发展，这一体系将希腊、波斯和东方的土地联系在一起。”[3]这些斯基泰人中，阿萨息斯及其后代治理的帕提亚帝国尤其值得关注。帕提亚帝国位于欧亚内陆核心地带，正处于丝路要冲，是沟通汉朝与罗马帝国之间经济文化交流的重要桥梁，在整个丝绸之路贸易中，帕提亚充当着中间商人的角色，罗马与汉朝则构成丝绸贸易体系的两极。在公元一世纪后半叶贵霜帝国崛起以前，帕提亚帝国一直控制着丝绸之路的大部分通道。

在打通丝绸之路的过程中，帕提亚采取东西并进之策略。一方面，帕提亚帝国积极主动与汉朝建立联系。张骞凿空西域只是打通了丝绸之路东段，到汉朝与帕提亚开始官方性的正式交往，丝绸之路才算正式开通。帕提亚与汉朝正式交往发生在汉武帝年间，张骞第二次访问西域时，曾派遣随行副使到安息进行访问，《史记·大宛列传》记载：“初，汉使至安息，安息王令将二万骑迎于东界。”[4]同时，帕提亚也积极迅速地与西汉展开政治贸易往来。公元前115年，汉使访问帕提亚时必然以丝绸作为赠礼，公元前110年，帕提亚派遣使节跟随汉使到东方“观汉”，“按照汉王朝一贯的作风，帕提亚人返回时必定会携带大批的丝绸西去”[5]，如此一来，帕提亚帝国与汉朝确

[1] 范晔：《后汉书》，北京：中华书局，1965年，第2918页。

[2] 余太山：《安息与乌弋山离考》，《敦煌学辑刊》，1991年第2期，第82页。

[3] Christopher I.Beckwith, *Empires of the Silk Road : A History of Central Eurasia from the Bronze Age to the Present*, Princeton: Princeton University Press, 2009, p.59.

[4] 司马迁：《史记》，北京：中华书局，1959年，第3172页。

[5] 王三三：《丝绸贸易：起源与特征》，《学术研究》，2019年第6期，第137页。

立了直接外交关系，两国友好往来逐渐拉开帷幕。帕提亚帝国地域辽阔，凭借居间国的优势控制着丝绸之路的大部分，因而能够垄断丝路上的贸易。帕提亚商人通过将中国的货物——主要是丝绸贩卖至罗马帝国获取巨额利润。

另一方面，帕提亚帝国极力阻碍罗马帝国与汉朝之间实现直接沟通。对帕提亚帝国来说，担任汉朝与罗马帝国之间的中间商相当有利可图。反之，如果汉朝和罗马帝国直接越过帕提亚帝国建立联系，帕提亚将会失去大量税款，直接影响国家财政收入。所以，帕提亚人必须阻挠东西两大帝国之间的来往。《后汉书·西域传》记载了甘英被派遣出使大秦（罗马帝国）一事："和帝永元九年，都护班超遣甘英使大秦，抵条支。临大海[1]欲度，而安息西界船人谓英曰：'海水广大，往来者逢善风三月乃得度，若遇迟风，亦有二岁者，故入海人皆赍三岁粮。海中善使人思土恋慕，数有死亡者。'英闻之乃止。"[2]当甘英西行至波斯湾时，帕提亚人从中阻挠，他们夸大了横渡波斯湾的时间和危险性，以花言巧语欺骗从东方远道而来的汉使，导致甘英望而生畏，放弃前往罗马，这表明"帕提亚人害怕中国与罗马之间发生可能会危害帕提亚作为中间商利益的任何接触"[3]。与此同时，罗马帝国也想直接与汉朝取得联系。罗马人对丝绸相当喜爱和重视。一般认为，公元前1世纪中期，罗马人首次知道丝绸的存在。公元前54年初，罗马将领克拉苏接管了叙利亚省，翌年率兵东击帕提亚，在卡雷战役中见到帕提亚军队使用一种颜色绚丽的军旗，这种军旗即由丝绸制成。大约10年后，丝绸传至罗马本土，"第一批到达罗马的丝绸，是由中国经巴克特里亚、帕提亚这条陆上交通线辗转而至的"[4]，但是当丝绸经过如此漫长的旅程到达罗马时，其价值已与黄金无异。罗马之所以

[1]　大海指波斯湾。

[2]　范晔撰：《后汉书》，北京：中华书局，1965年，第2918页。

[3]　Hamidreza Pasha Zanous, Juping Yang, "Arsacid Cities in the Hanshu and Houhanshu," *Iran and the Caucasus*, vol.22, 2018, p.135.

[4]　丘进：《关于汉代丝绸国际贸易的几个问题》，《新疆社会科学》，1987年第2期，第51页。

与帕提亚不断争斗，不仅意在扩张领土，还意在不通过帕提亚就可与印度、汉朝进行贸易。《后汉书·西域传》有载："其（大秦，即罗马）王常欲通使于汉，而安息欲以汉缯彩与之交市，故遮阂不得自达。"[1]由于帕提亚帝国居于罗马帝国与汉朝之间，使它得以尽享这一地理位置优势带来的利益，其极力阻挠东西两方进行直接接触也在情理之中。

在帕提亚境内，丝绸之路大体上"形成了以中道主干线为主，南北支线为辅，且各主、支线枝蔓密集的路网格局"[2]。根据伊西多尔在《帕提亚驿程志》中的记载，帕提亚帝国境内最重要的贸易主干线大致如下：从奥伦河畔的安条克出发至宙格玛，渡过幼发拉底河，向东至底格里斯河畔塞琉西亚，继续向东北方向经埃克巴塔纳、拉伽、里海门、赫卡通皮洛斯直至木鹿。南支线是沿帝国南缘进行贸易的路线，南支线较为次要，但贸易也比较频繁。这一支线从底格里斯河畔的塞琉西亚处转向东南方向前进，先到苏萨[3]，经波斯波利斯至卡尔马尼亚、葛德罗西亚、锡斯坦，再到阿拉霍西亚、印度西北。甘英西行极有可能走的就是这一线路。北支线是沿帝国北缘进行贸易的路线，从黑海北部出发，经里海北至木鹿和巴克特里亚地区，或从黑海沿岸向东南方向行进，越过高加索地区进入米底地区，再经埃克巴塔纳到苏萨，由此进入南支线，可到印度西北部。

为维持从丝绸之路获取的高额利润，帕提亚帝国也对其境内的路线进行维护。伊西多尔的《帕提亚驿程志》[4]记录了帕提亚极盛时期即米特拉达梯二世在位时期帝国北部的交通路线，包括丝路沿线的村庄数量、驿站（包括王室驿

[1] 范晔撰：《后汉书》，北京：中华书局，1965年，第2919页、第2920页。

[2] 王三三：《帕提亚时期丝路西段交通路线考述》，《暨南学报（哲学社会科学版）》，2019年第8期，第88页。

[3] 今伊朗舒什。

[4] 约公元前25年，伊西多尔等人被奥古斯都派去调查波斯湾头，《帕提亚驿程志》便是伊西多尔的其中一份调查报告，该报告记录了帕提亚帝国北部领土的东西交通路线。

站）、城市、壁坞[1]等。帕提亚通过设立驿站和一些具有要塞功能的村庄等措施，保障境内贸易路线的畅通。同时，帕提亚极力吸引来自中亚、印度和阿拉伯地区的商品，保证这些商品途经自己境内，并为这些商品寻找市场，从中获利。此外，从钱币材料来看，自阿萨息斯一世时起，帕提亚就已经开始铸币，帕提亚的钱币不仅在帕提亚帝国境内出土，而且在伏尔加河、高加索和中国新疆等地也皆有发现，[2]足见帕提亚时期丝路贸易的繁荣程度。

同时，帕提亚时代丝路沿线城市也在快速发展。

（一）西境的塞琉西亚与泰西封

塞琉西亚也称底格里斯河畔的塞琉西亚，位于今伊拉克都城巴格达东南方向约25公里处，是塞琉古于建国初期建立的第一座塞琉西亚城。[3]塞琉西亚位于两河流域的中心地带，它的重要性体现在两个方面，从政治角度来看，塞琉西亚曾是塞琉古王国在东方地区最大的根据地；从地理位置来看，塞琉西亚是两河流域地区水陆交通皆非常重要的交通枢纽，因此，夺取塞琉西亚对帕提亚人而言是其西进战略的一个重要环节。从陆路来看，丝路上的货物自东向西到达塞琉西亚后，从塞琉西亚分别可向北、西、南三个方向继续前进，向北可至亚美尼亚地区，向西穿越叙利亚的沙漠可到地中海沿岸城市，向南可抵达波斯湾。同时，从水运航线考虑，携带货物的船只从波斯湾可沿底格里斯河溯流而上至终点塞琉西亚。[4]约公元前141年，帕提亚国王米特里达梯一世占领了塞琉西亚。随后，米特里达梯一世在出自塞琉西亚铸币场的钱币上称自己是“*ΦΙΛΕΛΛΗΝΟΣ*”，即“希腊文化爱好者”或“爱希腊者”，用以笼络希腊人，这 称谓的出现体现出米特里达梯 世统治塞琉西亚的政策导向。虽然在米特里达梯一世晚年时期，塞琉古王国国王安条克七

[1] 壁坞指以墙壁围起来的村。

[2] 参见网站：http://www.parthia.com/parthia_coins.htm。

[3] 塞琉古建立的名为塞琉西亚的城市共有9座。

[4] 波斯帝国曾在此地修筑水坝以防止敌人乘船溯流而上入侵。

世一度收复巴比伦尼亚地区，但该地区很快被帕提亚人重新占领。最终，帕提亚帝国取代了塞琉古王国在欧亚内陆交通线上的角色，成为罗马帝国与汉朝之间的中间商。

泰西封位于底格里斯河左岸，今伊拉克都城巴格达东南方向约40公里处，与河对岸的塞琉西亚因位置十分接近通常被并列称呼。帕提亚“围攻塞琉古帝国的主要城市塞琉西亚时，将军队驻扎在底格里斯河的另一边（即泰西封）……在许多地方都有这种处理希腊城市的方式”[1]。约公元前130年，帕提亚控制两河流域以后将泰西封作为国王的冬季驻地，逐渐地，约公元前1世纪末，帕提亚帝国将都城固定在泰西封。帕提亚帝国的都城随着国界不断的西移而一路西迁，从东至西先后经历了尼撒、赫卡通皮洛斯、哈马丹和泰西封。在泰西封，帕提亚的宫殿建筑兼具古波斯和古希腊建筑艺术成分，发展了圆拱形建筑结构，后来萨珊波斯在都城泰西封建设的王宫更是登峰造极，其巍峨的塔克斯基拉宫拥有世界上最大的拱门。同时，泰西封与塞琉西亚一样，也是丝绸之路西段上的重要交通枢纽，通往两河流域的道路往往在这两座城市交汇。《后汉书·西域传》有如下记载：“自安息西行三千四百里至阿蛮国。从阿蛮西行三千六百里至斯宾国。从斯宾南行度河，又西南至于罗国九百六十里，安息西界极矣。自此南乘海，乃通大秦。其土多海西珍奇异物焉。”[2]一般认为，阿蛮即埃克巴塔纳[3]，斯宾即泰西封，于罗位置不确定，大致在南下去往波斯湾的某个地方。据《后汉书》记载可知，南行可从埃克巴塔纳向西行至泰西封，再沿底格里斯河南下至波斯湾。

（二）米底地区城市——拉伽和埃克巴塔纳

拉伽和埃克巴塔纳位于米底地区，是丝绸之路西段的重要商站。

---

[1] Seiichi Masuda, “Behind the Prosperity of Silk Road,” *Senriethnologicalstudies*, 1992, vol.32, p.40.

[2] 范晔：《后汉书》，北京：中华书局，1965年，第2918页。

[3] 埃克巴塔纳位于米底地区。

据说拉伽得名是因为这里发生过多次地震，“Rhag”有“折断”之意。通常认为，拉伽位于今伊朗都城德黑兰的雷伊。伊西多尔在《帕提亚驿城志》中提到了关于拉伽的信息：“紧接着是[剌加那]米底亚，从这里延伸58斯克索诺伊诺[1]，十个村子，五座城市。走7斯克索诺伊诺后到拉伽和卡拉克斯。其中，拉伽是米底亚最大的城市。卡拉克斯是弗拉阿特斯一世[2]安置马尔迪人的地方，位于卡斯比亚山下，过了这里就是里海门。”[3]剌伽位于米底地区的东部，是米底最大的城市，同时在塞琉古王朝时期也是军事边防要地。大约在弗拉阿忒斯一世（即上文法剌阿忒斯）即位初期，帕提亚就入侵了剌伽，并将其改名为阿尔萨西亚。据斯特拉波所言，米底东部是“少有的、优良的‘牧马场’……而且，我们认为有一种专门喂马的‘米底草’是最好的马料”[4]。从军事角度考虑，帕提亚人本身出自游牧民族，占领米底地区对保障帕提亚的骑兵有极其重要的意义。

埃克巴塔纳，古波斯语写作“Hagamat ā na”，意为“汇聚之地”。埃克巴塔纳处于米底地区的核心地带，在剌伽以西，位于今伊朗哈马丹。公元前7—前6世纪米底王国时期，其统治者就定都于此，而后居鲁士二世征服米底，在此地大兴土木，将其建为波斯帝国四大都城之一，在塞琉古王国时期，该地也是米底地区的政治中心。约公元前148/147年，米特里达梯一世征服了米底地区，埃克巴塔纳成为帕提亚国王的夏宫所在地。埃克巴塔纳不仅具有重要的政治地位，更是丝绸之路上的重要站点。它是北到高加索地区、东入伊朗高原、南至波斯湾的十字路口，是丝绸之路上的商队必经之路。在帕提亚帝国境内最重要

[1] 斯克索诺伊诺为古波斯长度单位，1斯克索诺伊诺的数值在3.25至3.5英里之间，约5230至5633米之间。

[2] 帕提亚国王弗拉阿特斯一世在位时期为公元前176—公元前171年。

[3] Isidore of Charax, *Parthian Stations*, Philadelphia: Commercial Museum, 1914, p.7.

[4] 斯特拉波：《地理学（下）》，李铁匠译，上海：上海三联书店，2014年，第780页。

的贸易主干线中，自西向东出塞琉西亚后，即向东北方向到埃克巴塔纳，经剌伽、里海门等地直至木鹿。塞琉古王国曾短暂收复米底地区，但帕提亚人最终将米底地区夺回并建立起稳固统治。

（三）东部边陲地区城市——马尔吉亚纳的安条克

帕提亚帝国东部边陲地区的城市是丝路贸易的第一批获利者，尤其木鹿城是帕提亚帝国东境极其重要的商业中心。现学术界已广泛认同马尔吉亚纳的安条克就是汉语文献中的木鹿，或者称马鲁。木鹿今位于土库曼斯坦的巴依拉姆阿里城附近，在帕提亚帝国时期，是马尔吉亚纳地区的首府。木鹿一名在中文史籍中始见于《后汉书·西域传》："安息国居和椟城，去洛阳二万五千里。北与康居接，南与乌弋山离接。地方数千里，小城数百，户口胜兵最为殷盛。其东界木鹿城，号为小安息，去洛阳二万里。"[1]帕提亚在米特里达梯一世在位时期占据了木鹿，并且"经过米特里达梯一世的东征，从帕提亚王都赫卡通皮洛斯至东界木鹿乃至河中一线的交通在统一王权的治理下得以重整"[2]。木鹿所处位置有重要的交通价值，它是连接河中地区与伊朗高原的主要节点，从木鹿沿陆路向东北可至索格底亚那地区（即汉文文献中的粟特地区），向东可至巴克特里亚地区，向西可进入伊朗高原。到公元1世纪中期贵霜帝国崛起后，包括木鹿在内的帕提亚东部边境多个地区逐渐脱离了帝国的控制，这导致帕提亚帝国东部地区在丝路贸易中的优势被削弱。

四、小结

公元前130年左右，大月氏征服了吐火罗人建立的大夏，凭借地理位置，大月氏理所当然成为中西商道的中转站。起初，大月氏的统治中心依然在阿姆河以北的索格底亚那地区，没有直接统治大夏，而是满足于大夏诸城邑

[1] 范晔撰：《后汉书》，北京：中华书局，1965年，第2918页。

[2] 王三三：《帕提亚东征与丝路中段的曲折拓展》，《西域研究》，2020年第4期，第21页。

“小长”的臣服，这些“小长”逐渐发展为五翕侯统治下的城市国家，并保持一定的独立性。公元1世纪前期，贵霜翕侯丘就却一扫四合，建立贵霜王朝。第一贵霜王朝也可被称为吐火罗—大月氏王国，它空有大月氏之名，无大月氏之实，而建立第二贵霜王朝的迦腻色伽极有可能是大月氏统治集团余裔。贵霜帝国治下的丝绸之路沿线兴起了诸多大城市，包括巴克特拉、贝格拉姆、塔克西拉等，它们既是行政中心，同时又作为经济生活中心和商品集散地，在中西贸易中发挥着巨大的作用。

西汉时期，公元前138至前119年，张骞两度出使西域，使得从汉朝通往西域的交通道路逐渐开辟。汉朝政府为丝路的开通和维护做了极大努力：元狩二年（前121）霍去病大破匈奴，从汉武帝到汉宣帝时期，西汉逐步在河西地区设立了酒泉、敦煌、张掖和武威共四个郡县，并对河西地区进行开发。元封三年（前108），汉武帝派赵破奴举数万兵力击姑师、破楼兰，随后在酒泉至玉门之间设置亭障。太初元年（前104）至太初三年（前102），李广利破大宛，神爵二年（前60），汉宣帝在乌垒城（今轮台县）设西域都护府，但西汉之后，汉朝时局动荡，国力衰弱，中西交通一度经历了“三绝三通”。西汉在西域兴置屯田时期大致为公元前2世纪末到公元初年。西汉屯田区域大致包括乌孙、鄯善、车师、乌垒、龟兹、轮台、焉耆等地区。东汉一代，西域与汉朝处于相“通”的状态，汉朝在西域的屯田就存在，相“绝”则屯田废。

公元前3世纪中期，帕提亚帝国开始崛起。自公元1世纪起，帕提亚帝国空前强大，其领地东至印度河，南抵埃及，西至美索不达米亚，北达黑海、里海、咸海之间的广阔领域。帕提亚帝国位于欧亚内陆核心地带，正处于丝路要冲，是沟通汉朝与罗马帝国之间经济文化交流的重要桥梁，在整个丝绸之路贸易中，帕提亚充当着中间商人的角色。在打通丝绸之路的过程中，帕提亚采取东西并进之策略。一方面，帕提亚帝国积极主动与汉朝建立联系，另一方面，极力阻碍罗马帝国与汉朝之间实现直接沟通，从而保持自身在丝路中获取的利润。帕提亚帝国境内西部的塞琉西亚与泰西封、米底地区的拉伽和埃克巴塔纳以及东部的木鹿等城市都是帕提亚帝国治下丝路沿线的重要交通枢纽。

丝绸之路上的贸易是长途中转贸易，“是不同民族之间长期持续的事业，因此只有相互依赖和共存才能实现”[1]。可以说，丝绸之路的开通是沿线各民族群力而成。丝绸之路已经证明了东西方之间不是纯粹对立的，丝绸之路上从东到西的各个国家和地区都是这一贸易结构的重要组成部分。其中，罗马与汉朝构成丝绸贸易体系的两极，贵霜帝国和帕提亚帝国在丝路贸易中担任中间商的角色，只是在公元1世纪后半叶贵霜帝国崛起以前，帕提亚帝国一直控制着丝绸之路的大部分通道。

---

[1] Seiichi Masuda, “Behind the Prosperity of Silk Road,” *Senriethnologicalstudies*, 1992, vol.32, p.37.

第四章

中世纪早期中亚东部的丝路交通与城市

时间截至6世纪末，由古代晚期的游牧民族大迁移浪潮所引发的农业社会的震荡看似趋于缓和。在东亚，分裂的中国于589年最终统一，并开始将目光投向其周边的四夷。在西亚，萨珊波斯最终击败了其在东方最大的敌手嚈哒人，并一度越过锡尔河，将势力推进至费尔干纳地区。在近东地区，波斯—拜占庭之间的敌意与战争从6世纪初沙王卡瓦德和皇帝阿纳斯塔修斯断断续续地延伸到7世纪前期的库斯鲁·帕尔维兹和希拉克略——古代晚期最后一位历史学家塞奥菲拉科特·西摩卡塔敬畏地称其为“世界的两只眼睛”。

自7世纪开始到9世纪中叶，亚洲大陆进入一个由帝国支配的强权政治时代。在东方，唐王朝经历了隋末短暂的混乱和动荡后重新以统一的姿态崛起于亚洲东方，并在未来的几个世纪里将天可汗的权力覆盖到整个东亚地区。在西亚，萨珊波斯几乎是戏剧性地败亡于阿拉伯沙漠里的贝都因人之手，先知的信士在其长官的率领下如狂风般横扫大半个欧亚大陆，并将其势力范围向东推进至锡尔河一线。同时，受益于贸易、商品、宗教、文化等智力性成果从中心的农业国家向外围世界的传播，突厥第一帝国以及其后若干说突厥语的游牧政权兴起于从蒙古高原到锡尔河以北的草原地带。而在此前罕为人知的高原地区，吐蕃帝国的兴起则使得此前游离于文明世界历史记录之外的青藏高原第一次以主角的身份参与到中世纪早期欧亚大陆的历史进程中。

中世纪早期，四大政治势力的出现以及对扩张性对外政策的采纳标志着亚洲正式进入强权政治时代。中亚则是强权政治时代大国角逐的中心。在中亚的东部，即今日中国的新疆地区，特别表现为唐、吐蕃、突厥的三方角逐，而在中亚西部的河中地区，则主要是以突厥为代表的传统宗主和传统文化与崭新的阿拉伯政治力量和伊斯兰意识形态之间的冲突，吐蕃只是这一冲突的配角，中国则仅仅是局外人。大国政治竞争一方面导致了中亚地区的动荡，但巨额的军费开支同时也成为这一时期推动中亚城市发展和丝路贸易繁荣的主要原因。同时，不同时期大国地缘关系的变化亦导致丝路交通的变迁，并成为推动沿线城市发展的重要力量。

一、“三方两角”关系下中亚东部的政治局势

“中亚东部”这个范围，在这里笔者将其划定为东起沙州、瓜州以西，西至碎叶、白水胡城和怛罗斯，向北包括天山以北的准噶尔地区，向南抵达昆仑山脉的北麓。这一范围将唐安西和北庭都护府所辖的区域，即狭义上的西域，囊括其中，但同时又向西略微延伸——其目的部分在于这样一个事实，即《元和郡县志》以及两唐书《地理志》为代表的地理作品在涉及唐朝丝路交通时，往往以怛罗斯作为丝路向西最后一座里程、方向、道路走向均明确可查的城市。同时，又因为中国的军队从未长期实际控制过碎叶以西的任何土地，因此在这里，笔者使用了相对拗口的“中亚东部”，而非传统意义上中国作者所采纳的西域一词来称呼这一地区。

北京大学的王小甫教授在其代表作《唐、吐蕃、大食政治关系史》一书中曾以“三方四角”这个概括性表述来描述强权政治时代唐朝、吐蕃、哈里发国家和突厥势力之间围绕对中亚的争夺而造就的地缘政治格局。如果是从大中亚的范围来看，三方四角这个概括性表述无疑是合适的——然而如果将视野局限于中亚东部，三方四角局势下各家的地位与重要性不免要稍微调动一下。王小甫教授将唐朝、吐蕃、哈里发国家视为具有稳定性的政治强权，而北部操突厥语的各部落“基本上都是强权政治的附庸”，并且三方之间不论战争和平，突厥人总是被阻挡在草原的生态位上。[1]但是涉及中世纪早期中亚东部，情况则有所不同——倭马亚王朝始终未能有效控制塔什干和费尔干纳地区，哈里发马蒙任命萨曼家族诸子掌管河中诸地是大征服结束后穆斯林向中亚北部推进的重要一步，843年努赫一世北上征服白水胡城，893年伊斯玛仪一世征服葛逻禄首都怛罗斯，此后伴随萨曼王朝与中亚北部交往活动的不断推进，穆斯林势力才有序地朝着锡尔河以北的地区推进。

[1]　王小甫：《唐、吐蕃、大食政治关系史》，北京：北京大学出版社，1992年，第221页。

因此在中世纪早期，哈里发国家仅仅是中亚东部政治格局的配角，主导该地区这一时期政治局势变化的主导力量在于唐朝、吐蕃和突厥三者，并且往往是唐朝为一方，吐蕃与不同时期的突厥势力为一方，这种三方两角的政治关系是截至8世纪中叶前中亚东部地缘政治格局的概括性表述，至8世纪中叶的政治剧变后，唐朝在西域的势力趋于萎缩，其重要性随时间推移不断下降，中亚东部的大多数地区，即狭义上的西域，进入吐蕃、回鹘两强对抗阶段，并随着9世纪40年代两大帝国先后崩溃而迈向突厥化的历史阶段。

因此笔者在这里以唐、吐蕃、突厥在中亚东部的争夺为主线，以不同时期吐蕃与不同的突厥势力的同盟关系以及唐蕃战争的进程为依据，将三方两角的发展阶段划分为：①前期，下限截止于汉文史料明确记载的高宗龙朔二年（662）吐蕃正式出现在西域；②唐蕃三十年战争时期（662—692），起于高宗龙朔二年并截止于武周长寿元年王孝杰克复四镇，西突厥是这一时期吐蕃人在西域的主要盟友；③沉寂时期，大约在公元700年前后，这一时期东突厥第二汗国作为吐蕃的主要盟友，通过连兵、策应等方式配合吐蕃在西域的军事行动；④吐蕃、突骑施联盟时期（717—738），该联盟贯穿苏禄可汗的整个统治时期，始于717年突骑施、吐蕃连兵进攻拨换城和大石城，结束于738年苏禄被杀，突骑施内乱而衰落；⑤小勃律战争时期（737—755），这一时期吐蕃缺乏明显可靠的盟友，而唐朝则赢得了从陇右到小勃律的全面胜利，并在克复小勃律全境的基础上使其成为唐朝的“国之西门”；⑥后期（755—823），即安史之乱爆发后中国军事力量回撤，西域隔断，三姓葛逻禄西迁七河地区，吐蕃北上攻占唐安西旧地，以及新兴的回鹘汗国向天山以南扩张的背景下，中亚东部政治格局的变化。

在论及吐蕃向中亚东部扩张之前，笔者首先想简单讨论一下吐蕃为何会将北方作为主要扩张方向的问题——帝国的政治中心拉萨位于高原的南方，靠近富裕并且容易夺取的恒河流域，相比之下北上西域的道路则显得漫长、曲折，崎岖的山地亦限制了吐蕃向西域投放军事力量的能力，为何吐蕃帝国执着于将对外征服的重心放在北部的西域而非南部的南亚次大陆？思考这一问题应当包括2个要点，其一是气候，其二是吐蕃政治结构的内在逻辑。

青藏高原以世界屋脊之名称绝世界，其高海拔的寒冷气候塑造了吐蕃人的体质特征，使之更适应高原寒冷气候的同时，也限制了吐蕃帝国向肥沃、富裕但是炎热的南方地区的扩张。例如10世纪70年代藏传佛教大师钦仁桑布曾和其他20个孩子去印度学习，结果这些孩子因适应不了印度的气候，有19人先后去世。这一特征也限制了吐蕃向唐剑南道地区的扩张。安史之乱后吐蕃对唐朝形成全面优势，但是相比于吐蕃在西域的狂飙猛进，其在剑南道地区的征服活动显得更加曲折——根据唐德宗建中四年（783）唐蕃清水盟誓的内容可知，尽管剑南地区部分据点失守，但是剑南道疆域，相较于安史之乱前，变化并不是很大，基本上依然以第一、第二阶梯的分界线为界。[1]

气候因素是影响吐蕃对外扩张的主要原因，但绝不是全部原因。吐蕃帝国将北方作为其扩张的主要方向，这一重大战略决策背后亦存在深刻的政治根源，它与中央欧亚帝国的政治结构特征密切相关。

中央欧亚地区的经济基本以畜牧业为主，分散的牧业经济成为部落主义和部族政治的经济基础，并使其在长期的历史发展过程中形成了以分散、独立为主要特征的政治结构，并形成了一个实力强大的游牧贵族集团。尽管某一位部落雄主能够凭借个人才干和军事冒险得以将广大部落凝聚到一个统一的权威之下，但是在经济基础不变的前提下，帝国中央的集权要求与地方部落的分离主义成为游牧帝国内部的主要矛盾。[2]欧文·拉铁摩尔较早注意到这一问题——拉铁摩尔认为，吐蕃帝国首都拉萨在青藏高原东南，但是帝国本身却选择向北扩张，而不是南下，原因可能是出于政治考量——即将北部和西北地区的边疆藏民纳入帝国体系的代价，让他们向新疆和中亚扩张，以补

[1]　于赓哲：《疾病与唐蕃战争》，《历史研究》2004年第5期，第48页、第52页。

[2]　对这一模式的分析，见托马斯·巴菲尔德：《危险的边疆：游牧帝国与中国》，袁剑译，南京：江苏人民出版社，2011年，第32—33页、第52页。

偿其屈服于拉萨的损失。[1]因此作为帝国内在补偿机制的一环，吐蕃选择向西域地区扩张，并将高原北部的藏民部落及贵族有计划地迁移到富裕的中国西域地区，从而通过扩张活动缓解帝国的内在矛盾。新疆出土的涉及吐蕃向塔里木盆地移民的文简牍资料证实了这一观点。鄯善和于阗是吐蕃对西域统治的两大中心，而就出土的文书来看，鄯善地区的文书所涉及的吐蕃东岱（千户）多来自高原北部的伍茹、叶茹和孙波茹，而出现在于阗的吐蕃部落中，来自东北的孙波茹数量最少，而位于高原西部的叶茹和茹拉数量最多。[2]表明对高原北部藏民部落及贵族的妥协、补偿是驱动帝国将西域作为主要扩张方向的重要原因，其根源在于中央欧亚帝国内在集权政治的要求。

吐蕃进出西域的主要道路从东到西有3条。[3]东道即南北朝时吐谷浑道，经吐谷浑占据的河湟地区北上塔里木盆地南缘的若羌、且末地区；西道即勃律道，走勃律跨葱岭，由克什米尔经瓦罕走廊北上骨咄、黄石至费尔干纳；中道西去吐火罗地区，东可到安西四镇的疏勒，即今日喀什地区。而最重要的当属西道，即从拉萨地区向西北经羊同，向北翻越昆仑山口、阿克赛钦荒漠到于阗、朱俱波（叶城）。这条道路与今日219国道重合，在历史上被称为食盐—五俟斤之路。早在吐蕃帝国兴起之前，吐蕃人便通过这条道路北上羊同，获取来自突厥地区的食盐，藏文史料《贤者喜宴》提及松赞干布时吐蕃曾从西方的粟特获取享用食物和财宝的库藏。除此之外，如果认同雍仲本教从中亚祆教中借鉴了若干关键元素这一观点，那么祆教遗迹伊朗—波斯文化的若干影响因素很可能便是由粟特人经这条食盐—五俟斤之路传播到高原地区。无独有偶，佛教自于阗传入高原很可能也与这条道路有关——7世纪初于

[1] 欧文·拉铁摩尔：《通往中国的亚洲内陆边疆》，唐晓峰译，南京：江苏人民出版社，2005年，第145页。

[2] 关于文书涉及的吐蕃部落，统计情况见杨铭：《唐代吐蕃与西北民族关系史研究》，兰州：兰州大学出版社，2012年，第154页、第170页。

[3] 王小甫：《唐、吐蕃、大食政治关系史》，北京：北京大学出版社，1992年，第21—22页。

阗灭佛事件后，于阗的僧人便前往高原避难，而在有关松赞干布大臣吞弥桑布扎创制吐蕃文字的传说中，《西藏王统记》记载称吞弥桑布扎乃是从婆罗门李敬那里学习了文字，我国学者杨铭认为李敬即是于阗人。[1]由此看来，吐蕃通往西域的中道同样也具备促进经济文化交流的功能。

既然中道乃是高原与西域经济文化和人员往来的主要通道，它也因此在吐蕃帝国北上扩张的军事行动中占据重要地位。唐贞观年间，当中国视西突厥为西进之路的主要对手，吐蕃尚未统一高原各部，两者关系尚处相对缓和阶段，吐蕃人曾几次经中道北上，协助唐朝在西域的军事行动。贞观八年（634）吐蕃便已经使“邻国羊同及诸蕃并宾服之”，表明彼时吐蕃开始对塔里木盆地西南地区产生一定影响；贞观二十一年（647）安西都护郭孝恪讨龟兹，吐蕃与吐谷浑发兵协助，王小甫认为其路线便是走中道。吐蕃助唐讨龟兹时，大军经过中道北上，史料记载于阗此时派兵自麻扎塔格去龟兹拨换城，而疏勒和朱俱波则无动于衷——这很可能表明在吐蕃进入西域前夕，其影响力已经沿着吐蕃进出高原主要路线向北拓展，并导致塔里木西南地区各国的不同态度，于阗投唐，而尚在西突厥治下的疏勒、朱俱波似乎转向联结吐蕃。[2]高宗显庆四年（659），弓月引吐蕃之兵北上，其道路也是走中道。

因此不难理解，在唐蕃三十年战争期间，吐蕃频繁从中道北上进入塔里木盆地，并同西突厥联手进攻唐朝在西域的主要军事据点。高宗龙朔二年（662），弓月引吐蕃之兵北上，吐蕃由此出现在塔里木盆地西南地区，并标志着唐蕃三十年战争的正式开始。而有关660年前后西域弓月部的活跃，如果我们认可王小甫先生提出的弓月乃是以弓月城为主要基地的突厥化的粟特商

[1] 杨铭：《唐代吐蕃与西北民族关系史研究》，兰州：兰州大学出版社，2012年，第285—286页。

[2] 王小甫：《唐、吐蕃、大食政治关系史》，北京：北京大学出版社，1992年，第43—44页、第47页。

业部落，并控制了西突厥势力范围内相当一部分的贸易活动和宗教生活，[1]并且考虑到其活跃于显庆三年（658）唐平阿史那贺鲁之乱这个时间节点之后，以及森安孝夫指出的粟特商业—武士集团的特征，[2]似乎暗示弓月部频频引动吐蕃北上，很可能是因为唐、突厥在西域势力的此消彼长损害了弓月部的商业及宗教利益，进而使得依靠广泛商业网络并拥有一定的武力基础的弓月部，试图通过与吐蕃连兵的方式进行报复。

唐朝武功在高宗统治的60年代达到鼎盛，这点对照谭其骧先生编纂的《中国历史地图集》第5册所收录的3张唐朝疆域图便可得知。彼时东突厥已灭亡近40年，代东突厥而起的薛延陀亦灭亡于贞观末年，显庆年间唐朝在西突厥故地的七河地区设置昆陵、濛池都督府，总章年间又完成了自隋文帝、炀帝以来几代中国统治者灭亡高丽的夙愿。其武功已臻于鼎盛，但也正是这一时期，处于上升期的唐朝与同样处于鼎盛的吐蕃帝国在西域和青海地区正面碰撞，后者一度使前者在西域遭遇重大挫败。以唐蕃三十年战争期间安西四镇的弃置为例。咸亨元年（670）吐蕃陷西域十八州，又与于阗陷龟兹拨换城，由此唐遂罢于阗、疏勒、龟兹、焉耆四镇，至咸亨四年（673）弓月、疏勒王来朝，上元元年（674）于阗来朝，吐蕃在西域失去盟友，实力大减，随后唐恢复四镇建制，安西都护府从西州迁回龟兹，随后又在四镇设立四镇都督府；仪凤二年至仪凤三年（677—678），吐蕃走中道北上，与西突厥联手攻安西四镇，《旧唐书》称“西戎之盛，未之有也”，后崔知辩仪凤四年（679）击败吐蕃收复四镇，仪凤、调露之际（678—679）裴行俭以册立波斯王名义率军走天山北麓擒获西突厥叛军首领李遮匐等人，立碑碎叶，令王方翼筑碎叶城，同年唐以碎叶取代焉耆为四镇之一，其目的在于使于阗、疏

[1] 王小甫：《唐、吐蕃、大食政治关系史》，北京：北京大学出版社，1992年，第51—52页。

[2] 森安孝夫：《丝绸之路与唐帝国》，石晓军译，北京：北京日报出版社，2020年，第103—107页。

勒、碎叶一字排开，强化对西突厥故地的控制，提防其与吐蕃勾连；680年前后，尽管吐蕃、伊斯兰国家、中国都因为内部政治问题出现一定的动荡，但吐蕃率先恢复过来，并于垂拱初年走中道北上，迫使唐朝于垂拱二年（686）再度撤安西四镇，至长寿元年（692）王孝杰复安西四镇，以汉兵3万镇守，大大强化了中国对塔里木盆地的控制力。此后吐蕃虽几次试图北上，但截至安史之乱前，安西四镇始终没有废弃。

唐蕃三十年战争之后，由于唐朝加强了对塔里木盆地西南的掌控，置胡弩镇于此，有效地控制了阿克赛钦地区，导致吐蕃北上的传统道路受阻，因而不得不改弦更张，选择东道和西道作为北上的主要路线。就走吐谷浑地区北上若羌的东道而言，似乎早在贞观二十二年吐蕃发兵协助唐朝进攻龟兹时便已经占领鄯善、且末和昆仑山北部，直到显庆四年苏定方平定西突厥都曼之乱方才收复。[1]若羌地区历史上属楼兰王国，贞观年间康国人康艳典在鄯善旧城建立典合城，亦称为兴胡城，贞观中康艳典率部迁居鄯善城，改名典合城，其北有蒲桃城，东有七屯城，西南有新城，南有萨毗城，西有且末城。唐上元二年（675）改典合城为石城镇，隶属沙州，又在且末置播仙镇，属安西大都护府，但是似乎当地的守备力量主要还是依靠势力——据《沙州图经》记载，早在7世纪后期吐蕃、吐谷浑便频繁往来此地，延载元年（694）吐蕃曾进攻当地，但以失败告终，《敦煌本吐蕃历史文书·大事纪年》记载，出身吐蕃权贵噶尔家族的达古便在此战中被粟特人俘虏。[2]同一时期王孝杰破吐蕃论赞刃、突厥可汗阿史那俀子等于冷泉、大岭各3万，碎叶镇守使韩思忠败阿悉结泥熟俟斤，成为公元700年前后吐蕃—西突厥军事联盟的低谷期的标志性事件。

西道是这一时期吐蕃北上的又一条道路。这一道路自勃律向西越葱岭，

[1] 杨铭：《唐代吐蕃与西北民族关系史研究》，兰州：兰州大学出版社，2012年，第115页。

[2] 王尧、陈践：《吐蕃简牍综录》，北京：文物出版社，1986年，第148页。

经克什米尔、瓦罕走廊至今日塔吉克斯坦库尔干秋别以北的骨咄，由此可经费尔干纳和喀什噶尔。关于这条道路的重要意义，白桂思和王小甫分别侧重于经济属性和政治属性。白桂思以704年吐蕃参与呼罗珊的穆萨在泰尔梅兹的叛乱为切入点，分析了为何吐蕃在深陷麻烦之余尚不忘干预吐火罗地区事务——由于塔里木盆地被唐朝控制，因而保证帕米尔、吐火罗地区商路的畅通也就至关重要。[1]泰尔梅兹本身又是阿姆河上3个最主要的渡口之一，玄奘南下便经过此地，因此保证泰尔梅兹的安全对吐蕃的商路畅通至关重要——这条西部的商路的重要性也得到2个世纪后波斯语《世界境域志》作者的认可。王小甫则认为，吐蕃经由西道北上的路线可以联系中亚地区的突厥人，从而干涉唐朝控制下西域地区的事务[2]——吐蕃出高原至西域的特殊地理环境决定了前者无法将大量兵力投放至此，只有在强力盟友的配合下，吐蕃才能在西域有所作为。唐蕃三十年战争后，吐蕃通西域的几条道路都被堵死：若羌、且末有中国驻军，安西四镇复设又强化了对于阗至昆仑山的食盐、五俟斤之路的控制。因而此时吐蕃欲联系北方的突厥盟友，则必须绕道葱岭以西，即自大勃律、克什米尔、骨咄，再由黄石北上费尔干纳。

东突厥第二汗国成为沉寂时期吐蕃在西域活动的主要盟友。默啜可汗于7世纪80年代前期在蒙古高原复兴了被唐灭亡的东突厥政权，迟至武周万岁通天元年（696），吐蕃的钦陵与默啜可汗分别进攻西部的洮州和凉州，标志着两者之间的军事同盟形成。长安元年（701）突厥、吐蕃频频进攻凉州，也曾大入河西，破数十城。《册府元龟·外臣部》留下了718年前后“北突厥骨吐禄共吐蕃交通”的往来记载。至720年，据《大事纪年》，吐蕃很可能攻取了若羌的石城镇，同一时期东突厥则再次劫掠凉州。当年吐蕃与突厥有使者往

[1] Christopher I.Beckwith, *The Tibetan Empire in Central Asia*, Princeton: Princeton University Press, 1987, p.70.

[2] 王小甫：《唐、吐蕃、大食政治关系史》，北京：北京大学出版社，1992年，第131页。

来。直至开元十五年（727），吐蕃攻取瓜州，劫掠大笔财富，但是与此同时东突厥毗伽可汗选择将吐蕃、突厥连兵之事透露给唐朝，作为回报，唐朝与东突厥开绢马贸易互市。该事件亦标志着吐蕃、东突厥联盟的瓦解。

8世纪早期中国和吐蕃曾有过短暂和平，710年金城公主出嫁便是这一和平的产物。至715年苏禄成为突骑施可汗后，突骑施迅速倒向吐蕃，并成为开元年间威胁中国在西域统治的主要力量，西域战火重燃。开元五年（717）苏禄便连兵吐蕃和穆斯林进攻拨换城和大石城，至开元十八年（730）三方达成和平协定。但是当唐朝得知吐蕃试图嫁公主与突骑施联姻，唐朝遂于开元二十二年（734）派遣张舒耀出使呼罗珊总督所在的梅尔夫，从而与呼罗珊总督阿萨德达成联盟协议，后者担任总督期间将首府从梅尔夫迁到巴尔赫，可能便是响应这一联盟所做出的举措。[1]开元二十二年突骑施率先背约，袭击唐之北庭，唐、突骑施战争爆发，期间吐蕃曾派援军北上支持突骑施，开元二十四年（736）吐蕃将军属庐·莽布支绮穷领兵北上"侵轶军镇，践暴屯苗"，也正是因此当年穆斯林出兵杀吐火罗叶护，中国未能及时响应。《大事纪年》第87条记载鼠年（736）"属庐·莽布支绮穷领兵赴突厥地"，[2]也正是这一年，北庭节度使盖嘉运败突骑施，极大地削弱了突骑施的军事力量，以至于次年哈里斯坦之战苏禄战败，突骑施内部不稳，苏禄因此被杀。随后分裂的突骑施势力大损并投靠中国，吐蕃、突骑施联盟遂宣告完结。

随着突骑施的战败，吐蕃便将主要精力放在经营西北的勃律道上，从而使唐蕃战争进入小勃律战争时期。小勃律位于毗邻吐蕃势力范围的帕米尔高原，其重要性可以由如下史实佐证。开元初小勃律王来朝，称吐蕃进攻小勃律目的在于"我非谋尔国，假道攻四镇也"，《新唐书·西域传》提及吐

[1]　王小甫：《唐、吐蕃、大食政治关系史》，北京：北京大学出版社，1992年，第171—176页。

[2]　杨铭：《唐代吐蕃与西北民族关系史研究》，兰州：兰州大学出版社，2012年，第129页。

蕃与小勃律联姻后“西域二十余国皆臣吐蕃”，表明吐蕃与小勃律关系密切后，借助小勃律道可直接对西域各国施加政治、军事压力，9世纪的藏文史料《金刚瑜伽成就授记》提及了吐蕃在小勃律设置军镇，表明该地在吐蕃对外扩张中具有重要地位。[1]

唐蕃三十年战争失败后，吐蕃转向西北地区，并于692—694年间入侵勃律——其结果导致勃律一分为二，大勃律归顺吐蕃，小勃律则依然独立，并试图通过依附唐朝维持其地位。717年小勃律朝贡，唐政府以册封小勃律国王，表明唐朝试图将其纳入军事体系之内，并取代吐蕃在帕米尔地区的政治地位——吐蕃由此连兵穆斯林的呼罗珊总督，后者遂派塞米尔·阿布·耶斯库瑞前往河中，并到达中国的关口，这即是汉文史料提及的717年突骑施、大食、吐蕃联军围困拨换城和大石城一事。[2]开元二十二年吐蕃破大勃律，二十五年（737）破小勃律，同年河西节度使崔希逸破吐蕃于青海，作为对破小勃律的报复，唐蕃小勃律战争由此开启。至开元二十九年（741）吐蕃攻克石堡城，其在葱岭以南达到巅峰。此后唐经历盖嘉运、田仁琬、夫蒙灵察三任安西都护都未能夺回小勃律。直到哥舒翰、高仙芝、封常清参与到对吐蕃的战争后，唐进入全线反攻，747年高仙芝破小勃律，七十二国震恐，749年哥舒翰攻克石堡城，753年封常清破大勃律，次年破播仙镇，由此唐取得对吐蕃的全面胜利。白桂思称，中国在中央亚洲的影响力于750年达到巅峰，彼时唐军直接驻防天山南北、小勃律、护密等帕米尔国家，而吐蕃则跌至其势力的最低点，控制力难以越过大勃律。

至安史之乱爆发后，随着中国内地陷入战乱、河西驻军回撤，吐蕃趁机席卷塔里木盆地东西。756年攻占高原东部的嶲州，此后威戎、神威、定戎、

[1] 杨铭：《唐代吐蕃与西北民族关系史研究》，兰州：兰州大学出版社，2012年，第108页。

[2] Christopher I.Beckwith, *The Tibetan Empire in Central Asia,* Princeton: Princeton University Press, 1987, pp.88—89.

宣威、制胜、金天、天成等镇戍接连失守，也包括此前花费大量精力和资源拿下的石堡城。吐蕃随后又攻占洮州，757年攻占西平，763年控制陇右，年中控制陇右道东部，当年年末打入长安。758—760年吐蕃进攻凉州，至764年攻克，766年陷甘州、肃州，776年陷瓜州，781年夺取敦煌以南寿昌，此前伊州陷落，至783年唐蕃清水之盟，吐蕃侵略方才告一段落。787年吐蕃占领沙州，彼时疏勒则可能已经陷于葛逻禄之手。789年开始吐蕃与回鹘为争夺西域霸权爆发全面冲突，森安孝夫将其称为中亚历史上的关原之战。790年北庭因沙陀部变节而陷落，北庭都护杨袭古为回鹘所杀，北庭都护府历史遂宣告终结，随后吐蕃注意力转向于阗，大约790年于阗陷落。与此同时，回鹘在其可汗领导下重新夺取北庭，至792年又从吐蕃手中夺取西州，随后又进攻吐蕃军队屯驻的龟兹。798年回鹘一度攻入疏勒，《九姓回鹘可汗碑》记载回鹘天可汗曾西攻葛逻禄、吐蕃，追至费尔干纳，表明回鹘在八九世纪之交已经控制天山北麓以及南方的疏勒、龟兹，并将吐蕃遏制在塔里木南缘的于阗、鄯善。[1]由此吐蕃与回鹘大致以天山为界，天山以北属回鹘，塔里木盆地南部以及河西走廊属吐蕃，而天山南麓则成为两者争夺的战场。至长庆三年（823）唐、吐蕃、回鹘三者会盟，三国的边境线上方才出现相对稳定的和平局面。

二、中世纪早期丝绸之路的繁荣与萧条

唐代是丝绸之路的繁荣时期，但这种繁荣并非商品经济和跨国性商业群体努力的结果——唐代中国纺织业的发展和丝绸产量的提高是丝绸之路兴盛的基础，唐代前期对西北边疆采取的积极的开拓性政策，导致大量丝绸产品以军费的方式被转运至唐军驻防的各处戍堡、军镇、据点、守捉，从而吸引了以粟特商人为代表的跨国性商业团体的注意，推动了唐代丝路贸易的繁荣，并促进了中亚东部城镇聚落的形成发展及对当地资源的开发利用。因

[1]　杨铭：《唐代吐蕃与西北民族关系史研究》，兰州：兰州大学出版社，2012年，第139页。

此，唐代繁荣的丝路贸易仅仅是中国内地经济繁荣、生产发展以及开拓性边疆政策下巨额军费开支的产物，而一旦中国内地经济陷入萧条，中国驻军自西域回撤，中亚东部的大多数地区便陷入传统以物易物的自然经济状态。

唐代是丝绸之路的巅峰，也是丝绸生产的巅峰，这一状态可以通过计量的手段表示出来。据《通典·食货志》记载，在推行租庸调制度的唐前期，平均每年可以从民间征收740万匹丝绢，此前汉武帝元封元年（前110）岁入丝绢不过500万匹，宋神宗元丰年间（1078—1086）北宋每年征收丝织品为341万匹，棉911万两，若算上贡赋每年岁入不过683万匹，元文宗天历二年（1329）征收绢40万匹，丝88万斤，若以唐制3.44斤生丝生产5匹丝绸，尚不到140万匹，明洪武二十六年（1393）全国征收丝绢仅有28万匹。[1]

另一个数据来自唐代桑田种植业。唐代平均5步种植一株桑树，田亩制度为240×1为一亩，因此桑田10亩意味着每家理论上最多种植100棵桑树。唐制丝织品宽1尺8寸，长40尺，重11两，因此每家每年可生产丝绢5匹，折合生丝为3.44斤。典籍记载唐代桑叶和蚕茧比例约为15：1，蚕茧出丝率为6.44%，再将此数据带入天宝年间纳税户数的记录情况，则易得出天宝年间桑田3,700亩，桑树3.7亿颗，产桑叶198万吨，蚕茧13.2吨，生丝0.85吨，产绢1850万匹——这是全唐十五道合计370万女性纳税人劳作百日的产出。若以一匹绢一端布价格200钱折算，则纺织品占盛唐时全国岁入的11.3%。[2]

因此不管是从征收数量同中国历史上历代王朝的比较，还是唐前期蚕桑、纺织业的产量与生产规模来看，唐代都无愧于中国丝绸生产的巅峰。身处丝绸生产巅峰时期的中国选择将主要精力放在对边疆——特别是对确保长安安全至关重要的西北边疆——的开拓事业上，这种重量小、价值高、易于运输、受众广泛的产品，也就取代了流通于中国内地的铜钱，成为中亚东部经济生活中重要的一般等价物。

---

[1] 赵丰：《唐代丝绸与丝绸之路》，西安：三秦出版社，1992年，第20—21页。
[2] 赵丰：《唐代丝绸与丝绸之路》，西安：三秦出版社，1992年，第21—24页。

中国自古以来就不以丰富的金银矿脉而著称，其境内相对丰富的铜矿储备成为以铜钱为基础的中国货币经济的主要特征。唐制开元通宝10文重约1两，合计41.75克，敦煌和交河出土的文书显示当地一匹大练价值大约为460文，以开元通宝折合之后则重约1.92公斤，而一匹大练重量不过11两，合计459.25克。仅此一项优势，在考虑到唐政府需要将产品从各地聚集于关中后再由关中经长途跋涉运至瓜州、沙州、伊州、北庭、安西等军镇所需要的成本，因此不难理解唐政府为何选择将丝绸作为汉地铜钱和波斯银钱的替代品。

丝绸既可以以实用产品的身份用于日常生活，也可以作为一般等价物成为商品交换的媒介，用于征税、地租、聘礼、贸易等经济、非经济性活动。丝绸作为丝绸之路上商业贸易一般等价物的事实体现在出土的古文书中——玄宗开元、天宝年间关中练绢每匹200文，运抵敦煌之后价格涨至460文，两地直线距离大约1500公里，实际距离也近似，但是从敦煌到交河，直线距离约500公里，若绕伊州西去则有大约800公里，在这样一段路程中练绢的价格几乎不变——唯一的解释是练绢为代表的丝织品在进入中亚东部后并非作为产品，而更多的是作为一般等价物参与当地的经济活动。

正是因为丝绸这一产品的特殊性，使其成为唐前期对西北军费的重要组成部分。据《通典・食货六・赋税下》天宝年间纺织品岁入2,700万，其中1,300万入西京，100万入东京，1,300万为诸道兵赐及和籴；200万贯岁入，140万用作诸道州官课料及市驿马，60万贯用于军费开支。开元、天宝年间中国积极的边疆政策导致军费大增。开元以前，每岁边防支出不过200万贯，至开元、天宝年间，《通典》称每岁籴米粟360万，河西80万，陇右100万，伊州、西州、北庭8万，安西12万，则用于西部合计200万，占比55.6%；给衣520万，其中陇右150万，河西100万，伊西州、北庭40万，安西50万，合计340万，占比65.4%；加上别支、馈军食则为1260万，其中投入西北地区的军费比例占开元、天宝年间军费的42.9%。

丝绸既然是以军费开支的方式被大量投入西北边疆，因此考虑唐政府从这一活动中的获利方式便不能以简单地从商业贸易的角度来思考。需要考虑的因素有如下几点：①自武周到玄宗开元、天宝年间货币贬值的大背景下丝绸作为一般等价物对通货膨胀的对冲；②丝绸和铜钱被运抵西域后所产生的收益、亏损对比。

正如美国历史学家威尔·杜兰特所言，研究价格波动的人知道历史永远会通货膨胀，因此钱应当是聪明人放入地窖中的最后一样东西。至少在近代以前，每当社会发展，经济繁荣，社会财富的增长刺激了消费需求，进而推动了生产的发展，但是社会生产受制于前近代物质技术的发展实际水平，其增长速率往往是低于一个国家或政权货币增发的速度，其结果则不可避免地导致物价上涨和通货膨胀。例如在伊斯兰世界，金银比大致为10：1到12：1，至哈里发曼苏尔去世时，金银币比值已上升到20：1。[1]一只羊的价格在哈里发曼苏尔时代不过1个第尔汗，羊羔每只约1/4个第尔汗，[2]但生活于9世纪的贾希兹称10个第尔汗都无法从巴士拉的市场上购得一只羊羔，即使是从游牧的贝都因人那里也不行。[3]700年前后的中国也面临同样的问题。自武周到开、天年间开元通宝已经贬值43%，开元二十二年颁布的法令要求大额交易优先使用丝织品，其余涉及1,000钱以上的交易也要钱物兼用，违者论罪处理。因此伴随经济发展，货币流通速度加快，对货币需求的增长导致国内铜矿资源日益紧缺，由此使中国政府不得不寻找一种稳定的、为大众所接受的产品作为一般等价物。这便是丝绸的价值——天宝末年全国铜炉99处，每

---

[1] 菲利普·西提：《阿拉伯通史（上）》（第10版），马坚译，北京：世界知识出版社，2015年，第156页。马苏迪提及哈里发曼苏尔去世后留下了6亿第尔汗和1300万第纳尔，英国学者贾斯廷·马罗齐认为这一时期金银币比值为20：1。Masudi, *The Meadows of Gold: the Abbasids*, trans by Paul Lunde and Caroline Stone, New York: Routledge, 2010, p.33.贾斯廷·马罗齐的意见见于《巴格达：和平之城，血腥之城》，孙宇译，北京：民主与建设出版社，2020年，第13页。

[2] Hugh Kennedy,*When Baghdad ruled the Muslim World: the Rise and Fall of Islam's Greatest Dynasty*, London: Da Capo Press, 2005, p.135.

[3] 贾希兹：《吝人列传》，葛铁鹰译，北京：商务印书馆，2020年，第85页。

炉每年铸币3,300贯，每年新铸币合计不过32.67万贯，而考虑到开元、天宝年间唐政府的巨额军费开支，因此以丝绸作为铜钱的替代品，有利于唐政府对冲通货膨胀导致的钱荒和经济压力。

唐政府既然是出于军事和安全目的经略西北，那么在巨额军费开支的压力之下，自然优先考虑的是如何节流。以丝绸而非铜钱作为军费则有效地满足了唐政府的现实需要。已知关中练绢每匹200文，西域练绢每匹460文，因此将一匹练绢从关中运往交河，其收益为260–运费，而如果换作铜钱，为了使西域的驻军获得一匹练绢的价格（460文），则需要在关中每匹练绢售价的基础上额外支付260文，再加上所需要的运费，两者差价至少为260文。若按照西北军费开支320.4万来算，这一差价可达到83.3万贯，是每年新铸币规模的2.5~2.6倍。相比之下，若是将如此规模的练绢以商品的形式投放至市场，所能收取的商业税尚不到10万贯。

以上主要是从非商业性角度审视丝绸的经济价值，丝绸的非商业属性在唐前期中国西北的军费支出中扮演了重要角色，但是我们并不应该忽视丝绸的商品属性。对丝绸的渴望吸引了跨国性商业群体的注意力，从而推动了中亚东部经济贸易的繁荣和商品货币经济的发展。在古典时代，高质量的丝织品吸引了大量的外国商人不远万里前往中国，其代表是马其顿的梅斯，托勒密转引自推罗的马里努斯，宣称梅斯的商队一路从幼发拉底河向东，经陆路长途跋涉，经石塔到达中国的首都，[1]汉和帝年间蒙奇兜勒内附一事似乎也印证了马里努斯的记载。精美的丝织品无疑是吸引梅斯商队的重要原因——自罗马在前53年的卡雷之战见识过炫目的卡维战旗后，对丝绸的追捧便成为奢侈的罗马富人的热切追求，普林尼曾抱怨东方的奢侈品导致罗马财富的大量流失，奥古斯都在14年曾下令要求禁止、限制男女公民身穿丝绸衣物，[2]而最

[1] Ptolemy, *Claudius Ptolemy the Geography*, trans by E.J.Stevenson, New York: Dover Publications, pp.32—38.

[2] 布尔努瓦：《丝绸之路》，耿昇译，北京：藏学出版社，2016年，第3页。

初李希霍芬以丝绸之路命名这条古代东西方交往的大动脉时，考虑的便是古典时代东方丝绸对罗马帝国的影响。

进入中世纪早期，尽管中国已经不是旧大陆唯一的丝绸生产国，但是对中国丝制品的渴望却愈演愈烈。很大一部分原因在于作为商品的丝绸距离中国越远，其价值也就越高。关中一匹练绢不过200文，在敦煌、交河价格上涨至460文，当其进入突骑施故地后则上涨到35个第尔汗，约合1,120文，若是继续向西进入河中，据穆斯林史料记载，屈底波·伊本·穆斯林的军队曾于706年俘虏了培坎德的一位富商，这位富商愿意以5,000匹丝绸，合计约100万第纳尔的财富赎身，[1]则每匹丝绸价格大约100第尔汗，折合32,000文，这点也得到了张广达先生的认可。[2]由此一匹大练从关中运往河中，在长达4000公里的直线距离中价格翻了16倍。而考虑到高加索库班河南方的莫什切瓦加—巴卡（遗迹谷）墓葬中发现的丝织品碎片有40%来自河中和中国，当丝绸沿着草原之路，经可萨汗国控制的阿铁尔西去高加索乃至拜占庭、西欧，其价格只会更高。而相应地，大量价格高昂、品相出众、制作精良的中国丝绸出口到旧大陆各地，这种来自东方的奢侈品也增添了中世纪中国在中亚和伊斯兰世界的声望。12世纪的作家马卫集直言不讳地写道，就手工艺而言，世界上所有民族都是瞎子，唯独罗马人睁着一只眼，但即便如此罗马人的技巧也远逊于中国人的技艺。[3]

因此不难想象，唐前期大量丝绸在中国对外政策的支持下源源不断向西北地区转运，自然也就极大地促进了唐前期丝路贸易的发展，尽管贸易的繁荣只是中国边疆政策的副产品而非主要目的。练绢、铜钱等一般等价物的转运，唐朝在天山南北的大量驻军，以及围绕驻地军人而形成的地方市场，这

[1] 休·肯尼迪：《大征服：阿拉伯帝国的崛起》，孙宇译，北京：民族与建设出版社，2020年，第328页。

[2] 赵丰：《唐代丝绸与丝绸之路》，西安：三秦出版社，1992年，第200—203页。

[3] Al—Marvazī, *Sharaf al—Zamān Ṭāhir Marvazī on China, the Turks, and India*, trans by Minorsky, London: The Royal Asiatic Society, 1942, p.14.

些都极大地促进了中亚东部货币经济的发展和商业贸易的繁荣。从吐鲁番等地出土的文书中提及了大量关于商业贸易的信息，中国西北地区也出土了许多波斯德拉克马窖藏银币——后者与丝绸一样，都是古代晚期到中世纪早期丝绸之路上的主要货币。

同样是以安史之乱为界，安史之乱后西域地区出现货币经济退化的情况，而这无疑与中国内地与西域的隔断密切相关。钱币证据和文书为我们窥见这一时期安西地区经济衰退提供了证据。西州刚被纳入唐朝势力范围后一度继续使用银币作为主币，至8世纪初铜币成为当地主要货币，表明当地货币经济被纳入以中国为中心的体系之内，但是在安史之乱后，由于来自中国的海量供应被人为地切断，吐鲁番地区的货币经济日益衰退，至13—14世纪，当地出土的回鹘语文书表明吐鲁番经济恢复到早期的物物贸易时代。龟兹在安史之乱后开始模仿唐开元通宝铸造新币，而新币质量大都比较粗糙，不仅铭文经常出现错误，甚至连铜币的方孔也并不规范。而在吐蕃人统治西域的中心于阗，吐蕃的到来并没有促进当地货币经济的发展。早在安史之乱前，于阗就有货币短缺的情况发生，安史之乱后，内地对边疆驻防军队供应的切断，导致“以定量的布匹和粮食作物作为通货的自给自足经济代替了之前的货币经济”[1]。吐鲁番地区曾出土了吐蕃统治时期的大量文书，而在全部涉及经济活动的105份简牍中，只有1份（简牍100）出现了金银等货币，除此之外，不论是税收、买卖，还是借贷，都是以实物为基础，甚至此时还出现了以物易物的情况。[2]这些都表明，相比于唐统治时期，西域的货币、商品经济在吐蕃统治的年代进入了萧条期。

---

[1]　芮乐伟·韩森：《丝绸之路新史》，张湛译，北京：北京联合出版公司，2015年，第103页、第126页、第272页。

[2]　王尧、陈践：《吐蕃简牍综录》，北京：文物出版社，1986年，第23—43页。

三、7—10世纪东西交通道路的变迁

《隋书》引裴矩《西域图记》称东西交通的路线主要有3条，分别对应天山北麓的北道、天山南麓的中道以及塔里木盆地南缘的南道。进入唐代，伴随唐政府对西北开拓力度的强化以及唐代求法僧人的活跃，东西之间的道路交通进一步发展。自隋代开始至唐前期，中亚东部交通路线主要以中道和南道为主，北道尚属次要地位。8世纪中叶以后，随着唐对天山以南地区控制的崩溃、回鹘汗国以及其后西州回鹘势力的扩张、回鹘—吐蕃战争、喀喇汗王朝与于阗的战争，其结果是中亚东部丝路中道和南道在东西方交通、人员往来的地位日益下降，经天山北麓入中国的草原回鹘道重要性日益上升。同时，伴随伊斯兰势力在中亚的崛起以及向锡尔河地区的扩张，穆斯林控制下的中亚西部与七河地区的接触、联系日益密切，从而推动了河中、七河、天山北麓道路交通的正式形成与发展。

在隋代，瓜州（敦煌）是中亚诸国通往中国内地的必经之地，其证据在于《隋书·西域传》提及西域以及中亚诸胡时，往往都会涉及其与瓜州的距离。这些国家包括焉耆、龟兹、疏勒、于阗、拔汗那、吐火罗、嚈哒、米国、史国、曹国、何国、乌那曷、穆国、波斯、漕国等，焉耆、龟兹、疏勒、于阗、吐火罗等，它们都是丝路中道、南道沿线交通的必经之地。包括费尔干纳在内葱岭以西的中亚国家也都有通往瓜州的路线，表明中亚各国乃是走丝路中道或南道进入中国。如果对比9世纪伊本·胡尔达兹比赫和10世纪古达玛所记载的路线，伊斯兰世界的旅行者应该是自扎敏北上塔什干、七河、伊塞克湖随后东去中国，或是由扎敏东去费尔干纳的讹迹汗，然后由费尔干纳向东北直入伊塞克湖东岸的拔塞干进入中国境内。[1]但是在两位穆斯林作家之前的几个世纪，不管是走塔什干北上的塔什干道还是走费尔干纳北

[1] 伊本·胡尔达兹比赫：《道里邦国志》，宋岘译注，北京：华文出版社，2017年，第27—29页、第186—188页。

上的费尔干纳道，都不存在于汉文典籍记载。《隋书·西域传》提及塔什干时仅仅只是涉及塔什干与费尔干纳和瓜州的交通，“南去钹汗六百里，东南去瓜州六千里”。提及费尔干纳时，汉文史料称“东去疏勒千里，西去苏对沙那国五百里，西北去石国五百里，东北去突厥牙二千余里，东去瓜州五千五百里”——突厥牙可能是西突厥牙帐所在的千泉、碎叶一带，这或许是后来穆斯林作家记载的费尔干纳道的早期形态，但是“二千馀里”这个模糊的说法表明当时这一道路可能并不为人所熟知，特别是对照费尔干纳通往喀什、乌斯特鲁沙那、塔什干、瓜州等地相对精确的里程数据，表明费尔干纳更多的乃是发挥其沟通东西方交通枢纽的地位，而若是考虑到丝路中道自疏勒向西直达费尔干纳，后者还连接了通往于阗的丝路南道以及700年前后吐蕃经勃律、客什米尔、瓦罕走廊、骨咄北上的路线——因此可以认为，费尔干纳理应是这一时期河中诸国进入中国的必经之路，这一时期葱岭以西的中亚国家主要通过费尔干纳走丝路中道、南道入华，在伊斯兰时代发挥重要作用的北道尚处于相对次要地位。

这一趋势一直持续到唐前期。《新唐书·地理志七下》称泰伯里斯坦在疏勒西南2.5万里；石国往东至拔汗那100里；罽宾在疏勒西南4千里；东米国向东南可到布哈拉，向东可到碎叶，西南到塔什干，向南到费尔干纳；史国向南到吐火罗，向东可到疏勒——这一记载表明，从里海南方到吐火罗地区再到河中诸国，除东米国之外都是以疏勒为参照，疏勒在这一时期东西交通中的地位一如《隋书·西域传》中的瓜州，而即使是东米国，也提及向东南可以到毗邻疏勒的费尔干纳。这一记载表明，即使是在唐代，或者说至少是唐前期，安西—碎叶路也依然是东西交通的主要通道。今日和田地区的丹丹乌里克曾发现过泰伯里斯坦犹太人的信件，时间被确定于717年，表明犹太人自陆路入华的路线，很可能就是泰伯里斯坦、喀什、于阗，[1]此年倭马亚王朝

[1]　李大伟：《丹丹乌里克犹太——波斯文信件考释》，《敦煌研究》2016年第1期，第107—109页。

将军叶齐德从泰伯里斯坦王公手中所勒索的丝绸，有相当一部分可能便是来自当地与中国的贸易。

这种观点亦反映在唐前期与费尔干纳的关系上。汉武帝命李广利征伐大宛，“诸所过小国闻宛破，皆使其子弟从入贡献”，由此确立了中国在中亚地区的政治威望——在此之前丝路沿线各国对中国态度暧昧，“当道小国各坚城守，不肯给食”，因此太初年间中国军队攻伐大宛从客观角度起到了维持丝路畅通的作用，并暗示了费尔干纳此时便是丝绸之路上的要冲之地。在这种背景下，因此不难理解开元初唐—吐蕃—穆斯林围绕费尔干纳的争夺，“不救则无以号令西域”。开元三年（715）费尔干纳先是遭遇屈底波·伊本·穆斯林的侵略，随后又受到吐蕃军队的骚扰，唐朝闻之迅速出兵，击败了侵扰费尔干纳的穆斯林、吐蕃军队，从而收到了贰师将军李广利伐大宛的同样效果。

费尔干纳因其地理位置而成为唐西域边防政策的重要组成部分，而唐既然有能力直接出兵费尔干纳，因此无怪乎费尔干纳在玄宗开、天年间迅速倒向中国。费尔干纳自高宗显庆年间方才朝贡中国，终唐之世合计朝贡27次，但是仅仅713—762年便朝贡21次。[1]《新唐书》称费尔干纳“事唐最谨”，它是中亚诸国中唯一一个拥有赐姓改名、下嫁公主的荣誉的国家，甚至安史之乱爆发后，唐政府还曾令其“转谕城郭诸国，许以厚赏，使从安西兵入援”，表明唐似乎有意让与中国关系密切的费尔干纳填补因中国影响力撤出中亚而造成的权力真空。这种重视亦从侧面反映出费尔干纳乃当时丝路交通之要冲。

《新唐书·西域传下》曾提及东曹国（乌斯特鲁沙那）北上宁远（费尔干纳）400里，乌斯特鲁沙那位于撒马尔罕和苦盏之间，撒马尔罕又是河中最重要的贸易、交通中心，因此撒马尔罕向东经乌斯特鲁沙那北上费尔干

[1] 许序雅：《唐代丝绸之路与中亚史地丛考——以唐代文献为中心》，北京：商务印书馆，2015年，第151页。

纳，再由此东去喀什，可能就是唐前期河中地区东去中国的主要路线。同时需要注意的是，《西域传下》提及塔什干时只说到东北到西突厥（西突厥之地），西北波腊，西南到撒马尔罕，东南到苦盏，而并没有明确提及北上白水、怛罗斯、碎叶的道路——而不管是《地理志四》还是《地理志七下》，在论及西去七河的道路时一般止步于碎叶或怛罗斯。这种记录表明，唐前期东来的粟特人似乎并不是走北麓，而是走费尔干纳入喀什，由安西、碎叶路入中国——根据近年对河中地区的考古成果，粟特人在康居统治时期已经殖民塔什干。5世纪开始，伴随河中地区农业生产的发展和人口增长，河中的粟特人由此开始北上七河地区，从而推动了碎叶川的早期开发。玄奘西行至碎叶川，见到当地“商胡杂居，土地宜粟、麦、蒲桃……以西数十孤城”的景象，[1]便是粟特人长达两个世纪不断开发的结果。但是从总体来看，自河中、七河东去天山北麓的道路在唐代前期作用有限。尽管有文书记载了贞观四年（630）唐破东突厥后塔什干的商人领袖石万年率伊吾等7城来降，暗示了沿天山北麓的跨国贸易有一定发展，但是考虑到吐鲁番和伊吾之间存在道路联系，结合上文引用的汉文史料，并不排除塔什干的商人乃是自塔什干、费尔干纳，沿天山南麓经吐鲁番盆地至伊吾进行贸易。

隋唐两代对西域交通的记载部分地佐证了这一看法。《隋书·裴矩传》记载了“发自敦煌，至于西海”的3条道路，“北道从伊吾，经蒲类海、铁勒部，突厥可汗庭，度北流河水，至拂菻国，达于西海。其中道从高昌，焉耆，龟兹，疏勒，度葱岭，又经钹汗，苏对沙那国，康国，曹国，何国，大、小安国，穆国，至波斯，达于西海。其南道从鄯善，于阗，朱俱波、喝盘陀，度葱岭，又经护密，吐火罗，挹怛，忛延，漕国，至北婆罗门，达于西海”，相比于中道、南道，北道所经过的都是一些大而泛之的地名，详细程度与前两者不能相提并论；同时尽管“其三道诸国，亦各自有路，南北交

[1]　玄奘：《大唐西域记》，董志翘译注，北京：中华书局，2012年，第43—44页。

通”，但是汉文史料言尽于此，并没有进一步延伸。这表明隋代北道交通并不如中道、南道繁荣。《新唐书·地理志四》提及沿天山北麓西去的道路：

自庭州西延城西六十里有沙钵城守捉，又有冯洛守捉；又八十里有耶勒城守捉，又八十里有俱六城守捉，又百里至轮台县，又百五十里有张堡城守捉，又渡里移得建河，七十里有乌宰守捉，又渡白杨河，七十里有清镇军城，又渡叶叶河，七十里有叶河守捉，又渡黑水，七十里有黑水守捉，又七十里有东林守捉，又七十里有西林守捉。又经黄草泊、大漠、小碛，渡石漆河，逾车岭，至弓月城。过思浑川、蛰失蜜城，渡伊丽河，一名帝帝河，至碎叶界。又西行千里至碎叶城，水皆北流入碛及入夷播海。

可见这条路线向西的尽头乃是碎叶，对于碎叶以外的河中诸国完全没有提及，《地理志七·下》所记载的安西、碎叶路：

安西西出柘厥关，渡白马河，百八十里西入俱毗罗碛。经苦井，百二十里至俱毗罗城。又六十里至阿悉言城。又六十里至拨换城，一曰威戎城，曰姑墨州，南临思浑河。乃西北渡拨换河、中河，距思浑河百二十里，至小石城。又二十里至于阗境之胡芦河。又六十里至大石城，一曰于祝，曰温肃州。又西北三十里至粟楼烽。又四十里度拔达岭。又五十里至顿多城，乌孙所治赤山城也。又三十里渡真珠河，又西北度乏驿岭，五十里度雪海，又三十里至碎卜戍，傍碎卜水五十里至热海。又四十里至冻城，又百一十里至贺猎城，又三十里至叶支城，出谷至碎叶川口，八十里至裴罗将军城。又西二十里至碎叶城，城北有碎叶水，水北四十里有羯丹山，十姓可汗每立君长于此。自碎叶西十里至米国城，又三十里至新城，又六十里至顿建城，又五十里至阿史不来城，又七十里至俱兰城，又十里至税建城，又五十里至怛罗斯城。

这段记叙同样没有言及河中诸国。因此结合《新唐书·西域传》对河中诸国交通的记载，亦印证了上文的判断，即唐前期天山北麓的北道地位稍逊于中道和南道，由安西西去费尔干纳至河中的道路才是这一时期东西交通的主干道。

北道在东西交通中地位的提高是8世纪中叶以来唐朝势力在西域不断衰退、回鹘帝国迅速崛起，以及后者沿天山北麓扩张的结果。8世纪下半叶，吐蕃攻占了从于阗到河西走廊，涵盖昔日安西故地的广大地区，其结果则是传统的中道、南道被纳入吐蕃影响力之下，中亚各国与中国的联系由此逐渐中断。762年吐蕃占据河陇地区，费尔干纳对中国的朝贡亦在此年后中断。类似的案例是在8世纪60年代早期继任安西/镇西节度使的马璘，762年吐蕃陷河陇隔断了安西与内地的交通，也导致这位节度使最终只能终老内地。842—844年奉哈里发瓦西格之命前往东方玉门关探查歌革、玛各情况的使者萨勒曼便是走天山北道进入今日甘肃西北地区，其返程亦由罗布泊北上龟兹，绕过吐蕃控制地区前往怛罗斯。[1]这一路线选择表明吐蕃控制下塔里木盆地传统交通路线的衰退。而这也与中亚地区政治形势变化有关。德宗初年有大臣曾提及“蕃军大半西御大食”之事，大历五年以后到贞元初（770—785）吐蕃与唐在西域争夺烈度低于广德、大历年间，贞元二年便有大臣上书称吐蕃“西迫大食之强”，宰相李泌亦曾在787年提出结盟阿拔斯王朝抵御吐蕃威胁的战略计划。而从穆斯林史料看，白拉祖里称曼苏尔任命希沙姆为信德总督，征服了克什米尔；泰伯里记载769年穆斯林曾进攻喀布尔；伊本·胡尔达兹比赫称，法德勒担任呼罗珊总督，于794年在拉斯特修建大门抵御突厥人，但是突厥人的称呼在早期伊斯兰史料中相当泛用，即使是吐蕃也可以被称为突厥人；806年河中叛乱者拉菲·伊本·莱斯曾求助吐蕃，810年哈里发马蒙也曾论及吐蕃可汗给予的压力，812年马蒙任命萨赫勒为东方直到吐蕃山总督——特别是《新唐书·南诏传》记载南诏之战时中国曾俘虏了吐蕃、大食、康国的士兵。考虑到中国和穆斯林史料的记载，因此从8世纪后期直到9世纪初，穆斯林的军队很可能与吐蕃多次交锋，南诏之战的穆斯林战俘便可能是阿拔

[1] Emeri van Donzel, Andrea Schmidt, *Gog and Magog in Early Syriac and Islamic Sources*, Leiden: Brill, 2009, p.233、p.265.

斯、吐蕃战争的产物。两者冲突的地方很可能位于阿富汗北部的吐火罗地区，该地区毗邻吐蕃西道，吐蕃曾在704年为保护西道安全出兵泰尔梅兹。传统上将阿拔斯王朝视作领土的巩固者而非开拓者，而吐蕃对西道的控制威胁到穆斯林对呼罗珊东南地区的统治——有观点认为吐蕃人曾支持过767年呼罗珊嚈哒人的起义。[1]因此，阿拔斯、吐蕃的吐火罗战争导致了贞元中出现“蕃军大半西御大食”的局面，并阻碍了丝路南道的交通畅通。

与此同时，回鹘帝国的兴起、对丝路北道的控制，以及大规模的唐、回鹘绢马贸易的开展，不仅极大地提高了北道在丝路交通中的地位，更是让回鹘帝国一度成为丝路贸易的终点。尽管吐蕃也曾在其控制的河西地区开展丝绸生产，但是其规模无法与回鹘帝国相比——伴随唐从军事力量维持和平的武力国家转型为以金钱购买和平的财政国家，回鹘帝国通过匹马四十绢的价格从唐政府手中勒索到大量丝绸。截止德宗年间，唐赊欠回鹘的丝绢规模便已多达千万。回鹘的丝绸亦将穆斯林商人的注意力吸引至北道。《新唐书·回鹘传下》称穆斯林商人为正常开展东方丝绸贸易，而同葛逻禄、黠戛斯等游牧政权签署贸易协定，“大食有重锦，其载二十橐它乃胜，既不可兼负，故裁为二十匹，每三岁一饷黠戛斯”，黠戛斯亦从穆斯林商人那里获取来自伊斯兰世界的“毳毭、锦、罽、绫”等织物。8世纪80年代开始，天山北道的重要性与日俱增，以至于李吉甫在《元和郡县志》中将北道称之为碎叶路，表明其成为连通中亚的主要道路。[2]德宗即位之初乃是通过天山北道获取于阗进贡的巴达赫尚的青金石，安西、北庭使者以及僧人悟空等僧侣经由北道进入中国内地，821年穆斯林使者塔米姆·伊本·巴赫尔便是从伊塞克湖沿着碎叶川、天山北麓直达回鹘首都哈喇巴拉哈孙，40年代的萨勒曼亦取回鹘

[1] 王小甫：《唐、吐蕃、大食政治关系史》，北京：北京大学出版社，1992年，第209—211页、第213页。

[2] 许序雅：《唐代丝绸之路与中亚史地丛考——以唐代文献为中心》，北京：商务印书馆，2015年，第54—55页。

道进入中国边境。直到穆卡达西时代，这一道路都依然是伊斯兰世界通往中国的交通路线。

天山北麓回鹘道的畅通与回鹘帝国的扩张密切相关。800年前后，回鹘便将吐蕃牢牢压制在塔里木盆地南缘，根据802年的文书记载，回鹘攻占了吐蕃控制的喀什。808—821年《九姓回鹘可汗碑》记载回鹘兵至珍珠河（锡尔河），至拔贺那（费尔干纳），而碑文的粟特文部分还提及信士的长官对回鹘的敬畏。泰伯里亦曾记载810年出镇呼罗珊的马蒙宣称呼罗珊的动荡，以及寻求突厥可汗的帮助。据此有学者认为，回鹘帝国在802年攻占喀什这一西域门户后继续西进，并在806—810年间扫荡河中地区。[1]回鹘帝国向西部的扩张极大地促进了河中、七河、天山北麓的丝路北道交通的发展。至840年回鹘帝国崩溃，其后安西回鹘继而兴起，并在10世纪三四十年代将影响力延伸至伊塞克湖地区，同时加之锡尔河以北突厥人皈依伊斯兰教、穆斯林在锡尔河以北新建城市、控制中国北方的契丹政权对丝路北道贸易的鼓励，以及喀喇汗王朝兴起后与于阗的战争阻碍了南道的交通。这些因素都是丝路北道在西州回鹘时期继续发展的重要原因。

四、中世纪早期中亚东部丝路城市的发展

中世纪早期是丝路历史发展的巅峰。强权时代的大国征伐固然为中亚东部地区的民众带来深重的灾难，但是一方面，诸帝国在中世纪早期不约而同地将目光转向中亚，这一事件本身就说明中亚地区所具备的价值，另一方面，大国在中亚的地缘政治对抗也伴随大量物质资源的投放，“西京诸县及西北诸郡皆转输塞外，每岁巨亿万计”，从而使得西北地区出现“伊吾以右，波斯以东，职贡不绝，商旅相继”的繁荣局面。而这自然也就促进了中亚东部丝路沿线城市的繁荣。大国为维持对中亚东部主要城市控制而从其内

[1] 付马：《丝绸之路上的西州回鹘王朝》，北京：社科文献出版社，2019年，第82—85页。

地输送的海量资源是这一时期促进中亚城市发展的主要力量，在此基础上，以粟特商人为代表的贸易离散社群的活跃则成为推动中亚东部丝路城市发展不容忽视的重要力量。

正如上文所言，唐前期中国在西域的驻军以及大量资源的转运是丝路贸易繁荣的基础，对丝绸的渴求吸引了跨国性商业群体的注意力，并造就了丝路沿线城市的繁荣。安史之乱后是中亚东部经济社会发展的转折点，伴随唐朝势力在西域的江河日下，昔日相对繁荣的商品、货币经济逐渐退化至传统的以物易物的自然经济状态。8世纪中叶以后塔里木盆地出土的简牍文书清晰地反映出这一事实。

唐前期丝路贸易的繁荣直接推动了沿线城市的发展。隋时张掖郡人口6,126户，至唐天宝年间当地增至6,284户，22,092人。而作为河西第一大城，凉州在盛唐时人口多达19万。在天山南北的绿洲诸国，高昌在南北朝时有16座城镇，至贞观年间改高昌为西州，其境内已经有26个郡县商镇，至天宝年间，西州人口增至49,476人。唐朝向西域的拓展和唐军在天山南北要冲之地的驻扎是中世纪早期中亚东部城市发展的主导力量。以天山北麓的庭州为例。学界一般将640年平定高昌后西突厥可汗浮图城归顺视作庭州设立的起点，但是事实上，640年可汗浮图城归唐和庭州的设立完全是两回事，两者并不能完全等同——庭州作为州，其建立乃是郡县化的产物，需要依托于足够数量的纳税人口，即农业的汉人，可汗浮图城时期的北庭并不符合这一情况。[1]贞观十六年乙毗咄陆可汗曾东犯伊州，而由西突厥进攻伊州必然要经过庭州，但是史料并未提及此事，表明迟至贞观十六年，庭州建制还不存在。阿斯塔纳221号墓地出土的贞观二十二年《庭州人米巡职辞为请给公验事》方才提及庭州，而史书有据可查的首位庭州刺史乃贞观末年至永徽初年的骆弘义。从可汗浮图城成为庭州，其过程必然伴随汉军驻扎和大量汉人移民的到来，这是

[1] 薛宗正：《中亚内陆——大唐帝国》，乌鲁木齐：新疆人民出版社，2003年，第313—319页。

促进庭州城市发展的主要动力。

唐军控制西域后，出于开发当地资源、镇守边疆、强化边防力量的战略需求，唐政府将大量汉地人口移民于此，又在当地驻军。唐朝的政治支配由此成为西域地区郡县化、汉化的重要基础，进而也就促进了城市的发展。例如庭州初设时，其治下仅包括2个县，后经唐政府不断投入，至玄宗开元、天宝年间当地已下辖10守捉，直到伊犁河以东，还有数量众多难以统计的城镇、戍堡、烽燧等。许多驻军的城堡据点在随后变为城市，例如张堡守捉为昌八剌城，独山守捉为元独山城，表明唐驻军的屯垦开发对天山北麓经济发展作出重大贡献。[1]

以粟特商人为代表的跨国性商业离散社群同样是促进西起七河流域，东至伊吾、西州的中亚东部丝路城市发展的重要力量。粟特人原本是生活在河中地区的说东伊朗语的民族，在公元前几个世纪，河中地区人口的增长推动了粟特人向锡尔河以及以北地区的扩张，汉文史料和考古证据都证明了这点。《魏书》在记载塔什干时称“者舌国，故康居国”，在提及费尔干纳时称“洛那国（破洛那），故大宛也”，北魏（386—534年）所对应的年代是河中地区农业发展、人口增长的重要时期，人地资源矛盾是粟特民族转向以商业牟利的重要因素，也是推动其向河中以外地区移民的重要动力，因此《魏书》所记载的统治塔什干、费尔干纳政权名称的更迭，很有可能暗示北魏时期说东伊朗语的粟特人对当地占主导地位的塞人民族的取代，这是古代晚期粟特移民活动的结果。考古证据也为其提供了佐证。在哈萨克斯坦南方约1—4世纪的Kultobe铭文中，明确提及了撒马尔罕、沙赫里夏布兹、那黑沙布、Nok—Methan以及塔什干5座城市。其中除去塔什干之外，其他4座城市都提到了领主（lord）的存在，据此有观点认为截至铭文写成的年代——即在康

[1]　薛宗正：《中亚内陆——大唐帝国》，乌鲁木齐：新疆人民出版社，2003年，第386—387页。

居统治时期，粟特人便已经实现了对塔什干的商业殖民。[1]公元头几个世纪亦见证了粟特商业网络向东方的扩展。1907年斯坦因所发掘的粟特古信札，证明迟至晋永嘉五年（311），粟特商业网络便已经涵盖了敦煌、酒泉、姑臧、洛阳等重要城市。

从5世纪开始，人地矛盾促使粟特人将目光转向锡尔河以北的地区。正如魏义天所指出的那样，从怛罗斯平原、吉尔吉斯阿拉套北部山麓到伊塞克湖地区，当地的城市化发展都应该归功于粟特人的努力。纳尔沙喜在《布哈拉史》一书中提及布哈拉民众因不满于统治者的暴虐而向突厥斯坦、怛罗斯一带逃亡并建立城市的历史。因此可以看出，推动粟特人向北方扩张的因素是多样的，既包括经济因素，也包括政治性因素，而对于粟特人在七河地区建立的殖民地，也不应该将之视为纯粹的商业聚落——玄奘称从七河到河中“力田逐利者杂半之”，又称“土地宜粟、麦、蒲桃”，[2]表明农业区位优势乃是吸引粟特人来到楚河地区的主要因素。但这并不意味着我们要忽视当地所具有的商业区位优势——农业社会对游牧产品的需要、游牧群众对粮食作物的需求、游牧贵族对可增添尊贵的奢侈品的渴望、游牧社会内在的剩余产品处理机制的匮乏，以及游牧帝国政治维稳机制中的外部依赖特征，使得农牧接壤地带的生态位成为天然的贸易区。

隋唐两代丝绸之路的繁荣亦吸引了粟特人进一步向中亚东部的扩张。隋炀帝曾派遣裴矩于张掖招徕西域商贾，贞观四年石国商人领袖石万年率部来降，向唐政府献伊吾等7城。贞观初年康国大首领康艳典在鄯善旧城建立典合城，随后又在其西240里处建立了弩支城，又先后修建了石城镇、蒲桃镇、萨毗城等贸易城镇。同时需要注意的是，粟特人从来都不是纯粹的商业集团，长途贸易的发展从客观上要求粟特人建立足以保卫其财富的军事力量。从北

[1] Michael Shenkar, “The Origin of the Sogdian Civic Communities,” *Journal of the Economic and Social History of the Orient*, vol.63, 2020, p.366.

[2] 玄奘：《大唐西域记》，董志翘译注，北京：中华书局，2012年，第43—44页。

朝开始，粟特军团便出现在中国的史料记载中，唐武德初，以安兴贵和安修仁为代表的粟特武装集团逮捕了占据凉州的李轨并将河西献给了唐王朝，安兴贵之子安元寿曾为李世民玄武门之变动用了粟特人的军事力量。[1]粟特武装集团在西域的发展亦不遑多让。660年前后频繁在西域动荡中出现的弓月部落便是以弓月城为中心的粟特商胡集团，他们是维持吐蕃、西突厥联盟的重要纽带，也是唐蕃三十年战争开启的导火索。亦有部分粟特人承认唐朝的主权，为唐朝守卫塔里木盆地东南地区，并在694年击败了入侵该地的吐蕃军队。肃宗至德二年（757），武威曾发生九姓商胡叛乱，胡商安门物聚众6万占领武威的5座城市，并杀死节度使周泌。因此可以认为，丝路贸易的繁荣推动了粟特商业网络的扩张，粟特商业网络的繁荣亦伴随粟特武装力量的发展——城市在贸易网络中的地位越高，当地粟特人势力也就越强，其武装力量也因此水涨船高。因此粟特军事力量的存在应该被视作检验丝路沿线城市商业重要性的重要指标。

安史之乱后，丝路中道、南道沿线城市大都日益衰落，而北道的城市却获得一定发展。碎叶是其中的代表。碎叶地处楚河流域，是沟通东西交通的必经之路和楚河地区的重要交通枢纽，楚河流域亦被称为碎叶川。五六世纪来自河中的粟特移民奠定了碎叶城的基础，在唐代，显庆三年平阿史那贺鲁之乱后，唐将西突厥之地划分为昆陵、濛池两都护府，碎叶地正式归唐。截至天宝九年北庭节度使王正见毁碎叶城，在不到一个世纪的时间里，唐曾8次从不同的敌人手中夺取碎叶，平均每11年便发生一次碎叶争夺战。[2]这种频率显然与碎叶在楚河地区的重要地位有关。

来自各方的频繁争夺固然对碎叶城市发展造成不可估量的破坏，但是也

[1] 森安孝夫：《丝绸之路与唐帝国》，石晓军译，北京：北京日报出版社，2020年，第124—127页。

[2] 有关碎叶几次弃置的时间统计，见薛宗正：《中亚内陆——大唐帝国》，乌鲁木齐：新疆人民出版社，2003年，第453—454页。

使得碎叶极大地吸取了不同国家、民族的特色，并将之容纳到自身的城市发展中。碎叶为唐四镇之一，有专门的镇守使和军队屯驻于此，《新唐书》卷40称碎叶有保大军，而《唐六典》亦称天山南北及安西、北庭都有屯田，碎叶也不例外。唐亦在此设关收税，以钱养军。而唐代的6种铜钱，除去乾封泉宝和会昌开元通宝之外，在碎叶都有发现——即大致从唐前期直到至少德宗年间都保持一定的经济联系，而在758—783年这段时间内，这种联系必然是经丝路北道进行。就城市建设方面，679年王方翼筑碎叶城，在城内建立衙署，即今日阿克·贝西姆遗址的伯恩施塔姆佛寺——尽管其风格是中国式风格，但是建造衙署的技术却来自当地传统的粟特筑城术。武后年间下诏全国兴建大云寺，杜环《经行记》称碎叶城内尚存大云寺遗址，这即是今日的阿克·贝西姆第一佛寺，该佛寺的形制乃是回字形的伊朗—中亚风格。唐蕃三十年战争时期吐蕃占领碎叶，在其城市内建立了吐蕃风格的第二佛寺。公元700年前后，控制碎叶的突骑施曾在碎叶子城内建立城堡，8世纪中叶葛逻禄西迁后占据碎叶，又为碎叶建立了罗城。[1]

8世纪中叶以后，尽管唐撤出西域，但是得益于葛逻禄对宗教的宽容和对商业的鼓励，以及碎叶在伊斯兰化的丝绸之路中的重要地位，碎叶由此得以继续发展。伯恩施塔姆认为在8—10世纪，七河流域内发生实质性变化，定居生活模式迅速发展，当地开始出现一系列城市，突厥游牧民和定居民族之间发生有机联系，商业之路开始稳定，阿克·贝希姆子城定型，城内出现城堡，罗城诞生。[2]葛逻禄于781、782年间皈依基督教聂斯托里派并设立都主教，其对宗教的宽容态度使楚河地区成为河中宗教难民的避难所——碎叶于8世纪建立了景教教堂，中亚最早的景教徒墓地亦发现于碎叶。893年萨曼王朝攻克怛罗斯并将当地教堂改建为清真寺，其结果则是一些景教徒逃亡碎叶并

[1] 有关碎叶佛寺的情况，见努尔兰·肯加哈买提：《碎叶》，上海：上海古籍出版社，2017年，第202—230页。

[2] 努尔兰·肯加哈买提：《碎叶》，上海：上海古籍出版社，2017年，第151页。

在当地留下了景教第二教堂。同时，这一时期碎叶的发展亦得益于其在东西交通中的地位。撒马尔罕、扎敏、塔什干、白水城、怛罗斯、碎叶、上拔塞干乃通往中国的塔什干道的必经之地，古达玛称从碎叶出发15天可到中国边界的上拔塞干。碎叶受益于此，在突骑施、葛逻禄、喀喇汗时代，碎叶人口继续增长，城市不断扩建。[1]

[1]　努尔兰·肯加哈买提：《碎叶》，上海：上海古籍出版社，2017年，第166页。

第五章

突厥—蒙古时代中亚的丝路交通与城市

在第5版的《新全球史》一书中，杰里·本特利和赫伯特·齐格勒将人类历史划分为7个时段，其中1000—1500年被视作跨文化交流的增速阶段——以突厥人和蒙古人为代表的游牧民族在这一时期横扫欧亚大陆并建立了庞大的帝国，成为推动欧亚大陆跨区域交流的重要力量。[1]类似的观点亦见于日本学者森安孝夫。在考虑到军事力量、经济力量以及其背后的信息收集和传达能力后，森安孝夫将自农业革命以来的人类历史划分为8个阶段，1000—1500年被视为游牧—半游牧的中央欧亚型国家优势的年代。[2]

如果说中世纪早期的欧亚大陆延续了自古典时代以来诸帝国并存的局面，那么850—950年则可以被视作一个转型时期，强权时代的帝国在天灾和人祸的压力下崩溃或解体，统一的政治体制不再被视为理所应当的常态——众多地方性的割据王国共存于先前某个帝国的疆域之内，并为现实政治利益大打出手，其结果则是中世纪早期的长途贸易越来越多地被地方性的接力式贸易所取代。与此同时，中央欧亚地区的游牧民族从农业文明的纷乱局势中获益甚多，农业文明与游牧文明之间的实力对比在此过程中此消彼长，并在欧亚大陆的历史上形成了长达数个世纪的游牧文明占优势的时代，而这种农业文明与游牧的中央欧亚民族骤然接近的时代大背景则为农耕—游牧之间跨生态贸易的发展创造了便利。

本章论述的便是游牧民族支配欧亚大陆时代中亚丝路交通与沿线丝路城市的情况。这一时期的中亚大致可以分为两个时期，即11—13世纪初突厥的喀喇汗王朝统治时期和13—14世纪蒙古察合台汗国统治时期，因此该阶段又可以被称为突厥—蒙古时期。

---

[1] 杰里·本特利，赫伯特·齐格勒：《新全球史：文明的传承与交流（1000—1800）》（第5版），魏凤莲译，北京：北京大学出版社，2014年，第29页。

[2] 森安孝夫：《丝绸之路与唐帝国》，石晓军译，北京：北京日报出版社，2020年，第75页。

一、喀喇汗王朝时期中亚丝路交通与城市

（一）1000—1200年中亚政治概述

850—950年是亚洲大陆历史上一个容易被人忽视但又至关重要的转型时期。850年以前欧亚大陆的历史大致可以被归入由诸帝国支配的中世纪早期——东亚的唐帝国、漠北回鹘帝国、中亚和西亚的阿拔斯王朝——帝国的强权是中世纪早期丝路畅通的重要条件。但是在850—950年短短的一个世纪里，先前统治亚洲的几大帝国都不约而同地陷入动荡与衰退之中——840年漠北回鹘帝国解体，861年以后，哈里发帝国陷入长达十年的无政府时期，878年以后唐王朝不可避免地走向衰亡。在950年以后，亚洲大陆在政治生态上呈现出不同于强权政治时代的新面貌，若干割据的地方性国家取代了跨区域的帝国强权，而这种政治生态的变迁自然也极大地影响到丝绸之路和丝路城市的情况。

回鹘帝国是第一个解体的强权时代的帝国，它通常被认为是一个漠北的帝国，但是在漠北回鹘帝国的巅峰时期，其对中亚历史的影响亦不容小视——中亚历史名城八剌沙衮，据13世纪伊朗历史学家志费尼记载，便是由回鹘可汗所建；[1]位于伊塞克湖东南的东西交通枢纽拔塞干，据12世纪的语言学家马哈茂德·喀什噶里记载，乃是以回鹘可汗的马夫命名；[2]回鹘帝国曾牵扯进拉菲·伊本·莱斯在河中的叛乱活动；[3]处于困顿中的未来的哈里发马蒙也曾一度想要脱庇于回鹘可汗。[4]因此，考虑到漠北回鹘帝国在中亚地区的赫

[1] 志费尼：《世界征服者史》，何高济译，北京：商务印书馆，2004年，第59—60页。

[2] 马哈茂德·喀什噶里：《突厥语大词典·第三卷》，校仲彝等译，北京：民族出版社，2002年，第409页。

[3] 付马：《丝绸之路上的西州回鹘王朝：9—13世纪中亚东部历史研究》，北京：社会科学文献出版社，2019年，第82-85页。巴托尔德：《蒙古入侵时的突厥斯坦》，张锡彤、张广达译，上海：上海古籍出版社，2011年，第244页。

[4] Al-Ṭabarī, History of al-Ṭabarī, Volume XXXI, trans by Michael Fishbein, New York: State University of New York Press, 1985, pp.71—72.

赫声威，不难理解840年以后回鹘西迁会成为中亚历史上至关重要的转折点。

840年回鹘帝国灭亡后，其余部在宰相庞特勤的率领下西奔。回鹘的西迁至少造成了两种结果：一种体现在文化层次，它在中亚东部的西域地区创造出一种融合了印度、希腊、波斯、中国等元素的独特文化；[1]另一种则体现在政治方面，西迁的回鹘人在皈依伊斯兰信仰以后成为中亚历史上著名的喀喇汗王朝。由于史料相对稀缺，有关喀喇汗王朝的起源一直有多种说法，但是学界相对而言更倾向于回鹘起源说[2]——即以庞特勤为首西迁的回鹘人征服了被他们驱赶至七河地区的葛逻禄人后，建立了喀喇汗王朝，而《喀什噶尔史》所记载的喀喇汗王朝的始祖毗伽阙·卡迪尔汗即庞特勤的称号。

从840年回鹘西迁到希吉拉349年（960—961年）20万突厥人皈依伊斯兰，这一个世纪对应中亚萨曼王朝的强盛时期。840年萨曼家族的努赫·伊本·阿萨德征服白水城，893年纳斯尔一世驱逐了怛罗斯信奉基督教的葛逻禄可汗并征服该地，此后直到萨曼王朝后期，怛罗斯都是萨曼王朝东北的边疆地区，也是与位于突厥地的异教突厥人贸易的枢纽。而在中亚历史上，游牧民在对农业城郭地区进行征服之前，总有一个被吸纳入文明影响范围的时期。[3]萨曼王朝被视为一个边疆性质的王朝，其特点便是基于圣战而产生的流动性[4]——对异教突厥人长达一个世纪的圣战运动，以及为满足伊斯兰世界对突厥奴隶的需求而繁荣起来的奴隶贸易，成为推动伊斯兰信仰在锡尔河以外地区传播的两大主要原因。

据伊本·米斯凯韦记载，突厥地区有20万帐突厥人于960—961年皈依伊

[1] 羽田亨：《西域文明史概论》（外一种），耿世民译，北京：中华书局，2005年，第6—7页。

[2] 巴托尔德倾向于处月/样磨起源说，普里查克主张葛逻禄起源说，但是两者都未能有效利用汉文史料。对于该观点的详细论述，见魏良弢：《喀喇汗王朝史、西辽史》，北京：人民出版社，2010年，第31页。

[3] 巴托尔德：《中亚简史》，耿世民译，北京：中华书局，2005年，第19页。

[4] Chase F.Robinson, *The New Cambridge History of Islam*, vol.1, Cambridge: Cambridge University Press, 2011, p.358.

斯兰信仰，[1]这通常被视为喀喇汗王朝历史上的起点。新兴的喀喇汗王朝不久便开始扩张。在中亚东部，据于阗文文书P5538a所记载，大石便控制了疏勒（喀什噶尔）地区，并与笃信佛教的于阗国家展开对抗，[2]《宋史·于阗传》记载大中祥符二年（1009）于阗黑韩王遣使入贡，表明在此以前于阗李氏政权便已经被喀喇汗王朝所吞并。[3]在中亚东部，喀喇汗王朝所采取的第一个重大政治—军事行动是灭亡了统治中亚的萨曼王朝。自努赫·伊本·纳斯尔即位以来，萨曼家族便由于财政困难、政治叛乱而趋于衰落，来自河外的喀喇汗突厥人则是为萨曼家族的覆亡插上最后一刀。990年喀喇汗王朝占领了白水城，至992年，博格拉汗哈桑率军经撒马尔罕进入布哈拉，999年12月12日，汗王的兄弟伊利克·阿布勒·哈桑·伊本·纳斯尔率军进入布哈拉，并将该地置于喀喇汗王朝的统治之下，河中地区由此归入到喀喇汗王朝的统治下。[4]

在吞并河中地区以后，喀喇汗王朝与伽色尼王朝两个以突厥人为核心的国家便正式接壤。双方最初同意以阿姆河作为两国的边界，但是在1005—1006年苏丹马哈茂德远征印度时，喀喇汗王朝的军队趁机越过阿姆河进入呼罗珊地区，并控制了具有重要战略价值的赫拉特和内沙普尔。苏丹马哈茂德迅速率军从木尔坦回师，而呼罗珊总督阿尔斯兰亦在撤出内沙普尔后控制了喀喇汗军队的行军路线，进而迫使后者不得不从先前占领的小梅尔夫、萨拉赫、拿撒、巴尔万德等地撤出。双方在阿姆河附近展开激战，但是由于伽色尼王朝一方投入了从印度俘获的战象，致使喀喇汗王朝在此冲突中惨败。至

---

[1] Miskawaihi, *The Experiences of Nations*, vol.2, trans by D.S.Margoliouth, London: Basil Backwell, 1921, p.196.

[2] 该文书的翻译，见H.W.Bailey, *Khotanes Text I-III*, Cambridge: Cambridge University Press, 1969, pp.125—129.大石名称考证，见钱伯泉：《大石、黑衣大石、喀喇汗王朝考实》，《民族研究》1995年第1期。

[3] 喀喇汗王朝（Karakhanids）又被称为黑汗王朝，盖因为kara在突厥语中有黑色的意思，但是据魏良弢教授考证，该词被用于Karakhanids这个称呼时，其涵义更应该是伟大、崇高。

[4] Abū Sa'īd 'Abd-al-Ḥayy ibn Żaḥḥāk b.Maḥmūd Gardīzī, *The Ornament of Histories*, trans by C.E.Bosworth, London: I.B.Tauris, 2010, pp.64—64、pp.78—79.

1008年，喀喇汗王朝的伊利克汗集结了4万骑兵，并在巴尔赫附近与苏丹马哈茂德展开激战，但又以落败告终。自此以后，苏丹马哈茂德继续对印度的征服，并在1017年征服了阿姆河两岸的花拉子模地区，但是喀喇汗王朝始终没有与伽色尼王朝展开大规模冲突。至1024年，苏丹马哈茂德与优素福·卡迪尔汗会面，双方互赠礼物以示友好，此后直至伽色尼王朝败于塞尔柱人之手，双方始终保持较为友好的关系。

塞尔柱人系出自古斯联盟，大约10世纪下半叶，塞尔柱人南迁到锡尔河下游地区，他们最初为喀喇汗王朝的阿里特勤效力，随后又在首领穆萨·伊本·塞尔柱的领导下转投伽色尼王朝的花拉子模总督哈伦·伊本·阿尔屯塔什。1034年，塞尔柱人在乌古斯叶护之子沙马里克的进攻下被迫内迁至呼罗珊——内迁至呼罗珊的土库曼人是30年代呼罗珊地区动荡的根源，塞尔柱人的内迁则加剧了这种矛盾。在1040年的丹丹坎之战落败后，伽色尼王朝由一个强大的霸国迅速萎缩成一个仅具有地方影响力的国家，塞尔柱人取代了前者在阿姆河以南、以西的支配地位。与此同时，在阿姆河以东，喀喇汗王朝因汗王家族的冲突分裂为东西两部分——钱币学的证据显示，贝利特勤易卜拉欣于1040—1041年自称桃花石博哥拉喀喇汗，不再承认东喀喇汗王朝为宗主，喀喇汗王朝由此正式分裂。[1]分裂后的东喀喇汗王朝以八剌沙衮和喀什噶尔为首都，大致包括七河地区、喀什噶尔、和田和费尔干纳，在东方则以在龟兹/库车一线为边界；西喀喇汗王朝定都河中的撒马尔罕，其领地局限于河中地区和费尔干纳西部，并以和毡河作为与东喀喇汗王朝的分界。

至少从结果上来看，喀喇汗王朝的分裂可能助长了塞尔柱人对中亚的野心。1042年塞尔柱人夺取了花拉子模，阿勒普·阿尔斯兰（1063—1072）统治时期，塞尔柱帝国曾远征里海以东的古斯地区，并将权威拓展到咸海附近的毡得，阿勒普·阿尔斯兰本人就战死于对东喀喇汗王朝的战争。至苏丹

[1] 魏良弢：《喀喇汗王朝史、西辽史》，北京：人民出版社，2010年，第74页。

马立克沙时期，在河中宗教界的支持下，马立克沙于1089年向东喀喇汗王朝发动进攻，夺取了布哈拉和撒马尔罕，废除了汗王艾哈迈德并任命总督统治河中，从而使东喀喇汗王朝成为塞尔柱帝国的附庸。但是河中地区的叛乱迫使马立克沙重新考虑对河中的安排，并将先前被废黜的艾哈迈德汗重新推上汗位。[1]1092年马立克沙被暗杀后，塞尔柱帝国旋即陷入分裂和内战之中，河中的东喀喇汗王朝也陷入内忧外患之中。自艾哈迈德复辟到1102年穆罕默德·伊本·苏莱曼被扶持为阿尔斯兰汗，河中地区在短短的十余年里经历了5位汗王的统治。河中政治的动荡则为东喀喇汗王朝染指这一地区创造了条件——东喀喇汗王朝的哈桑汗曾归属于马立克沙，并以他的名字铸造钱币，但是在1102年，东喀喇汗王朝的军队一度占据河中地区，并将战线推进至阿富汗北部的泰尔梅兹，但是东喀喇汗王朝的军队最终被塞尔柱帝国的东部总督，即后来的桑贾尔苏丹击败，也正是在桑贾尔的支持下，阿尔斯兰汗取得了对河中叛乱者萨格尔·贝格的胜利，[2]由此河中地区得以享受20年的和平。

12世纪30年代是中亚即将迎来剧变的前夜。被认为是花剌子模帝国奠基人的阿拉丁·阿齐兹（1127—1156）占领了对游牧民具有重要意义的曼格什拉克半岛和锡尔河下游地区，并在1138年受到苏丹桑加尔的问责后公开反叛塞尔柱帝国。[3]在河中，因恭顺而被扶持为汗王的阿尔斯兰汗与其宗主桑贾尔苏丹的矛盾公开。后者率军夺取撒马尔罕后废黜了阿尔斯兰汗。与此同时，在东方内战中落败的契丹人的一部分在耶律大石的率领下向西进发，“将西至大食”。1132年耶律大石在今日新疆西北地区的叶密立称帝，上尊号菊儿汗，并在1134年利用东喀喇汗王朝和葛逻禄人的冲突夺取了七河地区的大城

[1] Dennis Sinor, *The Cambridge History of Early Inner Asia*, Cambridge: Cambridge University Press, 1990, pp.367—368.

[2] Ibn Athir, *The Chronicle of Ibn al-Athir for the Crusading Period from al-Kamil Fi'l-Ta'rikh*, Part 1, trans by D.S.Richard, London: Routledge, 2006, p.150.

[3] 巴托尔德：《蒙古入侵前的突厥斯坦》，上海：上海古籍出版社，2007年，第372—373页。

八剌沙衮。而在西喀喇汗王朝，汗王马哈茂德与葛逻禄人的冲突致使双方分别求助于桑贾尔苏丹和西辽的菊儿汗，进而导致了两大强国的直接冲突。1141年，双方在撒马尔罕以北的卡特万草原会战，桑贾尔苏丹落败，塞尔柱帝国由此退出河中地区，因喀喇汗王朝内部冲突而分裂的中亚东部和西部被统一于八剌沙衮的菊儿汗的领导下。

随着塞尔柱帝国的退出和覆亡，中亚地区的主要政治对抗逐渐转变为西辽的菊儿汗同其实力与日俱增的附庸花拉子模沙之间的斗争。通常而言，契丹人对河中地区的统治远比后来的花剌子模帝国更加温和，而对于花拉子模，菊儿汗也仅满足于征收贡赋，并不实际干预花拉子模的事务，但是花拉子模沙们却对富饶的河中地区觊觎有加。[1]1158年，花拉子模沙阿尔斯兰便借由喀喇汗王朝和葛逻禄人的冲突入侵河中地区。据伊本·阿西尔记载，在1171—1172年，西辽因花拉子模沙阿尔斯兰未能如期缴纳贡赋而出征花拉子模，但被后者用破坏堤坝的战术击退。在1172年花拉子模沙阿尔斯兰病逝后，长子泰塔什为夺取王位而求助于西辽，并承诺每年纳贡。[2]在泰塔什时代，花拉子模的帝国向西扩张到伊朗西部的吉巴勒和胡齐斯坦，并一度派军劫掠伊拉克，在其子穆罕默德时期，花拉子模沙的名字甚至出现在了伊拉克和阿曼的呼图白中。而随着花拉子模帝国版图的扩大，花拉子模沙越来越不满足于作为菊儿汗附庸的地位，而屈出律的到来为花拉子模沙提供了摆脱当下之地位的机会。乃蛮部的屈出律在与铁木真的斗争中失败，并于1208年西逃至七河地区并获得菊儿汗的庇护。但是屈出律本身并不满足于受庇者的地位，因而派遣使者到达花拉子模沙的军营，约定突厥地将归于率先击败菊儿汗之人，若花拉子模沙率先获胜，则远至阿力麻里和喀什噶尔等地都归于穆

[1] C.E.博斯沃思、M.S.阿西莫夫：《中亚文明史·第四卷上》（修订版），刘迎胜等译，北京：中译出版社，2016年，第157页。

[2] 巴托尔德：《蒙古入侵前的突厥斯坦》，上海：上海古籍出版社，2007年，第386页。

罕默德，若屈出律获胜，则锡尔河以东都归于屈出律。[1]屈出律趁菊儿汗直鲁古出征河中时率军袭击了费尔干纳讹迹汗的西辽国库，并突袭八剌沙衮，但是以失败告终，随后花拉子模军队借着西辽军队撤出河中之际夺取该地，并在怛罗斯击败西辽大将塔阳古。而西辽军队溃败至八剌沙衮时，城内居民关闭城门不许西辽军进入，后者遂强攻八剌沙衮，而在城破之后，因菊儿汗直鲁古下令禁止士兵劫掠引发军队哗变，屈出律趁机笼络军队，击败菊儿汗，从而篡夺西辽社稷。1211年西辽帝国灭亡，紧随其后的则是东、西喀喇汗王朝。东喀喇汗王朝君主穆罕默德曾被菊儿汗囚禁，屈出律在取得西辽政权后下令将其释放回喀什噶尔，但却被喀什噶尔的贵族杀死在城门。1212年，河中地区因不满花拉子模沙的政策而爆发起义，导致花拉子模沙穆罕默德进军河中，杀死了西喀喇汗王朝的奥斯曼汗。因此在西辽帝国灭亡2年之内，喀喇汗王朝亦随之衰亡，直至1219年成吉思汗西征之前，中亚地区完全由花拉子模沙穆罕默德和屈出律所瓜分。

（二）喀喇汗王朝时期的商业、交通与城市

传统意义上认为丝绸之路有三个高峰期：公元前后的古典时代、中世纪早期的帝国强权时代、13—14世纪蒙古和平时代。而在高峰期之间，既是亚洲大陆的帝国强权趋于解体的时期，也是丝路贸易由于连绵不断的战争衰落乃至断绝的时期。但是自20世纪90年代以来，有学者开始注意到，在本部分所论述的时期，即自唐季五代开始到蒙古兴起之前，东西之间的陆路交通并没有因为统一帝国的解体和地方性政权的兴起陷入衰退——在国内处于分裂割据之时，丝绸之路并没有断绝，巨大的经济利益和各种政治诉求驱使丝路沿线各民族的商人、使者、僧侣克服重重困难，另辟新道，始终保持丝路通行。[2]学者李明伟亦认为，两宋之际是丝绸之路呈现出新形势和新局面的重

[1] 志费尼：《世界征服者史》，何高济译，北京：商务印书馆，2004年，第66—67页。

[2] 周伟洲：《五代时期的丝绸之路》，《文博》1991年第1期，第29页。

要时期，其基本特征是长距离的远途贸易的衰落和地方性的接力式贸易的兴起——但是这一观点同样认为，由于西北少数民族政权的兴起，这一时期的陆上丝路贸易缩小为中原与少数民族地区之间的互市贸易。[1]这种观点乃是将丝路贸易局限于中原王朝与西夏、青塘等少数民族之间的商业往来，忽视了西域和中亚政权在东西交通中的贡献，因而未能以一个更为广阔的视野将这一时期的丝路贸易置于东西交通史的框架之内。

首先，从这一时期输入中国的西域外国商品来看，中西交通并没有出现断绝的迹象。就丝绸而言，1025年苏丹马哈茂德与卡迪尔汗约和会谈时，后者向前者赠送的礼物中就有来自中国的丝绸；[2]成书于11世纪后期的《福乐智慧》一书中有诗句称“褐色的大地披上了绿色的丝绸，契丹的商队又将桃花石锦缎铺陈。”“若是契丹商队的路上绝了尘埃，无数的绫罗锦缎又从何而来？”；[3]12世纪的学者喀什噶里亦在其作品《突厥语大词典》中提到了若干用来称呼中国丝绸的词汇。[4]除此之外，学者杨蕤整理了汉文史料中提到的五代以及北宋时期诸蕃朝贡的记录。[5]其中最值得关注的是琥珀和乳香两种产品——其原因在于两种产品的产地，琥珀多产自斯堪的纳维亚，乃是经里海北部、东部的贸易路线输入中亚，依靠中亚的商队转销到中国，而乳香主要产自印度、阿拉伯半岛和东非，但是最纯正的乳香基本都产自阿拉伯半岛南方的也门和阿曼。

穆斯林作家马卫集记载，琥珀和乳香是伊斯兰世界输入中国的两种主要

[1] 李明伟：《丝绸之路贸易研究》，乌鲁木齐：新疆人民出版社，2011年，第386页。

[2] Abū Saʿīd ʿAbd-al-Ḥayy ibn Żaḥḥāk b.Maḥmūd Gardīzī, *The Ornament of Histories*, trans by C.E.Bosworth, London: I.B.Tauris, 2010, pp.64、p.95.

[3] 优素福·哈斯·哈吉甫：《福乐智慧》，北京：民族出版社，1986年，第13页、第575页。

[4] 这些名词包括exhurti、quz、kez、kenzi、xalaxu、tehqek、zunkum、qit、lohtay。沙吾提·帕万：《喀喇汗王朝的外贸研究》，《黑龙江史志》2015年第1期，第70页。

[5] 杨蕤：《回鹘时代：10—13世纪陆上丝绸之路贸易研究》，北京：中国社会科学出版社，第52—54页、第72—79页、第87—88页。

产品，[1]汉文史料的记载也证实了这点。就琥珀而言，中国琥珀贸易的历史始于汉代。《后汉书》在提及大秦时便提到大秦出虎魄（琥珀）。但是在汉唐时期，琥珀主要是中国南方与地中海世界的贸易产品，并且主要是一种外交礼物。但是从10世纪开始，由于中国市场对琥珀的需求增加，琥珀在宫廷中越来越流行，并主要作为珠宝和衣服的装饰品。[2]早在951年，来自西州回鹘的朝贡使团便向后周进贡了碧琥珀9斤，大琥珀20颗，次年回鹘又进贡了琥珀树50斤。据《山堂考索后集》记载，在北宋建立第二年，甘州回鹘便向北宋朝廷进贡了琥珀，甘州回鹘和于阗在乾德三年（965）进贡了500斤琥珀，此后在980年、1025年、1028年、1037年、1071年、1074年都有外国使者进贡琥珀的记录。据马卫集记载，斯拉夫地区的琥珀格外受到中国人的追捧，而控制中亚的喀喇汗王朝则是斯拉夫、斯堪的纳维亚琥珀输入中国的必经之地。

至于乳香，它直到3世纪才传入中国。乳香在中国一度被称为熏陆香——这个称呼源自波斯语的kundur，表明波斯商人在乳香东传的过程中起到至关重要的作用。在古典时代，罗马帝国对于乳香的需求使乳香在欧洲流行，而从10世纪开始，宋代中国对乳香的追捧则使乳香在整个东亚地区广泛流行。984年龟兹最早给宋廷进贡此物，1013年和1016年又有进贡香药的记录，于阗——即占有于阗的喀喇汗王朝——在熙宁五年（1072）进贡乳香3.1万斤，又在元丰三年（1080）进贡“乳香杂物等十余万斤”，此外，在1025年、1028年、1031年、1037年、1073年、1074年、1077年，也有都朝贡记录显示西域国家向宋廷进贡乳香——而考虑到印度乳香产量有限、质量低劣，在中亚并不受待见，很难作为贡品进贡给宋廷，因此汉文史料记载的经西北陆路

[1] Al-Marvazī, *Sharaf al-Zamān Ṭāhir Marvazī on China, the Turks, and India,* trans by Minorsky, London: The Royal Asiatic Society, 1942, p.16.

[2] Dilnoza Duturaeva, *Qarakhanid Roads to China: A History of Sino-Turkic Relations,* Leiden: Brill, 2022, p.189.

进贡的乳香很可能便是来自阿拉伯半岛南方和东非。[1]但是不管产地如何，喀喇汗王朝始终是西北陆路上乳香的主要供应商。

通过对琥珀、乳香这两种典型的跨生态贸易产品的分析可知，帝国的解体和分裂并未从根本上导致欧亚大陆贸易的衰退，甚至就这一时期的陆路贸易而言，由于宋代中国经济的繁荣和奢侈风尚的盛行，使其在奢侈品贸易领域取得了前代所未有之进步。但是政治局势的变迁并非对长途贸易的发展完全没有影响——就具体的贸易路线而言，沿线政治局势的变化极大地影响了丝路交通的变迁。

要考察这一时期东西交通的情况，首先要提及的就是12世纪穆斯林作家马卫集对通往中国之路的记载。[2]马卫集以喀喇汗王朝的首都喀什噶尔为起点，沿着塔里木盆地南麓——即传统意义上的丝路南道——向东进入中国。其具体路线为：从喀什噶尔出发向东走4天到叶城，再用10天到于阗，再用5天到克里雅，[3]随后用50天时间到沙州。从沙州出发可以到回鹘（西州回鹘）、契丹（辽国）和中国（宋国）。如果要去西州回鹘的高昌，则需要从沙州左转。值得一提的是通往辽国的路线。据马卫集所言，从沙州通往辽国首都，需要先用2个月到达Khantun—san/Khantun—sini，再用1个月时间到Utkin，随后再用1个月到达契丹的首都Ujam——该地距离海洋约7天左右。据米诺斯基考证，这条路线的第一个地点可敦墓乃是可敦城，Utkin则是郁都军山或辽武定军，Ujam则是辽国上京。但是国内近年来的研究对此提出了异议。钟焓认为可敦墓乃昭君墓，亦包括辽西南招讨司所在的丰州。[4]至于

[1] Dilnoza Duturaeva, *Qarakhanid Roads to China: A History of Sino-Turkic Relations*, Leiden: Brill, 2022, p.192.

[2] Al-Marvazī, *Sharaf al-Zamān Ṭāhir Marvazī on China, the Turks, and India*, trans by Minorsky, London: The Royal Asiatic Society, 1942, p.18.

[3] 米诺斯基认为该地即克里雅（Keriya）。

[4] 钟焓：《辽代东西交通路线的走向——以可敦墓地望研究为中心》，《历史研究》2014年第4期，第39页、第49页。

Utkin和Ujam，钟焓遵循了米诺斯基的意见，但是康鹏则认为，考虑到语言学和实际的交通路线，Utkin应该是辽国上京。康鹏认为，将Ujam比作辽国上京与马卫集称该地距海7日的说法相悖，特别是结合汉文史料对辽国春秋捺钵和马卫集对Ujam的记载，康鹏倾向于将Ujam比作辽国皇帝捺钵时的御帐。[1]由此可以复原出一条从喀什噶尔出发，沿着西域南道至沙州，再经由蒙古高原抵达辽南京附近的草原之路。

如果是要前往宋国，据马卫集记载，则需要向南——即向右到甘州，[2]随后用40天到达L.ksin，其左边则是火州诸城的唆里迷和中国城，从这里进入桃花石汗的王国，并最终到达其都城扬州，用时约40天。但是相比于汉文史料，马卫集的记载不免略显简陋。结合汉文史料，大抵宋咸平五年（1002）以前，往来于中西之间的僧人和商人多取道灵州、夏州。[3]《宋史・外国传六》提到雍熙年间（984—987）外国使者乃是经由大石、西州、夏州进入中国，彼时喀喇汗—于阗战争正值激烈，双方冲突或许阻碍了喀什—于阗一线的交通，因此外国使者乃是走天山南北的西州回鹘进入中国。自1002年党项势力夺取灵州以后，丝路东段交通改走泾原道和秦州道，[4]与此同时，随着喀喇汗王朝取得对于阗国家的胜利，丝路南道交通再度畅通。真宗大中祥符二年（1009）前来朝贡的喀喇汗王朝的使者称“昔日道路尝有剽掠，今自瓜、沙抵于阗，道路清谧，行旅如流”。

但是在11世纪前期，随着党项势力崛起于西北地区，威胁到河西走廊的

[1] 康鹏：《马卫集书中的契丹“都城”——兼谈辽代东西交通路线》，《民族研究》2017年第2期，第97页。

[2] 米诺斯基认为该地是甘州（Kan-chou）。

[3] 杨蕤：《回鹘时代：10—13世纪陆上丝绸之路贸易研究》，北京：中国社会科学出版社，2015年，第65页。

[4] 乐玲：《10—12世纪陆上丝绸之路交通道路网络复原》，硕士学位论文，陕西师范大学，2017年，第25—43页。

甘州回鹘政权，导致灵州路不再安全。[1]至天圣六年（1028）元昊攻占甘、凉二州，天圣八年（1030）占领瓜、沙二州，景祐三年（1036）宋和吐蕃先后退出甘、凉、瓜、沙、肃、兰六州，西夏由此控制了丝路咽喉的河西走廊，并对往来商人征收高税——如《西夏书事》第15卷所言，“夏国将吏率十中取一，择其上品，商人苦之”，以至于往来于东西的商人多取道青海道。《宋史·于阗国传》提及元丰四年（1081）喀喇汗王朝入贡，称“去国四年，道途居其半，历黄头回纥、青塘，唯惧契丹钞略”；《续资治通鉴长编》第335卷提及元丰六年（1083）于阗乃是经由黄头回鹘、草头鞑靼、董毡等国进贡，并在董毡处停留一年；《宋史·拂菻国传》也提及元丰四年的罗马使者经于阗、回鹘、青塘抵达中国——以上史料表明，随着西夏兴起和对沿途往来商人的重税政策，导致这一时期丝路交通的重心向南方的青海道转移。

应该说，这一时期西北陆路贸易的发展受制于以下2个条件。其一是在经济繁荣、财富增长背景下宋代奢侈品消费能力的与日俱增，其二则是喀喇汗王朝的经济、政治情况。有关宋代经济繁荣和财富增长，学界已有若干论著，且就奢侈品消费而言，在先前尚属默默无闻的琥珀、乳香一跃成为陆上丝绸之路的重要输入产品，本身便反映出宋代中国奢侈品消费能力的增长。至于第二个条件——就政治而言，11世纪40年代喀喇汗王朝的分裂导致东喀喇汗王朝和西喀喇汗王朝之间的冲突，这种政治矛盾导致东喀喇汗王朝通往西方的商路受阻，贸易的重心由此转向西方。[2]而从经济角度来看，11世纪中叶是喀喇汗王朝的经济向农业定居模式转型的时期——从《福乐智慧》一书中可以看到，农业和游牧生活对彼此的偏见都在消失，即意味着农牧业矛盾在这一时期趋于缓和，这被视为王朝经济向以定居农业转型所导致的上层建

[1] 甘州回鹘是五代宋初时维护西北地区交通畅通的积极力量，但是党项人则相反，《旧五代史》便曾记载党项人“执其使者，卖之他族以易牛马”，内地政权也曾为了维护西北交通而对党项人进行打击——尽管如此，这种劫掠仍不时发生，并持续到北宋初年。

[2] 钱伯泉：《一场喀喇汗王朝和宋朝联兵进攻西夏的战争——藏经洞封闭的真正原因和确切时间》，《敦煌研究》2000年第2期，第5页。

筑变迁的结果。[1]

但是就经济领域而言，更重要的可能是由于中亚白银危机所引发的对周边地区白银货币的虹吸效应。首先，北宋在西北贸易中的确有使用白银结算的历史记载。天圣三年（1025）于阗遣使朝贡，赐予银器百两；熙宁以来喀喇汗王朝“远不逾一二岁，近则岁再至”，宋廷多以器币等回赐；[2]而在宋夏贸易中，白银也被用来购买马匹，例如宋初每年以4万两白银买马，至和二年（1055）令陕西转运司以10万两白银买马，类似的记录亦出现于元丰四年（1081）年。其次，西北贸易属于大规模的长途贸易，以白银结算是应然之理——特别是考虑到中亚地区拥有历史悠久的白银货币的传统。对中亚的考古研究证实当地的银矿开采始于公元500年前后，480—620年被视为中亚历史上第一个白银开采周期。在萨珊波斯时期，萨珊波斯最重要的4个银矿都位于中亚，而布哈拉则在7世纪30年代开始便有铸造纯银币的传统。在北宋165年的历史中，排除西夏后西北诸蕃朝贡合计140次，平均1.2年一次，[3]而自熙宁开边以后，北宋对西北贸易迅速发展，钱伯泉根据现存史料考证，认为熙宁开边后西北秦凤路每年贸易额可达到7,500万贯。[4]而在西北贸易中，喀喇汗王朝的表现尤其突出——一方面，喀喇汗王朝为北宋提供了以乳香为代表的大量奢侈品，[5]另一方面，喀喇汗王朝在11世纪60—70年代对中国的朝贡贸易

[1] 魏良弢：《〈福乐智慧〉与喀喇汗王朝的文化整合》，《西域研究》2000年第3期，第67页。

[2] 器币出现在1017年、1086年、1087年宋廷对西北使团的回赐中。杨蕤：《回鹘时代：10—13世纪陆上丝绸之路贸易研究》，北京：中国社会科学出版社，第138页。

[3] 杨蕤：《回鹘时代：10—13世纪陆上丝绸之路贸易研究》，北京：中国社会科学出版社，2015年，第79页。

[4] 钱伯泉：《西州回鹘国在丝绸之路的地位和作用》，《新疆大学学报》（哲学社会科学版）1991年第4期，第49页。《宋史·食货志下五》提及2,000钱折合白银1两，则7,500万贯等于3750万两，即使只有10%以白银结算，也涉及300多万两白银。

[5] 例如前文提到的熙宁、元丰年间进贡的以万斤为单位进贡给宋廷的乳香。

日益频繁。[1]因此不可避免地，大量中国白银在此过程中被转运至喀喇汗王朝的中亚——这一时期吐鲁番的回鹘语文书频繁提到金银等货币，这与中晚唐时期形成鲜明对比。[2]同时，根据史料记载，自11世纪开始，宋朝国内出现了银铜比上升、银课减少等银荒现象。《续资治通鉴长编·大中祥符元年》称“时京城金银价贵，上以问权三司使丁谓，谓言为西戎回鹘所市入蕃”。同样是据《续资治通鉴长编》，宋朝统一西蜀之前西蜀1两白银折合680文铜钱，至真宗景德四年（1007），河东地区白银市价已经高达2,000钱，大中祥符八年（1015）有司称“乏银支用”。现代研究认为，由于11世纪中国白银大量西流，以至于北宋的银价一直保持约2,000文以上。[3]据《宋史·食货志下七》和《文献通考·征榷考》等记载，太宗至道末年银课14.5万两，仁宗皇祐年间219,829万两，英宗治平年间315,213两，神宗元丰元年为215,385两。《宋会要》记载元丰元年（1078）以前陕西白银课额为123,899两，至元丰元年，陕西白银课额下降到38,186两，而11世纪70—80年代也正是西北贸易迅速发展的时期。而这一时期陕西的银荒又导致宋廷不得不经常调银入陕。《续资治通鉴长编》第471卷称“运金银等物赴陕西，岁不下二百四十万贯”，而仅元丰五年（1082）宋廷就向陕西调拨了300万两白银，甚至元丰年间郊祭时，不产银的淮南路进贡了上万两白银，而陕西分文未进。最后，考虑到11世纪中亚白银危机与喀喇汗—宋国贸易的共时性，以及12世纪前期纯银迪尔汗的相对贬值，这不能不说是由于宋廷在西北贸易中白银流失的结果。中

[1] 《宋史》和《宋会要辑稿》等史料记载了喀喇汗王朝与北宋的51次往来记录，神宗熙宁（1068—1077）以前仅有4次，分别是真宗大中祥符二年、仁宗天圣三年、仁宗嘉祐八年、英宗治平元年，仅11世纪70—80年代便有30次两国官方往来的记录，与此同时民间贸易也迅速发展，《宋史·于阗传》记载，自熙宁以来，喀喇汗王朝“远不逾一二岁，近则岁再至……私与商贾牟利”，反映出熙宁开边以后两国民间贸易的迅速发展。

[2] 刘丽萍：《喀喇汗王朝经济思想研究》，上海：上海财经大学出版社，2003年，第65—67页、第68—69页、第76—77页、第100—102页。

[3] 王文成：《丝路贸易与北宋白银货币化》，《云南社会科学》1998年第2期，第63—64页。

亚白银危机始于10世纪后期，其表现为第尔汗银币的含银量减少、金币第纳尔在实际流通中地位的提高。喀喇汗王朝早期的第尔汗成色十足，但是自11世纪20年代开始，第尔汗的成色逐渐下降。11世纪第3个25年里，粟特、苦盏、塔什干、白水城、怛罗斯等地的第尔汗含银量大约在20%，而11世纪中叶在费尔干纳、楚河地区、伊塞克湖和新疆等地的铜铅合金第尔汗则根本不含银，这种钱币的生产至少延续到12世纪第3个25年，此后汗国改为铸造铜制的镀银第尔汗。[1]而白银危机的主要原因在于中亚白银供应的下降。中亚白银生产在9—10世纪达到巅峰，平均每年生产23—30吨白银，而在950—1140年间，白银产量下降到7.56吨/年，[2]由此造成了中亚历史上的银荒。但是与此同时，大量镀银第尔汗乃至不含银的第尔汗的广泛发行、流通则反映出喀喇汗王朝时期中亚商品经济的发展。[3]因此，商品经济发展对贵金属的需求与喀喇汗王朝时期中亚白银供给能力不足之间的矛盾愈演愈烈，其结果则是产生了以中亚为中心的白银虹吸效应——来自中国的白银在11世纪后期流入中亚，很可能在一定程度上有助于缓解这一危机。一个例子是，在943年纳尔沙喜写作的时代，布哈拉100个纯银迪尔汗能换得85枚不含银的赫特里夫第尔汗，而在1128年库巴维翻译《布哈拉史》一书时，100个纯银迪尔汗仅能换得75枚赫特里夫币[4]——纯银迪尔汗对赫特里夫币比率的下降反映出银价下跌，这很可能与中国白银流入有关。

在这一时期，喀喇汗王朝内外贸易的发展和汗国政治局势的变迁是影响

[1]　波·德·阔契涅夫：《喀喇汗钱币综述》，《中国钱币论文集》2010年第5辑，144—145页。

[2]　Michael Morony, “The Early Islamic Mining Boom,” *Journal of the Economic and Social History of the Orient*, vol.62, 2019, p.193.

[3]　对新疆阿图什窖藏中发现的1.74万枚12世纪前期阿尔斯兰汗·穆罕默德时期铸币的研究表明，王朝中后期商品经济的发展已经深入到日常生活，因此需要大量冲制铜币以满足市场需求，而铜币制型的多样性也说明了冲制地点的多样。魏良弢：《喀喇汗王朝史、西辽史》，北京：人民出版社，2010年，第150—152页。

[4]　Narshakhī, *The History of Bukhara*, trans by R.N.Frye, Cambridge: The Medieval Academy of America, 1954, p.37.

中亚城市发展的重要因素。从内部结构而言，喀喇汗王朝时期城市生活的重心从内城转移到外城，以前的内城成为这一时期的外城，主要街道从城门通向中心，商店沿着街道和市场中心圆顶屋两边排列，类似的过程同样出现在如梅尔夫等呼罗珊城市的发展中。[1]而就呼罗珊地区的城市而言，这一时期应该被视作城市规模不断扩大的时期，这可以从民众对塞尔柱征服的反应中得知——塞尔柱人并非是用暴力手段夺取城市，而是通过与当地精英谈判，为其提供保护换取对方屈服。伊斯兰时期，如梅尔夫、内沙普尔等呼罗珊大城市迎来迅速发展，其城区面积迅速扩大，但是新出现的郊区并没有城墙保护。而在没有苏丹军队的保护下，城市缺少有效的军事保护力量，这就为塞尔柱人取代伽色尼王朝、建立对当地统治创造了条件。[2]在与东方的陆路贸易中，河西走廊的阻断和青海道的兴起使青塘城成为当时东西交通的重要枢纽。《宋史·吐蕃角厮罗传》称“高昌诸国商人皆趋鄯州贸易，（角厮罗）以故富强”。李远《青塘录》称青塘旧城分为东西二城，角厮罗宫室及吐蕃族数千家居于西城，东城则有来自于阗/喀喇汗王朝、回鹘“往来贾贩之人数百家居之”。在锡尔河下游的法拉布，即后来的讹答剌，当地在10世纪后期就是一个重要的贸易中心。《世界境域志》称法拉布是商人常去的地方，穆卡达西也说法拉布当地有7万人，有许多市场。现代研究证实喀喇汗王朝统治的950—1200年是讹答剌三角洲农业生产和商业活动迅速发展的时期。当地三角洲和洪泛平原上灌溉工程不断扩张，并在形成了一个基于过剩农产品的农业社会和一个由组织良好的国家所统治的商业网络。考虑到用水需求、人均卡路里消费、灌溉效率和谷物、棉花产量等因素，现代研究认为这一时期讹答剌人口可能有16,730人，比上一阶段增长约42%。[3]

---

[1] 巴托尔德：《中亚简史》，耿世民译，北京：中华书局，2005年，第27页。

[2] Chase F.Robinson, *The New Cambridge History of Islam*, vol.1, Cambridge: Cambridge University Press, 2011, p.379.

[3] D.Clarke, et al, “Reconstructing Irrigation at Ortar Oasis, Kazakhstan, 800—1700,” *Irrigation and Drainage*, vol.54, 2005, p.382、p.388.

对于这一时期的中亚城市而言，政治局势的变迁比单纯的经济因素起到了更大的作用。以布哈拉地区为例，桃花石汗易卜拉欣之子沙姆斯·穆尔克（1068—1080）在布哈拉的伊斯科加特修建了大清真寺。穆罕默德·阿尔斯兰汗（1102—1130）时期是西喀喇汗王朝政治趋于稳定的时期，布哈拉地区的城市建设情况在阿尔斯兰汗时期有所改观。汗王政府在伊斯科加特对面的沙尔格村用坚固的烧砖修建了桥梁，并自己出资在当地修建了大清真寺和新的边防区。也正是在阿尔斯兰汗时代，布哈拉附近的培坎德城被下令修复。布哈拉的城堡据说是由波斯传说中的英雄夏沃什修建，他本人也被埋葬于此，在库巴维时代，城堡曾成为废墟，但是几年后阿尔斯兰汗重建了城堡。但是在阿尔斯兰汗时代以后，河中地区的政治动荡极大地影响到布哈拉城市的发展情况，12世纪布哈拉城堡曲折的命运便是这种动荡局面的反映。1139—1140年花拉子模沙杀死桑贾尔苏丹指派的布哈拉埃米尔，布哈拉城堡也被毁。在1141—1142年，阿勒普特勤成为菊儿汗在河中的总督，城堡再度得到修复，但是在1153年，由于古斯人来到布哈拉，城堡再度被毁，至1164—1165年，由于修建布哈拉城墙需要大量烧砖，城堡又遭到破坏以至于无迹可寻。1207年花拉子模沙穆罕默德征服布哈拉后重建了城堡，但是新的城堡又在1219—1220年为蒙古所毁灭。[1]

频繁的政治冲突是前蒙古时代中亚城市苦难的根源。伊本·阿西尔记载，花拉子模沙曾与屈出律约定联手攻灭西辽瓜分其地，事成之后屈出律反悔，作为报复花拉子模沙穆罕默德不断劫掠屈出律的领民和商队，并下令塔什干、白水城、费尔干纳、卡桑以及“周围所有没有比这些更繁荣和富有吸引力的城市”，使其居民搬迁至伊斯兰的领土，并将上述诸城市统统毁灭。[2]

---

[1] Narshakhī, *The History of Bukhara,* trans by R.N.Frye, Cambridge: The Medieval Academy of America, 1954, pp.14—15、pp.24—25.

[2] Ibn al-Athir, *The Chronicle of Ibn al-Athir for the Crusading Period from al-Kamil fi'l-Ta'rikh,* Part 3, trans by D.S.Richard, London: Routledge, 2016, p.135.

喀什噶尔是喀喇汗王朝时期东西方的贸易中心，诗歌《福乐智慧》称每至春天，来自契丹的商队都会经过喀什噶尔，而在屈出律战争时期，屈出律的部队频频破坏喀什噶尔的农田，用火将粮食烧光，以至于当地发生大饥荒，屈出律的士兵则趁机进入当地，“处处看得见奸淫烧杀”。[1]在撒马尔罕，撒马尔罕的喀喇汗王朝统治者杀死了撒马尔罕的所有花拉子模人，而在花剌子模沙的报复之下，花剌子模军队在撒马尔罕大肆劫掠、屠杀，造成大约20万人死亡。[2]在喀喇汗王朝时期，八剌沙衮受益于东西方的商业贸易，成为丝路沿线一座繁华的大城市，《辽史·西辽始末》记载1151年八剌沙衮仅18岁以上成年男子便有8.45万户。1210年，八剌沙衮因抵抗西辽军队遭到屠杀，据志费尼记载，西辽军队屠城的16天中，仅仅是被杀的富人便达到了4.7万。[3]因此正如13世纪初喀什噶尔的作家阿合买提·玉克乃克在其诗歌中所描述的那样，“那许多的闹市当年是熙熙攘攘，而今人烟稀少空空荡荡。曾有多少哲人、多少学者啊，如今在哪里？可有千分之一幸存无恙？”“伊斯兰曾遭受冷漠，而今重遇凄凉，崇拜成为伪善，信徒已经隐藏。酒馆周围兴隆繁盛，清真寺变成废墟无人礼拜，冷落荒凉。”“对手艺人这世界更不慈善，无手艺者反而比他们少受磨难……手艺人在世界上何罪之有？为什么他要不断地痛苦哀愁？”[4]反映的便是喀喇汗王朝后期中亚社会动荡、贸易衰落、宗教遇冷、工商业发展受阻的衰败景象。

---

[1] 志费尼：《世界征服者史》，何高济译，北京：商务印书馆，2004年，第68页。

[2] Ibn al-Athir, *The Chronicle of Ibn al-Athir for the Crusading Period from al-Kamil fi'l-Ta'rikh*, Part 3, trans by D.S.Richard, London: Routledge, 2016, p.133.

[3] 志费尼：《世界征服者史》，何高济译，北京：商务印书馆，2004年，第396页。

[4] 阿合买提·玉克乃克：《真理的入门》，魏萃译，北京：中国国际出版社，2015年，第17页、第37页、第34页。

二、1219—1346年中亚丝路交通与城市

（一）蒙古和平（1219—1346）

1219年是成吉思汗西征开始的年份，也是亚洲大陆被短暂地统一于蒙古强权和蒙古和平的开端。自840年回鹘帝国解体到1206年成吉思汗称汗斡难河之间的4个世纪里，漠北地区始终缺乏一个强大的游牧政权，而成吉思汗的帝国既是漠北地区出现的最后一个强大的游牧帝国，也是最后一个在人类历史发展中发挥重要作用的中央欧亚政权——它是中亚历史上至关重要的一章，其辉煌象征着陆上丝绸之路的高峰，其衰落也反映出中世纪晚期以来东西方主要交往方式的变迁。

成吉思汗最初仅仅是蒙古高原上一个不起眼的王子，他在年仅12岁时便失去了父亲，与母亲和兄弟过着贫困的生活。铁木真最初效忠于克烈部的王罕，但是在1203年，铁木真击败了他，从而取得了对于蒙古东部的控制权，次年他又击败了乃蛮部落的太阳汗，并迫使乃蛮王子屈出律逃亡到西方，进而取得了对于蒙古西部的控制权。至1206年，铁木真在斡难河召开忽里勒台大会，成了蒙古诸部的成吉思汗。1207年，成吉思汗成功以招降的方式使叶尼塞河上游的吉尔吉斯部落、贝加尔地区的斡亦剌等南西伯利亚的森林部落屈服，并对成吉思汗进贡。1209年，在杀死了西辽驻派回鹘的官员后，回鹘摆脱了西辽的宗主权并选择臣服于成吉思汗，亦都护本人亲自携带贡品前往漠北成吉思汗的宫廷，西州回鹘也因此在蒙古帝国的政治序列中享有一种优越的地位，1211年，随着葛逻禄人的臣服，成吉思汗的势力西扩到伊犁河地区的海押立，该地在13世纪20年代成为窝阔台兀鲁斯的一部分。

成吉思汗在东方的成就使他的名声传播到了中亚东部。乃蛮王子屈出律逃至西辽后，于1211年篡夺西辽政权并同花拉子模沙穆罕默德为敌，或许是出于对抗共同敌人的目的，再加上发展商业的需求——正如伊本·阿西尔提到的，成吉思汗派遣了一支商队，携带财富、海狸皮和其他一些产品到布哈

拉、撒马尔罕等城市，以为大汗购买所需的纺织品。[1]花拉子模沙派出了3名商人，沿着9世纪塔米姆·伊本·巴赫尔前往回鹘可汗城的路线，即塔什干—白水城—怛罗斯—八剌沙衮/碎叶—阿力麻里—蒙古高原的丝路北道前往成吉思汗的宫廷。[2]草原游牧民族的重商主义特征使成吉思汗对以贸易为目的的使者商团报以积极回应，[3]同时，成吉思汗亦承认了花拉子模沙西方统治者的地位，正如其作为东方统治者的地位。[4]但是当蒙古人的商队抵达讹答剌后，贪图财货的讹答剌长官在花拉子模沙的默许下杀害了成吉思汗的使者，此事为中亚带来弥天大祸。在平定北方森林部落的叛乱并清除了乃蛮的屈出律政权后，成吉思汗的大军自额尔齐斯河向西，在短短几年内扫荡了河中、呼罗珊、吉巴勒、高加索、钦察草原等地，也正是在这次西征后成吉思汗为诸子分配兀鲁斯。长子术赤在1207或1208年获得了额尔齐斯河的领地，而在西征后，术赤兀鲁斯扩大到钦察草原的罗斯诸国，次子察合台获得了自亦都护领地以西到河中以北的草原——早在1218年平灭屈出律后，察合台获得了阴山的牧场和4,000户牧民，西征以后其领土扩大，所属牧民也扩大到8,000户——窝阔台获得了阿勒泰山到巴尔喀什湖的牧场，幼子拖雷则获得了蒙古的本土。

据《黑鞑事略》记载，在13世纪20—30年代察合台镇守西域的目的乃是负责对付降而复叛的钦察人，但是察合台本人并未亲自征讨钦察草原，反而将注意力放在兴都库什山以南地区[5]——钦察草原和罗斯诸国属术赤兀鲁斯，成吉思汗曾将镇压该地的任务交给术赤，但是术赤本人的消极怠工引发其父

[1] Ibn al-Athir, *The Chronicle of Ibn al-Athir for the Crusading Period from al-Kamil fi'l-Ta'rikh*, Part 3, trans by D.S.Richard, London: Routledge, 2016, p.205.

[2] 不管是花拉子模沙的使者还是成吉思汗的商队，基本都是沿着七河—额尔齐斯河一线往来于东西之间。巴托尔德：《中亚简史》，耿世民译，北京：中华书局，2005年，第40页。刘迎胜：《察合台汗国史研究》，上海：上海古籍出版社，2011年，第23页。

[3] 有关游牧民族重商主义特征的形成原因，可参照王小甫：《唐、吐蕃、大食政治关系史》，北京：北京大学出版社，1992年，第289—291页。

[4] 亨利·施瓦茨：《讹答剌事件新考》，《蒙古学信息》1999年第4期，第2页。

[5] 刘迎胜：《察合台汗国史研究》，上海：上海古籍出版社，2011年，第67—68页。

的不满，至窝阔台继位后，1229年窝阔台派遣3个万户出征钦察草原，但是却遭到了出人意料的强烈抵抗。[1]这是1236—1240年蒙古第二次西征的背景。

定宗贵由统治时期（1246—1249），贵由和拔都的冲突曾导致内战一触即发，但是由于贵由意外身死、窝阔台系宗王的衰落以及拖雷系的掌权，因此直到1259年蒙哥去世之前，大蒙古国都一直维持相对完整的统一。这一时期的察合台汗国也仅仅是诸王兀鲁斯之一，并没有获得实际上的独立——察合台及其后人仅统治中亚北部的草原地区，河中的农业城市地区则由大汗委派的官员掌管。[2]在华北地区，契丹贵族耶律楚材担任丞相，负责汉地事务，在中亚，花拉子模商人牙剌瓦赤则掌管河中事务。尽管《史集》记载过察合台曾侵夺大汗在中亚的辖地的事件，但是这也恰恰反映出察合台本人在法理上是无权插手河中农业城市地区的政务，并且汗国自身亦受制于大汗朝廷。这种格局在40—50年代延续，例如察合台死后汗国的继承者原本是长子抹土干之子哈剌旭烈，但是贵由汗却强行换上了同自己私交甚密的也速蒙哥，1251年蒙哥为征发赋税、登记户口在河中地区置别失八里等处行尚书省，命牙剌瓦赤之子麻速忽掌管“河中、突厥斯坦、讹答剌、畏兀儿地、忽碳、可失哈耳、花拉子模、拔汗那”等地，[3]甚至直到60年代早期，阿鲁忽也正是在阿里不哥的支持下获得了察合台汗国的汗位。

60年代是蒙古帝国历史上的转折点。1260—1264年的阿里不哥之乱是蒙古帝国分裂的开端，也是察合台汗国走向独立的开始。1260年，阿里不哥支持阿鲁忽成为察合台汗王，也正是为了对抗支持忽必烈的旭烈兀，阿里不哥将河中农业地区的管辖权交给了阿鲁忽，麻速忽也向阿里不哥表示归顺，由

---

[1]　傅海波、崔瑞德：《剑桥辽西夏金元史》，史卫民等译，北京：中国社会科学出版社，1998年，第429页。

[2]　甚至即使是中亚北部的草原地区，也存在由大汗直属的领地。例如位于今日新疆博乐市东南的孛罗城，根据对当地发掘的钱币信息判断，直到1292年以前该地都属于大汗领地，自1292年才被海都控制。

[3]　志费尼：《世界征服者史》，何高济译，北京：商务印书馆，2004年，第655页。

此察合台汗国取得了对先前大汗属地的支配权。但是由于阿里不哥与阿鲁忽在税收问题上的分歧，阿鲁忽遂转向忽必烈一方——但是这种政治态度的变化并不意味着大汗重新建立起对察合台汗国的统治，事实上在整个60年代，统一的蒙古帝国正式分裂成大汗朝廷与其他汗国并立的局面，先是察合台汗国侵夺作为大汗属地的河中地区，1265年海都不仅拒绝参加忽里勒台大会，还在1268年率军南下漠北与忽必烈交锋，并在没有大汗参与的情况下于1269年召开术赤、察合台、窝阔台三系宗王参与的忽里勒台大会，该会议确立了海都在西北叛王集团中的领导者地位，同时尽管海都依然承认大汗崇高的地位，但是也明确表明大汉的地位仅限于东方“伟大的神所管理的契丹和蛮子之地”。[1]因此可以说，1269年忽里勒台大会标志着蒙古帝国的正式分裂，察合台汗国固然获得了独立于大汗朝廷的地位，但是由于察合台诸王与窝阔台诸王之间的实力不对等，察合台汗国在海都时代成了窝阔台汗国的附庸。

至元五年（1268）海都兴兵进犯北庭，元军与之战于别失八里，海都退败，元军追击海都直到伊犁河地区，占领了海都在阿鲁忽死后占据的阿力麻里。随着1269年怛罗斯忽里勒台大会后以海都为首的西北叛王集团正式形成，以元廷和伊尔汗国为一方，以海都势力为一方，两大集团在七河地区展开对峙，阿力麻里正是其中的关键——它位于天山北麓的交通要道，是察合台汗国汗王斡耳朵的驻地，耶律楚材、丘处机、小亚美尼亚国王海屯、常德等人都是经阿力麻里往来于东西之间，控制阿力麻里也就意味着元廷在西北方向获得了一个可以突入西北叛王势力的跳板。也正是因此，元廷对阿力麻里投入很大心血，至元八年（1271）皇太子北平王那木罕出镇阿力麻里，同时又不断加强对北庭的控制，例如在1271年忽必烈下令“往畏兀儿地市米万石”，到至元十二年（1265）又令右丞相安童前往阿力麻里，而在塔里木盆地方向，尽管八剌曾在1268—1269年间短暂夺取斡端（于阗），但是《元

[1] 有关怛罗斯会议的讲话，见于拉施特：《史集·第三卷》，余大钧、周建奇译，北京：商务印书馆，1986年，第114页。

史·世祖纪》提到至元八年（1271）元廷曾下令召集斡端等处居民，表明斡端已经回归元廷控制，而元廷又在至元十一年（1274）下令安慰斡端、喀什噶尔、鸦儿看（叶城）等地。由此可知，元廷在至元十二年（1275）失里吉之乱前，在西北地区的疆域达到了最大。

至元十三年（1276）失里吉之乱是元廷在西北势力的转折点。在此之前，元廷在天山北麓的阿力麻里驻有重兵，在天山以南控制着塔里木盆地西部的喀什噶尔、叶城、于阗等地，但是与西北叛王的战争还是影响到了西北地区的稳定性。早在1273或1274年，回鹘亦都护便从别失八里迁都吐鲁番盆地的哈喇火州，又在大约1277年迁都至哈密，至元十二年又有禾忽叛乱，占领了河西走廊、于阗、喀什噶尔等地，切断了塔里木盆地南缘的交通路线，拉班·扫马西行也因此受到了影响，当年察合台汗王都哇还一度突入到吐鲁番盆地，包围亦都护所在的火州长达半年。[1]而在70年代中叶的一系列事件中，失里吉之乱无疑是其中至关重要的一件大事——1276年秋失里吉叛乱，俘虏了在阿力麻里的那木罕和安童，元在阿力麻里的驻军土崩瓦解，阿力麻里由此重归察合台汗国。[2]在1276—1281年间，失里吉祸乱天山南北和漠北地区，还试图与海都联手，但被后者拒绝。尽管失里吉最终失败，但是海都却趁机席卷天山南北和塔里木盆地——彼时元廷忙于攻宋，对西北力有未逮，而在1279年平灭南宋后元廷便不断抽调军队，沿着塔里木盆地南缘和天山北麓，以于阗和别失八里为目标和海都势力展开长期争夺。在至元十三年当年，元廷便命别述台、忽别列八都儿率2,000蒙古军和1,800河西军守于阗，又在至元十四年、十五年、十六年至少3次派兵前往于阗；同时，元廷在至

[1]　有关都哇围火州的时间，学界分为1275年和1285年两种不同说法，难以甄别，此处笔者遵循南京大学刘迎胜先生的意见，以1275年为准。相关意见可见党宝海：《元代火州之战年代辩证》，《欧亚学刊》2001年第3期，第217—218页。

[2]　有关失里吉之乱的年代，《元史》记载称是至元十四年秋七月，但是现代研究证实其乃是发生于至元十三年。刘迎胜：《察合台汗国史研究》，上海：上海古籍出版社，2011年，第264页。

元十七年（1280）置北庭都护府，又在次年自山西太和岭到别失八里设置30处新驿站，以应对西北叛王的压力。至元十八年（1281），别失八里的元军驻扎到龟兹（曲先），并在别失八里屯田，同年元军在合班、忙古带的率领下抵至斡端，并取得对叛军的胜利。但是到至元十九年（1282），诸王之一的八巴反叛，斡端失守，海都和都哇在至元二十二年到二十三年（1285—1286）进攻畏兀儿地区，夺取别失八里、哈喇火州、哈密等地，亦都护亦被杀，元军在天山南北的军队也被击溃，但是彼时元军在别失八里等地仍有一定实力，并在至元二十四年（1287）试图在西域继续屯田。但是至元二十五年（1288）海都大规模进攻，加上东北地区的乃颜叛乱，使得元军不得不收缩战线，放弃斡端和别失八里，并在至元二十六年（1289）宣布罢斡端宣慰司。[1]有学者在一篇文章中指出，《元史》在1289年以后便很少再出现中亚地区的地名，表明元廷势力在至元二十六年罢斡端宣慰司后便逐步退出中亚，[2]这个观点是合理的——尽管彼时元军在龟兹一带依然有军队屯驻，元贞元年（1295）还一度设立曲先塔林都元帅府和北庭都元帅府，但是元军在西北依然不可避免地走向失败，大德元年以后曲先塔林都元帅府不再出现于记载中，元在西北的疆域也因此收缩到哈密一线。而在至大元年（1308）以后，元在西北的疆域大致以哈密到称海宣慰司一线为分界。[3]对此，《剑桥辽西夏金元史》将忽必烈对中亚的努力评价为一事无成。[4]与之形成对比的是海都势力的膨胀。对新疆出土的窝阔台汗国钱币的研究证实，窝阔台汗国的钱币

---

[1] 在80年代，元廷除了在西北与海都作战，平定东北和西藏地区的叛乱之外，还在1286—1289年对安南地区发动了进攻。见傅海波、崔瑞德：《剑桥辽西夏金元史》，史卫民等译，北京：中国社会科学出版社，1998年，第555—561页。

[2] John W.Dardess, "From Mongol Empire to Yuan Dynasty: Changing Forms of Imperial Rule in Mongolia and Central Asia," *Monumenta Serica*, vol.30, no.1, 1972—1973, p.142.

[3] 毕奥南：《元朝疆域格局概述》，《中国边疆史地研究》2000年第4期，第12—13页。

[4] 傅海波、崔瑞德：《剑桥辽西夏金元史》，史卫民等译，北京：中国社会科学出版社，1998年，第513页。

不仅出现于天山北麓的北庭地区，也出现在除且末和若羌之外的环塔里木盆地，[1]而在1292年以前一直以大汗名义铸币的孛罗城，从1292年开始则以海都的名义铸币。[2]

忽必烈对中亚的努力是失败的，但是在漠北地区，忽必烈及其继承者很好地对抗了海都的进攻。至元二十五年，乃颜党羽合丹在漠北叛乱，海都部下暗伯率军进犯今日蒙古西部的艾里克湖一带，当年年末海都部队再次进犯漠北地区，并在随后控制了蒙古高原西部的乃蛮旧地。至元三十年（1293）元廷方才在漠北击败海都。至大德二年（1298），都哇突袭漠北，元军伤亡惨重，此后西北叛王势力从天山北麓扩张至蒙古高原，漠北遂成为元廷与海都势力之间争夺的焦点。元廷派海山出镇漠北，重整当地军事体系，直至元成宗大德五年（1301）铁坚古山会战之后，双方都损失惨重，海都此年因重伤不治身亡，方才有1303—1304年间蒙古诸国的约和谈判。

至元五年海都兴兵南犯北庭，标志着长达近半个世纪的海都战争的开启，直到1302年海都死后，察合台汗王都哇方才首倡约和。1303年元廷、都哇和窝阔台汗王察八儿三者约和，次年金帐汗国与伊尔汗国约和，海都战争暂告一段落。约和带来元西北地区的安宁，但也加剧了察合台汗国与窝阔台汗国的矛盾，在元廷的支持下，察合台汗国取得了对窝阔台汗国的优势，并迫使察八儿依附于察合台汗国。至元武宗至大三年（1310），在与察合台汗国的斗争中失败的察八儿选择依附于元廷，海都战争方才正式结束。此后尽管也先不花时期察合台汗国与元廷有过短暂冲突，但是约和时代（14世纪早期到40年代）大体上是一个相对稳定的时期。

---

[1]　石刚：《新疆近十年出土窝阔台汗国钱币研究》，《中国钱币论文集》2010年第5辑，第236页。

[2]　曹光胜：《关于13世纪新疆布拉特打制的钱币》，《中国钱币论文集》2016年第6辑，第162页。

（二）道路交通与邮传驿站制度

蒙古的征服将欧亚大陆带入历史上前所未有的蒙古和平时期，政治的统一、驿站交通的完善、草原民族的重商主义特征，成为刺激大蒙古国时期丝路交通发展的主要原因。到13世纪60年代，随着统一的蒙古帝国的解体，与西北叛王之间的冲突从高加索、阿姆河蔓延到七河地区和天山南北，陆路交通进入一个衰退时期，直到约和时代到来，相对稳定的政治秩序推动了丝路交通的复兴，并一直持续到14世纪40年代察合台汗国分裂。

自8世纪中叶以来，丝路交通便一直呈现出中央欧亚化的特征——即天山北麓、七河地区、里海以北等中央欧亚民族生活的地区越来越多地成为东西交通的主要干线。哈里发瓦西格统治时期，使者萨拉姆东行，乃是自高加索北上可萨汗国，随后向东沿着欧亚草原抵达中国北方，[1]9世纪中叶的塔米姆·伊本·巴赫尔出使回鹘，便是沿着自河中—楚河流域—天山北麓的路线抵达回鹘可汗城，[2]伊本·胡尔达兹比赫和古达玛所记载的通往中国之路大体也是如此。[3]蒙古兴起以前，由于西夏控制了河西走廊导致东西交通的阻塞，东西方之间的交通重心随之向南转入青塘控制的湟水谷地和由西州回鹘控制的天山北麓地区。

在蒙古征服前夕，东西之间的交通已经因为战乱而阻断。尽管志费尼和拉施特都曾提及在13世纪早期，即成吉思汗西征之前的时期，成吉思汗和花拉子模沙各自统治范围内道路交通的相对畅通，但是在东西之间，由于同屈出律政权的战争，经新疆南部地区的交通已经被阻断。伊本·阿西尔提及当花拉子模沙穆罕默德从西辽手中夺取河中，便封闭了通往突厥地与河中以外

[1] Emeri van Donzel, Andrea Schmidt, *Gog and Magog in Early Syriac and Islamic Sources*, Leiden: Brill, 2009, pp.233—234.

[2] V.Monirsky, "Tamīm ibn Baḥr's Journey to the Uyghurs," *Bulletin of the School of Oriental and African Studies*, vol.12, no.2, 1948, pp.283—285.

[3] 伊本·胡尔达兹比赫：《道里邦国志》，宋岘译注，北京：华文出版社，2017年，第25—31页、第185—190页。

的道路，彼时一支曾附庸于西辽的鞑靼人已经控制了喀什噶尔和八剌沙衮等在内的广大地区。[1]而成吉思汗对于伊犁河地区的征服则使得东西交通的恢复成为可能。事实也的确如此。在蒙古帝国时代，丝路交通的中央欧亚化发展到巅峰。部分原因则是由于这一时期蒙古帝国的首都哈拉和林便位于漠北高原，因此丝路北道也就成为以军事、商业和传教为目的的交往活动的首选。蒙古高原资源匮乏，缺少满足生活用度和贵族奢侈生活的必要条件，对外战争的胜利则将从华北到中亚、伊朗高原的农业文明在几个世纪内积累的财富一扫而空，并创造出一个庞大的消费市场。成吉思汗深知商业对游牧帝国的重要意义，因此他颁布法律，规定“凡进入他的国土内的商人，应一律发给凭照”，并在大道上设置守卫，[2]从而吸引了来自中亚的商人沿着塔什干—白水城—怛罗斯—八剌沙衮—阿力麻里的古老路线进入高原。[3]同时，成吉思汗还鼓励国内的王公贵族从自己的亲信中征调人手，派去各地经商。

蒙古高原是统一的蒙古帝国的政治中心，哈拉和林是蒙古帝国的首府。在1220年前后，哈拉和林附近便被成吉思汗视作理想的都城，至1235年大汗窝阔台下令为哈拉和林修建城墙，由此哈拉和林成为一座真正的城市。因此当这个世界性的帝国建立之后，哈拉和林也因此成为一座具有国际化色彩的城市。在贵由汗登基的典礼上，来自中国、朝鲜、俄罗斯、格鲁吉亚、巴格达等地的合计4,000名使者参与观礼。[4]截至1260年之前，蒙古人通过武力手段将从辽东半岛到黑海草原的广大地区置于大汗的权威下，政治的统一和天山北麓道路交通的改善刺激了商业活动的发展，并由于蒙古高原成为欧亚大

[1] Ibn al-Athir, *The Chronicle of Ibn al-Athir for the Crusading Period from al-Kamil fi'l-Ta'rikh*, Part 3, trans by D.S.Richard, London: Routledge, 2016, p.205.

[2] 志费尼：《世界征服者史》，何高济译，北京：商务印书馆，2004年，第85页。

[3] 刘迎胜：《察合台汗国史研究》，上海：上海古籍出版社，2011年，第28页。

[4] 《柏朗嘉宾蒙古行纪、鲁布鲁克东行纪》，耿昇、何高济译，北京：中华书局，2013年，第86页。

陆政治中心的缘故，使得丝路北道从先前的萧条中恢复过来[1]——这一时期的旅行家们留下来的记录证明了这点。从随大军出征中亚的耶律楚材开始，1219年西行的丘处机，1245—1247年东行的柏朗嘉宾的约翰，1253—1255年东行的鲁布鲁克的威廉，1254—1255年往返于蒙古高原和小亚美尼亚的海屯王，1259年奉蒙哥汗之命出使旭烈兀处的常德，所选择的路线基本都是蒙古高原—天山北麓—楚河流域—里海草原—欧俄/高加索这条路线。这主要同两个因素有关，其一是伊斯兰时代穆斯林旅行者的传统，其二则是丝路北道特殊生态与游牧城市特殊形态的结合——天山北麓的生态环境不同于南麓的塔里木盆地，后者的环境孕育了绿洲农业和城市文明，而前者则由于山前降雨形成了大片牧场——这种环境无疑比沙漠绿洲更方便牲畜补给，天山北麓因此成为重要的牧场和行人往来的要道。[2]自公元前1千纪早期游牧民族形成以后，游牧民族为适应流动的社会生活而抛弃了如辛塔什塔—彼得洛夫斯卡遗迹所展现的那种定居聚落的模式，并创造出一种流动的旅行城市模式。从斯基泰时代开始，游牧民族便基于季节性的流动和迁移，创造出了由大篷车和方便拆卸的营帐组成的旅行城市（Kuriyen）。[3]这一传统延续了20个世纪，并特别地为路易九世的使者威廉记载。威廉称这种旅行城市乃是由若干辆大篷车组成，每辆大篷车的轮距约为20英尺，由22头牛拉动，每个富裕的蒙古人有100—200辆大篷车，因此一个富裕的蒙古人的斡耳朵看上去就像是一座城市，集市也随之移动。[4]而在威廉沿着草原之路东行的过程中，必然在沿途多次见到这些旅行城市，并从他们那里获得对长途旅行而言必不可少的情报和补给。

---

[1] C.E.博斯沃思、M.S.阿西莫夫：《中亚文明史·第四卷下》（修订版），刘迎胜等译，北京：中译出版社，2016年，第266页。

[2] 欧文·拉铁摩尔：《通往中国的亚洲内陆边疆》，唐晓峰译，南京：江苏人民出版社，2005年，第111页、第132页。

[3] 勒内·格鲁塞：《草原帝国》，蓝琪译，北京：商务印书馆，2011年，第30页。

[4] 《柏朗嘉宾蒙古行纪、鲁布鲁克东行纪》，耿昇、何高济译，北京：中华书局，2013年，第183页、第199页、第222页。

与此同时，蒙古帝国驿站制度的确立和以哈拉和林为中心的驿站网络的完善，也成为推动该时期丝路交通中央欧亚化进一步发展的重要影响力量。蒙古时期的驿站制度，或者说站赤，在起源上通常被认为是与中国有关，但是近年的研究似乎对此观点提出了质疑——8世纪丹丹乌里克出土的犹太—波斯信件中提到了j ā mak一词，该词起初被翻译为碗，后来被莫伦修正为驿站、驿马，[1]据此有观点认为该词与蒙古的站赤有密切关系，而蒙古语言中的信使一词也被认为与中亚有密切的联系。[2]尽管就语言学分析而言，蒙古驿站系统的起源与中亚密切相关，但是其实际运行依然与中国传统的驿站系统具有密切的关联性—— 一方面是因为一个完整的驿站系统是包括了驿马、信使、站点、食物供应、通讯网络等在内的复杂体系，它必须要依托于农业—城市文明的官僚系统和生产生活方式，而这对成吉思汗时代的蒙古人而言是无法想象的；另一方面，驿站的运行仰赖地方的供应，为驿站长期提供饮水、食物、驿马等物资的定居居民是驿站系统赖以维持的基础，而这种生活方式与蒙古帝国时期的绝大多数蒙古人相悖。[3]

蒙古帝国的驿站制度始于成吉思汗时代。蒙古军队沿线征服期间，为保证大军通行顺畅，蒙古人有意识地加固、修缮了沿线的交通要道。随成吉思汗西征的耶律楚材称“上命斩冰为道以度师”，[4]指的便是开辟从阿尔泰山南下准噶尔盆地的路线，类似的记载也见于道士李志常对其师丘处机西行路线的记录——窝阔台在从阿尔泰山东北向南过乌兰达巴山口的过程中，因当

[1] Vera B.Moreen, *In Queen Esther's Garden: An Anthology of Judeo-Persian Literature*, New Heaven: Yale University Press, 2000, p.22.

[2] Adam J.Silverstein, *Postal System in the Pre-Modern Islamic World*, Cambridge: Cambridge University Press, 2007, pp.142—143.

[3] Adam J.Silverstein, *Postal System in the Pre-Modern Islamic World*, Cambridge: Cambridge University Press, 2007, p.144.

[4] 耶律楚材、周致中：《西游录、异域志》，北京：中华书局，1981年，第1页。

地“深谷长坂车不可行”而修整了当地的道路。[1]察合台曾率军经天山北麓、赛里木湖南下，并在后来被称为果子沟的地方修建了48座桥，其中大部分直到清代乾隆年间还在使用。[2]在志费尼看来，站赤的建立乃是为满足蒙古人政治、经济的需要，[3]根据《蒙古秘史》记载，窝阔台时期（大约1219—1224）召开大会下令建设邮传驿站系统——但是窝阔台说当时已经有信使往来于帝国各地，因此这也暗示了蒙古帝国驿站制度的出现要早于窝阔台时代，但是这一时期的驿站还处于初级阶段，缺乏系统性，因此如《蒙古秘史》所言，它对民众造成损害，并导致邮差延误。[4]在窝阔台时代，以哈拉和林为中心的邮传驿站制度开始向着系统化的方向发展。据波斯历史学家拉施特记载，在窝阔台统治时期，为方便大汗和诸王的消息传达，而在全国各地设置了驿站，并在修建了哈拉和林之后，以哈拉和林为中心设置了37处驿站，并让500辆车每天满载各类食物和饮料抵达哈拉和林，以供应城内和周边蒙古贵族和游牧民生活。[5]而在贵由汗统治时期，哈拉和林成为蒙古高原上重要的消费市场，从中国到罗马，世界各地的商人汇聚于此，其货物之充足，以至于贵由汗在哈拉和林赏赐亲随、属民时，连襁褓中的孩子都能分得一份[6]——考虑到阿里不哥之乱期间忽必烈通过切断汉地与蒙古高原之间的交通导致哈拉和林物价飞涨，并迫使阿里不哥派阿鲁忽前往中亚夺取察合台汗国，以保证哈拉和林

[1] 李志常：《长春真人西游记校注》，尚衍斌、黄太勇校注，北京：中央民族大学出版社，2015年，第108页。

[2] 李志常：《长春真人西游记校注》，尚衍斌、黄太勇校注，北京：中央民族大学出版社，2015年，第127页。

[3] 志费尼：《世界征服者史》，何高济译，北京：商务印书馆，2004年，第32页。

[4] 《蒙古秘史》，札奇斯钦译注，台北：聊经出版事业公司，1979年，第444—447页。

[5] 拉施特：《史集·第二卷》，余大钧、周建奇译，北京：商务印书馆，1985年，第60页、第69—70页。

[6] 志费尼：《世界征服者史》，何高济译，北京：商务印书馆，2004年，第283页。

的物资供应。[1]该事件表明，截至13世纪60年代以前，以漠北为中心的站赤制度便已经将汉地和中亚联系到一起，它明显是一种国际化的产物。[2]这种联系乃是基于经天山北麓的丝路北道实现的，因此蒙古帝国时期驿站制度的完善即丝路交通中央欧亚化的一种表现，并反过来推动了丝路交通向中央欧亚化的发展。

从理论上来说，站赤和其他任何前近代的邮传驿站系统一样，仅为满足官方的需要，例如拉施特记载称，为诸王和大汗的急使能不断到达，以利于办理重要事务，在各地设立了驿站[3]—— 一方面是因为前近代识字率的制约，另一方面则是前近代的社会结构不支持民众的大规模离散。在蒙古帝国时期，站赤系统既承担了为大汗朝廷供应物资、进贡远方贡品、便利外国使节前往蒙古宫廷等职能的需要，同时也因为各地诸王滥发牌匾导致商人可借此机会从中获利。在蒙哥改革之前，据志费尼记载，“诸王滥发扎儿里黑，他们经商牟利，把额勒赤派到世界各地”，[4]这种滥用固然有助于促进蒙古帝国时期商业的繁荣，但是也不可避免地对驿站附近的百姓造成沉重负担，因此蒙哥汗时代着手对驿站系统改革以减轻民众负担。这不能不对当时的商业发展造成一定影响。至60年代，随着统一的蒙古帝国的解体，丝路交通和驿站系统进入一个相对衰落的阶段。

60年代是蒙古帝国解体的开始，也是欧亚交通发展遭遇挫折的时期。蒙古帝国时期的丝路北道是连接东西之间的主要交通干线，自阿里不哥之乱开始到诸国约和之前，草原之路所经过的七河地区和天山北麓便由于蒙古统治集团之间的战乱而衰退。蒙古帝国时代，从蒙古腹地出发到察合台汗国主要

[1] 拉施特：《史集·第二卷》，余大钧、周建奇译，北京：商务印书馆，1985年，第182—183页、第305—306页。

[2] 在窝阔台时代，大汗的驿站便将漠北、术赤兀鲁斯和察合台兀鲁斯联系到了一起。拉施特：《史集·第二卷》，余大钧、周建奇译，北京：商务印书馆，1985年，第60—61页。

[3] 拉施特：《史集·第二卷》，余大钧、周建奇译，北京：商务印书馆，1985年，第60页。

[4] 志费尼：《世界征服者史》，何高济译，北京：商务印书馆，2004年，第656页。

有3条道路。其一是自科不多河过阿尔泰山、额尔齐斯河到达海押立，向西至楚河和钦察地区，这是海屯东来的路线；其二是从科布多河上游到乌伦古河流域的横相乙儿，再到叶密立、霍博（和布克赛尔），向西经阿拉湖、阿拉山到中亚，或者自叶密立经孛罗城、铁木尔扦插向西到伊犁河地区的阿力麻里，这是贵由西征和常德西行的道路；其三是走天山北麓，自阿尔泰山东北南下到别失八里，由此沿着天山北麓西行至阿力麻里，长春真人西去和海屯西行都是走这条路。[1]阿力麻里是这一时期丝路北道上至关重要的一点，是东西之间的交通枢纽。但是在阿里不哥之乱时期，阿里不哥为报复背叛的阿鲁忽，率军夺取了阿力麻里，在当地横征暴敛以至于阿力麻里饿殍遍地。[2]海都在1265—1266年间从察合台汗国夺取该城，但随后不久便又被元廷夺取，至元十三年失里吉之乱则使元廷永久性地失去了该地。在13世纪70年代，元廷与西北叛王势力之间的战争在天山南北蔓延，导致行人纷纷南下避祸，选择经塔里木盆地南缘和昆仑山北麓的丝路南道作为往来的主要路线。如马可·波罗东来，便是走阿富汗地区、喀什噶尔、叶城、于阗，沿着塔里木盆地进入中国内地，1275年拉班·扫马西行也是经于阗、喀什到中亚和伊朗。因此在这一时期，东西交通在整体上趋于衰退的同时，其重心也出现从北向南转移的趋势，元廷对丝路南道的经营——特别是驿站系统的完善也对这一趋势产生了推动作用。于阗曾被八剌夺取，但是正如前文所言，迟至至元八年元廷便收回于阗，并在至元十一年（1274）下令在于阗、叶城、沙州等地设置水陆驿站15处，此时从内地到塔里木盆地西段最方便的路线是取道沙州，经哈密、火州、曲先（龟兹），利用塔里木河的通航条件向西或者西南。[3]至元十九年（1282）又在罗卜（若羌县米兰）、阇里辉（且末）等地设

[1] 党宝海：《蒙古察合台汗国的驿站交通》，《西域研究》2004年第4期，第21—22页。

[2] 拉施特：《史集·第二卷》，余大钧、周建奇译，北京：商务印书馆，1985年，第313页。

[3] 刘迎胜：《察合台汗国史研究》，上海：上海古籍出版社，2011年，第256页。

驿站——这一事件应该与当年于阗失守联系起来，至元二十三年（1286）又在罗卜、怯台（在且末东南的哈迪勒）、且末、于阗等地设置驿站——这乃是为支援斡端宣慰司，巩固元廷在塔里木盆地南缘势力范围的必要举措。

元廷与西北叛王势力之间的主战场在畏兀儿地区，在至元二十六年（1289）以前，为供应驻扎当地的元军，元廷在天山南北设置了大量驿站。《元史·世祖纪》记载，至元十七年（1280）元廷设置北庭都护府以对抗海都势力的进攻，同年“官给火州驿马之费，免其赋税三年”，次年又在从山西到别失八里之间的路程新设30处驿站，至元二十年（1283）在畏兀儿地区设置4处驿站，至元二十二年（1285）又在别失八里设驿站，同年又在畏兀儿地区设置驿站6所——这是海都势力于1284—1285年夺取别失八里和哈喇火州之前元廷在天山南北设置驿站的高峰，此后随着元廷在西北失势，在天山南北和塔里木盆地新设驿站的活动也逐渐衰落。

从上文不难看出，在海都战争期间，元廷在天山南北大量设置驿站的时间与西北地区的重大政治—军事活动的时间基本吻合，表明驿站设立的目的乃是服务于元廷在西北的政治、军事活动，但是这种活动并未能像蒙古帝国时期那样推动东西交通的发展，这无疑归咎于蒙古两大军事集团的相互敌视。一位前往非友邦的使者很可能会遭到敌对汗王拘禁数年，如果他们被指控间谍或是惹大汗发怒，就有被处死的风险，这种风险无疑也影响到往来的商人和传教士。[1]在1262年，别儿哥和旭烈兀之间的战争便导致经打耳班的交通一度断绝，[2]波罗兄弟也因为60年代中亚战乱的缘故不得不在布哈拉停滞数年，在1280年，阿姆河上的战争阻塞了察合台汗国与伊尔汗国的交通往来，同时期高加索的交通亦因为战乱而阻塞，[3]至元十八年（1281），元廷为防止

---

[1] Michal Biran, “Diplomacy and Chancellery Practices in the Chaghataid Khanate: Some Preliminary Remarks,” *Oriente Moderno*, Anno 88, Nr.2, 2009, pp.380—381.

[2] 勒内·格鲁塞：《草原帝国》，蓝琪译，北京：商务印书馆，1998年，第502页。

[3] 《拉班·扫马和马克西行记》，朱炳旭译，郑州：大象出版社，2009年，第16页。

情报泄露而下令“禁西北边回回诸人越境为商”，13世纪末，传教士孟高维诺因陆路动荡而不得不选择走海路前往中国，而在截至1305年以前，据孟高维诺所言，北京与罗马之间的联系一度断绝长达12年。[1]

直至约和时代，伴随蒙古诸国之间外交关系的缓和，东西方之间的交通往来又发展起来，特别是昔日繁荣的草原之路也因此复兴。孟高维诺在给教廷的书信中说草原之路乃是欧洲前往中国最短的路程，[2]根据意大利商人裴哥罗蒂的记载，我们可以知道，这一时期从亚速海附近的塔奈出发，经金帐汗国首都萨莱、乌拉尔河附近的小萨莱、玉龙杰赤、讹答剌、阿力麻里到甘州、大都的草原之路以安全著称，因此无怪乎最早出现于伊塞克湖附近的黑死病会沿着草原之路详细传播到黑海地区，并随着热那亚商人的商业网络传遍地中海世界——这一事件本身就揭露了约和时代丝路北道蓬勃发展的事实。[3]除此之外，伊尔汗国驿站制度的完善也是这一时期推动东西交通发展的重要因素。伊尔汗国兴起之初，伊朗高原的营商环境并不理想，据马可·波罗记载，商人如果不在伊尔汗国治下，商人会深受其害，即使伊尔汗国建立统治也不免有加害商人之举，因此如果商人武装不足、防备不严，会有性命之忧。[4]

合赞汗改革是伊尔汗国经济、商业和邮传驿站制度发展历史上的转折点。在此之前，据拉施特记载，各地的税吏横征暴敛、肆意摊派，各州经济除了破坏之外什么也得不到，农民逃离家乡，城市和农村都空荡荡，无论任何人去任何地方的村庄，甚至都找不到一个可以问话的人，蒙古的贵族又在

[1] Christopher Dawson, *The Mongol Mission*, London: Sheed and Ward, 1955, p.226.

[2] Christopher Dawson, *The Mongol Mission*, London: Sheed and Ward, 1955, p.225.

[3] 近期Nature一篇文章证明黑死病最早始于1338-1339年伊塞克湖附近的布拉纳（Burana）和Kara-Djigach两处遗迹，布拉纳即中亚历史名城八剌沙衮。Ewen Callaway, “Ancient DNA traces origin of Black Death,” https://www.nature.com/articles/d41586-022-01673-4?utm_medium=Social&utm_campaign=nature&utm_source=Twitter#Echobox=1655305749.

[4] 马可·波罗：《马可·波罗游记》，冯承钧译，北京：商务印书馆，2021年，第52—53页。

各地任意劫掠，即使是伊斯兰教的穆夫提亦在所难免。宗王、贵族、官吏随意滥用驿站系统，“结果在各条道路上遇到的急使比商队和全部旅行者加起来都多，即使每个驿站饲养5,000匹驿马，供急使使用的驿马也不够”，而他们又往往以官方的名义向地方索取和抢夺，又经常在途中做饲料买卖以至于中国和印度的商人无生意可做。[1]由此可知在合赞汗改革之前伊朗营商环境和道路交通的恶劣。正如拉姆波顿所言，即使站赤系统能为中亚和远东的商品周转提供便利，但是在波斯，驿站系统却未能发挥如此作用。[2]而从合赞汗开始，合赞汗效法中国和马穆鲁克埃及的驿站系统进行改革，明确驿站制度的细则，并大力约束贵族对驿站的滥用，同时肃清盗匪和窃贼，整顿道路安全，并下令保护好旅客的生命和财产，使其能安心到各处旅行，[3]至伊尔汗王完者都时期，汗国政府为保护旅行者的利益而在伊朗境内测量道里并设置里程碑。也正是约和时代，随着蒙古和平的恢复，东西方之间的旅行又发展起来，而蒙古的驿站系统则发挥了重要作用——蒙古人的站赤给鄂多里克留下了深刻的印象，类似的记录也出现在哥里的约翰的记载中，后者在1330年从伊尔汗国首都苏丹尼亚出发前往中国。

约和时代亦伴随朝贡贸易的复兴。1303—1314年元—察合台十年和平时期，西北诸王朝贡增加，并借朝贡机会与汉地进行商业活动，以至于御史哈散沙称朝贡宗王“乘驿美食而行买卖之私”，元仁宗亦下诏“来者速遣回，此间亦无令人去”。同时皇庆二年中书省上书称“近年以来，诸王位下使臣，初无给驿定额”，以至于西北各地沿途驿站匮乏，表明十年和平时期西北使团借朝贡机会趁机做生意以及朝贡往来的频繁。尽管1316—1320

[1]　拉施特：《史集·第三卷》，余大钧、周建奇译，北京：商务印书馆，1986年，第435—443页、第467—469页。

[2]　A.K.S.Lambton, *Continuity and Change in Medieval Persia: Aspects of Administrative, Economic and Social History (11th–14th Centuries)*, London: State Univ of New York Pr, 1988, p.333.

[3]　拉施特：《史集·第三卷》，余大钧、周建奇译，北京：商务印书馆，1986年，第471—478页。

年间的元—察合台冲突使七河地区的城市遭到破坏，如拜柱等往来使者、行人也遭到扣留，但是在察合台汗王也先不花死后，中亚与中国之间的交通往来和商业贸易继续发展。据《元史》记载，大德八年（1304）、大德九年（1305）、至大元年（1308）、皇庆元年（1312）、皇庆二年（1313）、至治二年（1322）、至治三年（1323）、泰定元年（1324）、泰定二年（1325）、泰定三年（1326）、至顺二年（1331）、至顺三年（1332）都有来自中亚的蒙古宗王的朝贡，仅仅是泰定三年就有5次来自中亚的朝贡记录。

中亚与欧亚大陆其他地区的交通往来在14世纪30—40年代达到一个高潮。察合台汗国对自己的称呼为中央蒙古兀鲁思，对应的是教皇书信中以拉丁语写成的中央帝国，这种称呼表明了察合台汗国在13—14世纪欧亚交通中的重要性。这种地位在14世纪三四十年代体现得尤其明显。据乌马里（1301—1348年）《眼历诸国记》记载，答儿麻失里之前，来自埃及和叙利亚的商人难以抵达中亚，也没有旅行者愿意抵达中亚地区，在答儿麻失里时代，由于汗王尊崇伊斯兰教法，尊重各地的商人，从而使得汗国商业繁荣，“他的国家由此成为一条通衢和繁荣的商业大道”，[1]可资对应的是旅行家伊本·白图泰的记载，他曾在30年代旅行至河中，伊本·白图泰称察合台汗国位于中国、印度、乌兹别克、伊拉克等4位世界上最强大的君主之间，他们都尊重他，并与之交好。[2]

（三）商业与城市的发展

蒙古时代是丝绸之路的一个高峰，东西交通的大发展推动了人员往来和商业繁荣。蒙古的横向扩张创造了被称作蒙古和平的时代，这对丝绸之路有重要意义——丝绸之路往往被认为是由来自不同地区的商人相继完成的接力式贸易，在13世纪以前，史料中很少提及到某位有名有姓的旅行者走完地

[1] 刘迎胜：《察合台汗国史研究》，上海：上海古籍出版社，2011年，第424页。

[2] Ibn Baṭṭūṭa, *The Travel of Ibn Battuta, A.D.1325—1354*, vol 3, trans by C.Defremery and B.R.Sanguinetti, Cambridge: Hakluyt Society, 1971, p.556.

中海到远东之间的完整旅程。这种情况在蒙古时代发生很大变化。在蒙古时代，由于蒙古人成为世界的征服者和统治者，丝绸之路所包含的3条主要干线完全被囊括到蒙古统治的范围之内，从哈拉和林到萨莱，从大都到大不里士，获得蒙古人许可的旅行家，手里拿着大汗或某一汗王赐予的金牌，借助蒙古人遍及亚洲的驿站系统往来于东西之间，而无须受到某地某位割据一方的小国君主肆意妄为的诘责刁难。除此之外，特别是对欧洲商人而言，由于伊斯兰世界横亘在地中海和印度、中国之间，而不管是出于商业利益还是意识形态目的，穆斯林都不会允许欧洲人经海、陆两道前往东方，但是在蒙古时代，由于成吉思汗的札撒要求其子孙对所有宗教一视同仁，其结果则是造成了伊斯兰世界的伊朗、中亚等地开始对来自欧洲的旅行者开放。因此不管是在西方还是东方，贯穿全程并且是有名可考的旅行者在蒙古时代明显增加，而东西交通的发展也自然推动了丝路沿线城市的繁荣。

就整体而言，蒙古时代中亚丝路城市的发展主要经过如下几个阶段。蒙古入侵之初的凋敝、内战前的缓慢复苏、内战期间的艰难发展、约和时代的复兴。同时，由于所处生态位的差异性，中亚城市还可以分为河中农业城市和七河流域游牧经济的城市，并且后者比前者更容易受到蒙古时代政治大环境的影响。

不论蒙古时代为中亚丝路城市的发展带来了何种影响，蒙古对中亚的冲击首先造成的是赤裸裸的破坏。喀喇汗王朝后期中亚社会已经呈现出动荡和衰退趋势。这点前文已经论及。截至蒙古征服之前，动荡的环境和崩坏的社会秩序已经极大地影响了中亚经济社会和城市生活的发展。成吉思汗的入侵则是这一系列冲突、动荡、暴力活动的集大成，他以卓越的暴力将中亚城市拖入毁灭的边缘，却也将先前所有困扰中亚城市发展的主要阻碍一扫而空，其结果则是使中亚主要城市在废墟和瓦砾的基础上走上了复兴的过程。

对中亚人民而言，成吉思汗西征无疑是一场浩劫，中亚几乎所有主要城市都因成吉思汗的西征而毁灭。志费尼详细地记录了这场劫难。对讹答剌这个一切的源头，窝阔台和察合台耗时6个月时间使“讹答剌人的处境变得绝望了”，而在内堡被攻破后，讹答剌城被夷为平地，城内的工匠和庶民则被蒙古人随军签发。[1]布哈拉和撒马尔罕长期以来都是河中政治、经济和文化的中心，并被志费尼恰当地称为河中的核心和精华。1220年3月成吉思汗亲临布哈拉城下，在攻破城市后将整个城区焚烧一空，仅有几座烧砖建筑得以幸存，当地的城墙被荡平，城市变成“平坦的原野”，其毁灭之彻底以至于逃至呼罗珊的一名难民称“‘他们到来，他们破坏，他们焚烧，他们杀戮，他们抢劫，然后离去，’波斯语中没有比这番话更简明的”。[2]成吉思汗在率军攻破布哈拉后便移师撒马尔罕，在城破之后当晚便屠杀了3万俘虏，城区和内城都成为废墟，3万手艺人被挑选后签发充军，仅剩的居民还需要为蒙古军队提供赎金和兵员[3]——1221年丘处机西行至撒马尔罕，称当地治安混乱，先前城内居民超过10万户，而今仅剩下大约1/4。[4]花拉子模是位于阿姆河和锡尔河下游的一片肥沃绿洲，玉龙杰赤是花拉子模的首府，也是中世纪中亚地区重要的贸易中心，1220年蒙古军队破城后下令每个士兵都要屠杀24人，其死者之多以至于令志费尼瞠目结舌，“我不敢相信传闻，因此没有记下数目”，遭此劫难之后，玉龙杰赤在一代人的时间里近乎一蹶不振。[5]

自河中地区西去东伊朗地区需要渡过阿姆河，其河上渡口以阿莫尔和泰尔梅兹最为重要。自阿莫尔渡河可直达呼罗珊总督区的首府梅尔夫，并由梅尔夫沿呼罗珊大道西去内沙普尔、雷伊、加兹温、巴格达；而从泰尔梅兹渡河至呼罗珊首府之一的巴尔赫后，既可以南下信德、印度，也可以沿着今日

[1] 志费尼：《世界征服者史》，何高济译，北京：商务印书馆，2004年，第93页。

[2] 志费尼：《世界征服者史》，何高济译，北京：商务印书馆，2004年，第114—116页。

[3] 志费尼：《世界征服者史》，何高济译，北京：商务印书馆，2004年，第131—132页。

[4] 李志常：《长春真人西游记校注》，尚衍斌、黄太勇校注，北京：中央民族大学出版社，2015年，第149—150页。

[5] 志费尼：《世界征服者史》，何高济译，北京：商务印书馆，2004年，第138—139页。

阿富汗西北的边缘地带，经小梅尔夫（今日Bala Morghab）、赫拉特转入呼罗珊大道。成吉思汗征服撒马尔罕后从那黑沙布南下泰尔梅兹，当地居民悉数被杀，无一生还，至1221年渡河进入阿富汗北部后，巴尔赫人被尽数诛杀，没有留下任何痕迹，随后蒙古军队纵火烧城，并毁掉巴尔赫的城墙、宫殿和住宅。[1]在梅尔夫，成吉思汗之子拖雷在攻破此城后下令，除去被挑选出来的400名工匠，其余居民统统被杀，“每名军士都要杀三百或四百人”，整个城池也被拖雷下令夷平——据说有人曾花费13昼夜时间点数城内受害者数目，最后得到了130多万具尸体。[2]至1222年春天，解决了梅尔夫的拖雷进军内沙普尔，当地城池被毁，宫殿败落，地上街道一马平川，其屠杀数目之多以至于连猫犬都不留。[3]

不论蒙古征服为后来丝路畅通作出多大的贡献，它首先带来的是文明的毁灭。勒内·格鲁塞认为，游牧民族没有经历一个过渡阶段而幸运地占有了古老都市文明的国家时，他们会感到困惑，因此针对都市的毁灭性行为与其说是出自残忍，不如说是出于困惑——他们不知道更好的处理方式，同时，游牧民族对农业文明的大规模屠杀或多或少也是出于这样一种原因。降民是一种没有价值的存在，他们身为游牧民族，不懂得耕作，不懂城市环境，不懂定居民族的生活，不懂除了草原和草原生产方式之外的任何存在。[4]成吉思汗对中亚和伊朗的征服鲜明地体现出这一特征。拖雷对于呼罗珊的征服使“一个遍地富庶的世界变得荒芜，土地成为一片不毛之地”，而在此之前，呼罗珊人烟稠密以至于任何一个镇区都像是一片城池，此后呼罗珊人口十不存

[1] 志费尼：《世界征服者史》，何高济译，北京：商务印书馆，2004年，第141—145页。

[2] 志费尼：《世界征服者史》，何高济译，北京：商务印书馆，2004年，第149—181页。

[3] 志费尼：《世界征服者史》，何高济译，北京：商务印书馆，2004年，第194—196页。

[4] 勒内·格鲁塞：《草原帝国》，蓝琪译，北京：商务印书馆，2011年，第326—327页。

一。[1]1245年，柏朗嘉宾的约翰自里昂启程，沿草原之路出发前往哈拉和林附近朝见贵由汗，在途经钦察地区由锡尔河下游进入穆斯林地区时，约翰发现当地大量城市被摧毁，有许多被拆除的堡垒和无人居住的村庄，硕果仅存的城市唯有养基干、巴耳赤邗和讹答剌，西辽故地也是如此。[2]1253年鲁布鲁克的威廉踏上通往东方的旅行，在经过巴尔喀什湖东南地区时称昔日这里有很多城镇，今日都已经成为废墟。[3]尽管楚河流域由于主动向成吉思汗投诚而受损较小，但是在从讹答剌到呼罗珊的广大地区，从整体上都呈现出凋敝、衰退的情况。

从1220年到1260年，中亚城市在废墟中进入缓慢复苏的过程。在征服之初，蒙古人依然是过着以游牧为主的生活方式，对于农业城市地区，蒙古人最初仅仅是将其视作可以予取予求的资产——窝阔台时代，蒙古大臣别迭曾向大汗提出减少汉地人口、将中国北方尽数变成牧场的计划，这个计划被契丹贵族耶律楚材制止，并由于耶律楚材掌管汉地财政的成功使得蒙古贵族第一次意识到农业城市地区的经济价值。类似的情况亦出现在河中地区，诚如前文所言，河中的农业城市地区属大汗辖区，察合台兀鲁思仅仅包括中亚的游牧草原地区，1238年河中爆发反对蒙古统治的塔拉比起义，而在起义被镇压后部分蒙古贵族曾试图在布哈拉纵兵抢劫，但是由于牙剌瓦赤之子麻速忽的坚决请求，并向窝阔台遣使陈情，方才维护了河中农业城市地区的安宁。[4]这一事件表明，窝阔台时代大汗朝廷与河中蒙古贵族在农业城市地区的价值认知方面存在差异，根深蒂固的游牧主义思维正是13—14世纪阻碍中亚农业经济恢复与发展的重要影响因素。钱币学证据也证明这一时期河中艰难的经

[1] 志费尼：《世界征服者史》，何高济译，北京：商务印书馆，2004年，第107页、第169页。

[2] 《柏朗嘉宾蒙古行纪、鲁布鲁克东行纪》，耿昇、何高济译，北京：中华书局，2013年，第83页、第136页。

[3] 《柏朗嘉宾蒙古行纪、鲁布鲁克东行纪》，耿昇、何高济译，北京：中华书局，2013年，第229页。

[4] 志费尼：《世界征服者史》，何高济译，北京：商务印书馆，2004年，第125页。

济环境。从蒙古征服河中到1250年，河中处于经济衰退时期。蒙古征服最初25年，由于生产破坏、城市衰败，货币经济极速衰退，除去布哈拉和撒马尔罕，河中地区几乎没有定期的铸币地点，中亚地区退回到以物易物时代。即使是在这两个城市，铸币也并不是一帆风顺。在布哈拉，当地镀银第尔汗的发行被打断，而撒马尔罕则进入无铸币时代，而其他地区则完全没有任何铸币发行，表明在蒙古征服的前30年，河中地区基本退回到以物易物时代。蒙古统治者最初在撒马尔罕发行镀银铜币，试图以此手段掠夺当地财富，但是这种钱币的接受度很差，以至于当地的蒙古官员不得不在1236—1237年间在撒马尔罕重新发行含银的货币，但是却也因为经济下行、市场凋敝，致使这种货币大量流入私人之手，未曾广泛流通于市场。[1]

尽管以牙剌瓦赤为代表的穆斯林臣民在征服之初努力恢复河中地区的生机，但是在当时，由于作为征服者的蒙古贵族和被征服的穆斯林臣民之间地位的不对等，以及河中统治机构尚不完善，肆意妄为的游牧民族成为该时期阻碍河中经济恢复和发展的主要因素。诚如巴托尔德所言，从察合台去世的1242年到海都确立对中亚蒙古势力领导权的1269年，在近30年时间里中亚地区始终缺乏一个强有力的汗王，加之接近拥有强大实力的游牧民族，这对于农业区——特别是城市生活的影响要大于蒙古入侵所造成的破坏。[2]但是同时，随着成吉思汗诸子在40年代相继去世，蒙古帝国官僚机构的发展和任职大臣资历日深，加之农业地区成为国家财政收入不可或缺的重要组成部分，镇守各地的大臣其地位亦水涨船高。[3]这为蒙哥汗时期河中经济恢复和发展创造了条件。1251年蒙哥汗设立别失八里等处行尚书省，其驻地很可能在布

[1] 刘迎胜：《察合台汗国史研究》，上海：上海古籍出版社，2011年，第484—487页。C.E.博斯沃思、M.S.阿西莫夫：《中亚文明史·第四卷上》（修订版），刘迎胜等译，北京：中译出版社，2016年，第397页。

[2] 巴托尔德：《中亚简史》，耿世民译，北京：中华书局，2005年，第52页。

[3] 刘迎胜：《察合台汗国史研究》，上海：上海古籍出版社，2011年，第138—139页。

哈拉或撒马尔罕，表明大汗试图将被征服的中亚城郭地区的管理制度化。同时，蒙哥汗亦在河中进行税制改革，要求河中居民以货币交税，并在河中另铸新币——1250—1270年，中亚城市开始恢复定期打制第纳尔和镀银第尔汗的铸币活动。蒙哥汗税制改革要求中亚征税以第纳尔计价，由此布哈拉、撒马尔罕、苦盏、讹答剌、大斡耳朵、阿力麻里等地开始打制小且薄的金第纳尔，含金量大致在60%；同时从50年代初开始，中亚城市开始恢复打制镀银第尔汗的传统，讹答剌自1251—1252年开始定期打制镀银第尔汗，布哈拉始于1261—1262年，苦盏始于1264—1265年。[1]在中亚西部主要城市中，只有撒马尔罕没有从先前的危机中恢复过来。[2]

长达半个世纪的蒙古内战不仅在政治上有重要意义，在经济上更是如此。战争以元廷、伊尔汗国为一方，以西北叛王为另一方，双方在从阿姆河到畏兀儿之间的广大范围内开战，并对中亚城市的发展造成很大的负面影响。穆斯林作家瓦萨夫记载布哈拉的1.6万民户中有5,000户属于拔都，1260年阿鲁忽继位察合台汗王后在河中大开杀戒，布哈拉的别儿哥支持者被悉数诛杀，[3]而在与阿里不哥的斗争中落败后，阿鲁忽退回河中，并再度洗劫了河中的富人，中亚东部的阿力麻里和讹答剌也在战乱中遭劫。[4]1269年怛罗斯忽里勒台大会上，海都做出了保护中亚农业城郭地区的决定，但是该决定对察合台汗王八剌并无约束力。在此之前，由于对海都和蒙哥帖木儿作战失败，八剌已经在河中榨取了大量财富，而在大会后八剌试图向阿姆河南方发展，为

---

[1] C.E.博斯沃思、M.S.阿西莫夫：《中亚文明史·第四卷上》（修订版），刘迎胜等译，北京：中译出版社，2016年，第397—398页。

[2] 常德曾经过撒马尔罕，但对撒马尔罕的印象仅限于“城大而民繁”，并没有进一步谈到其经济活动，马可·波罗在叙述关于撒马尔罕的内容时仅仅记录传说，未曾提及撒马尔罕的经济贸易情况。这表明在蒙哥汗时代，撒马尔罕纵使有所恢复，其成就也可能十分有限。

[3] 拉施特：《史集·第二卷》，余大钧、周建奇译，北京：商务印书馆，1985年，第311页。

[4] 拉施特：《史集·第二卷》，余大钧、周建奇译，北京：商务印书馆，1985年，第183页、第315页。

筹集军费又在河中大肆征敛。[1]赫拉特是呼罗珊四大首府之一，它在成吉思汗西征时便遭遇过屠杀，至1270年八剌率军劫掠赫拉特的富人，并在事后放火烧城，以至于当地人口从先前的10万锐减至4万。[2]八剌同伊尔汗国的交战以落败告终，而伊尔汗国又于1272—1273年越过阿姆河入侵察合台汗国，屠杀布哈拉，以至于该城在7年之内寸草不生，无人居住。[3]而在八剌死后，八剌诸子和阿鲁忽诸子又联手与海都作战，其交战范围从苦盏直到布哈拉，以至于那些曾被牙剌瓦赤和麻速忽所庇护之人的财产都成了废墟。[4]

在中亚东部，当地的城市在海都叛乱中所遭受的冲击亦不遑多让。在蒙古征服之初，中亚东部的畏兀儿和七河地区因为主动归降的缘故在西征的过程中受到的冲击较小，加之西征前东部经济体量较小，西部作为蒙古诸王赋税的主要承担者，又受到蒙古贵族的剥削和压迫，因而中亚东部地区在蒙古帝国时代经济恢复得更快——西部地区在蒙哥汗时代才开始发行低成色金币，而在此之前，在中亚东部出现了蒙古时代最早的白银铸币。昌吉古城发现了蒙古时代的1,300枚银币，绝大部分铸造于包括阿力麻里等城镇地区。在1240—1250年，阿力麻里发行了8种银币，同时期讹答剌亦逐渐恢复过来，开始每年发行制型不变的镀银铜币，以满足锡尔河下游地区的需要。[5]《元史》记载至元二十二年（1285）朝廷向哈剌火州发4个月的赈灾口粮共6.04万石，若按照每人每月15公斤粮食计算，则此时哈喇火州仅受灾饥民便有57,380人——元代哈喇火州即唐时西州，而唐开元年间西州人口不过49,476人，人口的增长反映出吐鲁番盆地经济条件的改善。

---

[1] 刘迎胜：《察合台汗国史研究》，上海：上海古籍出版社，2011年，第178页。

[2] 蓝琪、刘刚：《中亚史·第四卷》，北京：商务印书馆，2018年，第117页。

[3] 拉施特：《史集·第三卷》，余大钧、周建奇译，北京：商务印书馆，1986年，第143—144页。

[4] 刘迎胜：《察合台汗国史研究》，上海：上海古籍出版社，2011年，第260页。

[5] 刘迎胜：《察合台汗国史研究》，上海：上海古籍出版社，2011年，第494—495页。

内战期间中亚东部是元廷与西北叛王势力之间交锋的主要战场，内战也是造成这一时期中亚东部经济衰退的根本原因。蒙古内战期间，河西地区位于战争前线，诸王之间的冲突导致河西原本富庶的农桑之地在战争期间饱受摧残，以至于至元二十七年（1290）整个肃州路仅有8,679人。至元十四年元政府设置瓜、沙二州，属于肃州，至元十七年沙州升格为路，次年又在沙州、瓜州、肃州等地设置屯田，二十四年始建沙州城，四年后因政局不稳，瓜州居民迁入肃州，瓜州名存实亡。[1]在14世纪早期，尽管中亚西部经济状况逐渐好转，但是中亚东部却日渐萧条。巴托尔德认为，蒙古西征开启了七河地区农耕文明退化和游牧化发展的进程，这种发展态势直到19世纪大量俄罗斯移民到来才逐渐扭转。[2]为争夺锡尔河下游和楚河地区，海都势力和术赤兀鲁斯在1300年前后爆发了18次冲突，因此无怪乎作家乌马里提到当时一位游历突厥斯坦的旅行者，称当地的村落只剩下废墟，房屋依然伫立，但是却无人居住，荒无人烟。[3]同时，这一时期的商业活动还受到混乱的铸币活动的影响。直到14世纪20年代怯别汗改革，察合台汗国才仿照金帐汗国和伊尔汗国，建立起由中央统一铸造和发行钱币的制度，在此之前汗国各地的王公都有权自行铸币，而从天山南北到东呼罗珊，察合台汗国的铸币厂多达38处。[4]币制的混乱也是阻碍察合台汗国商业发展的原因之一。1977年在新疆昌吉古城发现了1,370枚13世纪40年代到14世纪初的蒙古钱币，其中察合台汗国银币有1,364枚，钦察汗国银币仅有4枚，伊尔汗国银币仅有1枚，[5]与此同时窝阔台汗国

[1] 杨富学、张海娟：《蒙古豳王家族与元代西北边防》，《中国边疆史地研究》2012年第2期，第31页。

[2] 巴托尔德：《中亚历史·上》，张丽译，兰州：兰州大学出版社，2013年，第66页。

[3] Anatoly M.Khazanov, *Nomads and the Outside World*, trans by Julia Crookenden, Madison: The University of Wisconsin Press, 1994, p.249.

[4] 吴中华：《察合台地区造币厂初探》，《中国钱币》2007年第4期，第25—33页。

[5] 陈戈：《昌吉古城出土的蒙古汗国银币研究》，《新疆社会科学》1981年第1期，第55页。

的钱币却在天山南北和环塔里木盆地广泛分布，并在1269年以后逐渐从一种地域性通货发展为商业性的媒介。[1]钱币学证据与前文对内战期间中亚交通的讨论相结合，揭示了处于内战时期的中亚东部与周边其他地区在经济上的隔绝。

总之，海都战争期间的连年战乱对中亚东部经济和人口的破坏，内战大背景下东西交通重心的变迁和断绝，察合台汗国自身货币制度的缺陷，这些都是约和时代之前阻碍中亚经济发展的重要因素。

进入约和时代后，整体稳定的大环境为中亚社会经济的发展提供了有利的外部条件。尽管在14世纪10年代，元—察合台冲突和牙撒兀儿之乱曾导致楚河地区和河中受到一定冲击，但是随着约和时代东西交通的发展以及察合台汗国定居化进程的推进，中亚的商业经济和城市得到进一步的发展。

自蒙古帝国解体以后，东西交通一度因为海都之乱陷入衰退，直到14世纪30—40年代，随着约和时代的到来，东西陆路交通再度趋于繁荣。这种繁荣在30年代表现得格外突出。1333年传教士尼古拉斯经阿力麻里东行，1334年2名多明我会教士自萨莱向西返回欧洲，1336—1338年安德鲁奉元顺帝之命出使教廷，1338年巴斯卡尔经塔纳、萨莱、小萨莱、玉龙杰赤到阿力麻里，1339—1342年马黎诺里的约翰出访元朝。[2]而在商业活动中，最值得注意的是意大利商人裴哥罗蒂对30—40年代东西商路的记录。裴哥罗蒂称，欧洲的商人从亚速海附近的塔奈出发，向东沿着里海西北抵达阿斯特拉罕、萨莱等金帐汗国城市，随后继续向东抵达乌拉尔河附近的小萨莱，由此处分出两条路线，其一南下玉龙杰赤，经布哈拉、撒马尔罕所在的河中地区，随后向东北抵至讹答剌，全程55—60天，其二则是直接从小萨莱出发抵达讹答剌，耗时约50天，随后商队从讹答剌出发抵至位于伊犁河地区的阿力麻里，然后沿着丝路北道

---

[1] 石刚：《新疆近十年出土窝阔台汗国钱币研究》，《中国钱币论文集》2010年第5辑，第236页。

[2] Henry Yule, *Cathay and the Way Thither,* Cambridge: Cambridge University Press, 2009, p.172、pp.21—44、pp.313—314、pp.231—237、pp.336—339.

进入甘州，最后抵达大都，全程耗时约300天。而根据使用这条商路的商人所言，不论是白天还是夜晚，这条商路都以安全可靠著称。[1]

根据裴哥罗蒂的记载，萨莱、玉龙杰赤、阿力麻里等城市成为这一时期丝路北道上至关重要的节点。萨莱位于伏尔加河附近，是金帐汗国的首都，在蒙古时代，萨莱因其地理位置的优越性成为丝路交通的重要节点。卢布鲁克的威廉从中国返回欧洲便经过此地，13世纪70年代前往中国的马可·波罗将里海称之为萨莱海，[2]表明萨莱不仅是东西交通的枢纽，更在环里海地区的贸易中扮演了重要角色。曾在14世纪30年代沿草原之路旅行到中亚的摩洛哥旅行家伊本·白图泰记载，萨莱乃是一座广大且繁华的大城市，商业十分繁荣，有许多来自两伊拉克[3]、埃及和沙姆（巴勒斯坦和叙利亚）的商人来此贸易。[4]玉龙杰赤位于锡尔河下游的花拉子模绿洲，早在10世纪时便已经是中亚通往里海以北地区的口岸，也是重要的贸易中心，成吉思汗西征之前，玉龙杰赤的富裕甚于布哈拉。[5]在成吉思汗时代，玉龙杰赤因蒙古人的屠杀一度一蹶不振，但是在约和时代，由于金帐汗国和察合台汗国之间的商业往来，玉龙杰赤迎来了快速发展时期，它是金帐汗国通往河中乃至印度的必经之地，在14世纪，金帐汗国每年都要经察合台汗国向印度转运大量马匹，仅一个商队一次就能向印度出口4,000—6,000匹马。[6]据曾行经此地的

---

[1] Jeong Su-Il, The Silk Road Encyclopedia, Seoul: Seoul Selection, 2016, pp.680—681.

[2] 马可·波罗：《马可·波罗游记》，冯承钧译，北京：商务印书馆，2021年，第42页。

[3] 在中世纪穆斯林地理学中，伊拉克所指代的是两个地方。一个是阿拉伯伊拉克，即美索不达米亚地区的平原地区，也是我们所熟悉的伊拉克。另一个伊拉克即波斯伊拉克，即对应今日伊朗西北地区，在中世纪穆斯林地理学中又被称为吉巴勒，意为山地。

[4] Ibn Baṭṭūṭa, *The Travel of Ibn Battuta, A.D.1325—1354*, vol 2, trans by C.Defremery and B.R.Sanguinetti, Cambridge: Hakluyt Society, 1962, pp.515—516.

[5] 耶律楚材、周致中：《西游录、异域志》，北京：中华书局，1981年，第3页。

[6] 格列科夫、雅库博夫斯基：《金帐汗国兴衰史》，余大钧译，北京：商务印书馆，1985年，第126页。

伊本·白图泰记载，至14世纪30年代，玉龙杰赤已经成为突厥地区最大、最美丽的城市，市场人口非常拥挤。[1]阿力麻里是伊犁河地区最重要的贸易枢纽，是蒙古时代丝路北道的必经之地。该城市的起源尚不得而知，但是有观点认为在8世纪时阿力麻里便已经存在。[2]约和时代之前，阿力麻里曾在元廷和西北叛王之间来回易手，而在约和时代，特别是1323年怯别汗归降、西北无大战之后，中国与中亚、高加索、东欧的内陆瓷器贸易迅速发展起来。阿力麻里和讹答剌发现了产自龙泉和景德镇的瓷器，玉龙杰赤出现了龙泉的青瓷，除此之外，在里海附近的萨莱、小萨莱、别儿哥萨莱、喀山，伏尔加河上游的大诺夫哥罗德、特维尔、梁赞、下诺夫哥罗德、科洛姆纳，高加索的打耳班，亚速海附近的阿扎克城遗址等地也都发现了元代的瓷器及碎片，其年代大致集中于1310—1350年间——据此有观点认为，14世纪上半叶的内陆瓷器贸易乃是以大都、阿力麻里、萨莱三座大城市为主要节点，这三座城市构成当时瓷器贸易的中心，并以阿力麻里为界构成东西两环。[3]阿力麻里同时还是察合台汗国重要的铸币地点，自20世纪80年代以来，相关部门从当地收集了1,595枚察合台汗国的钱币。[4]1340年传教士马黎诺里从玉龙杰赤出发，沿着通常的商业路线旅行到阿力麻里——马黎诺里将该城称为中央帝国的都城，并在随后逐渐演变成为中央乐园和中央帝国之城。[5]

随着草原之路的复兴，草原丝路沿线的城市都在约和时代有不同程度的发展，相比之下昔日绿洲之路所经过的河中诸城都呈现出不同程度的衰退。

---

[1] Ibn Baṭṭūṭa, *The Travel of Ibn Battuta, A.D.1325—1354*, vol.3, trans by C.Defremery and B.R.Sanguinetti, Cambridge: Hakluyt Society, 1971, pp.541—542.

[2] 邓丽：《伊犁阿力麻里等地出土察合台汗国钱币初探》，《中国钱币》2020年第2期，第51页。

[3] 刘未：《中亚及东欧地区出土宋元陶瓷研究》，《故宫博物院院刊》2022年第6期，第52—54页。

[4] 邓丽：《伊犁阿力麻里等地出土察合台汗国钱币初探》，《中国钱币》2020年第2期，第46页。

[5] Henry Yule, *Cathay and the Way Thither*, Cambridge: Cambridge University Press, 2009, p.312.

从玉龙杰赤到布哈拉，沿途除了柯提城之外荒无人烟，布哈拉已经破败不堪，一片荒凉，当地人甚至失去了为他人作证的资格，撒马尔罕的城墙已经坍塌，既无城墙也无城门，城内大部分地区也都破败不堪，阿姆河上最重要的渡口泰尔梅兹，其旧城已经被破坏以至于居民不得不另建新城，呼罗珊四大首府之一的巴尔赫完全被毁，仅剩下荒无人烟的一片瓦砾，昔日伽色尼王朝的首都伽色尼城大部分被破坏，余下的所剩无几，喀布尔也仅剩下一个小村庄。[1]部分原因可能是因为这一时期草原之路和绿洲之路通商条件的差异。在关税方面，进出黑海港口的关税税率约为货物价值的3%~5%，相比之下进出亚历山大里亚的货物税率则为10%~30%；[2]同时，穿越伊朗高原的商队还受到地方动乱和宗教意识形态的影响，1318年开始东游的意大利传教士鄂多里克原本是打算穿越伊朗高原，取道陆路前往中国，但是在抵达伊朗东部的耶兹德时，当地民众的宗教狂热迫使鄂多里克不得不折至波斯湾，改由海路前往中国。[3]

总之，在约和时代，中亚北部沿丝路北道的城市获得了长足的发展，但是与昔日河中农业绿洲的古老都市相比不免逊色。梅尔夫直到14世纪中叶都还是一片废墟，撒马尔罕则完全生活在昔日的阴影里，布哈拉不管是在察合台汗国时期还是帖木儿时代，都已经失去了先前那种重要的地位。[4]

约和时代是作为世界征服者的蒙古君主所缔造的蒙古和平以及丝路盛况的最后一幕，随着蒙古诸国相继陷入混乱和动荡之中，蒙古和平和丝路盛况亦一去不返。14世纪30年代见证了伊尔汗国的解体和札剌亦儿王朝的兴起，

---

[1] Ibn Baṭṭūṭa, *The Travel of Ibn Battuta,* A.D.1325—1354, vol.3, trans by C.Defremery amd B.R.Sanguinetti, Cambridge: Hakluyt Society, 1971, pp.547—571.

[2] 彼得·弗兰科潘：《丝绸之路：一部全新的世界史》，邵旭东、孙芳等译，杭州：浙江大学出版社，2016年，第150页。

[3] 勒内·格鲁塞：《草原帝国》，蓝琪译，北京：商务印书馆，2011年，第436页。

[4] C.Edmund Bosworth, *Historical Cities of the Islamic World,* Leiden: Brill, 2007, p.61、pp.404—405、p.456.

答儿麻失里1334年被杀后，察合台汗国开始步入衰落和分裂时期；1342年，阿里苏丹夺取也孙铁木儿的汗位后推广伊斯兰教，并在阿力麻里大肆屠杀基督徒和欧洲的商人，1346年合赞苏丹死后，察合台汗国分裂为以阿力麻里为中心的东察合台汗国和以河中为中心的西察合台汗国。同一时期，随着元廷阶级矛盾的加深、社会秩序的持续动乱；而金帐汗国亦在1358年以后分裂。马黎诺里在1346年经海路返回欧洲，称陆路因战争阻塞难以成行，加之40年代的沿着丝路北道传播的黑死病对整个欧亚大陆所造成的沉重打击，以至于约和时代东西方之间频繁的交通往来在40年代日益衰落。城市发展亦陷入低谷。在14世纪下半叶的楚河地区，除了怛罗斯尚有养夷之外，再也没有其他的城市，在15世纪连这里的城市生活也都消失——陈诚西行经过该地，称这里“多荒城遗址，年久荒芜”，蒙古诸部的内斗更是使当地民众难以安居。[1]孛罗城在元末明初废弃，阿力麻里在15世纪下半叶也逐渐被废弃，甚至到16世纪，已经无法确定楚河和怛罗斯河地区的哪些遗迹是哪些城市了。[2]

---

[1] 杨建新主编：《古西行记选注》，银川：宁夏人民出版社，1987年，第291页。

[2] 刘迎胜：《察合台汗国疆域与历史沿革研究》，《中国边疆史地研究》1993年第3期，第32页。曹光胜：《关于13世纪新疆布拉特打制的钱币》，《中国钱币论文集》2016年第6辑，第145页。巴托尔德：《中亚简史》，耿世民译，北京：中华书局，2005年，第55—56页。

后 记

从传统意义上来说，丝绸之路被视为一个前近代的概念，其下限一般止于元明时期。“同两汉、隋唐、元代相比，丝路交通不论是从经济贸易、文化交流的范围和广度，或是线路的长度、沿路设施、通畅条件、运输量等方面，都大大缩减了”。[1]海上交通的兴起、陆路交通因中亚的政治动荡陷入衰退，以及近代早期西北地区的气候恶化，都是导致这一时期中国与中亚的交通往来陷入衰退的原因。

尽管关于明代以来丝绸之路是否断绝也的确存在争论，[2]但是就本书而言，笔者还是选择以14世纪蒙古和平的结束作为本书叙述的结尾。这主要是

[1] 陈琦、周志敦等：《丝绸之路交通史》，北京：人民交通出版社，2000年，第397页。

[2] 有关这一问题的争论，在这里举两个代表性的案例。杨富学认为有明一代西北丝路贸易并不逊色于海上贸易，而李伯重则认为，1524年明政府内迁关西七卫标志着陆上丝路的终结。杨富学：《明代陆路丝绸及其贸易》，《中国边疆史地研究》1997年第2期。Li Bozhong, “The Termination of the Silk Road: a Study of the History of the Silk Road from a New Perspective,” *Asian Reviews of World Histories*, vol.8, issue 1, 2020.

考虑到如下几个因素：近代早期中国与中亚交往活动的衰落；[1]俄罗斯帝国在中亚的政治扩张和印度商人在中亚地区的贸易活动使得南北交往取代东西交通，成为近代早期中亚地区跨国性交往的主要内容；[2]以及随着俄罗斯帝国在中亚的扩张，传统意义上以平等、互利为核心的丝路精神逐渐被列强时代的强权政治和霸权主义规则所取代。

本书对中亚城市的论述始于史前时代和人类文明早期，并在涉及古典时代和中世纪的部分中，着重于一定时期内政治局势的变化对丝路交通的影响，以及这种影响对中亚丝路城市兴衰命运的考察。由于本书的时间跨度相对较大，受限于作者本人的资料搜集能力、史料的分析辨别水平、自身知识储备和现实中的某些不可抗力因素，本书在整体的内容设计上不免有所欠缺，部分至关重要的内容难以涉及，而即使是在本书所涉及的某些内容，也难免存在疏漏和不足。特此致歉。

2022年9月27日

[1]　16世纪五六十年代旅行至中亚的英国商人安东尼·詹金森（Antony Jenkinson）记载称，布哈拉有来自各地的商人，但是唯独没有中国商人——其原因是东方的战争所致。在克拉维约时代，于阗尚且向中亚出口宝石和首饰，至16世纪，中亚政治家穆罕默德·海尔达知道且末，但却认为和田以东都是荒漠，不曾有城市聚落。表明近代早期中国与中亚的陆路交通的确处于相对衰落的状态。E.D.Morgan, *Early Voyages and Travels to Russia and Persia by Antony and Other Englishmen*, vol.1, New York: Burt Franklin, p.90.

[2]　以近代的印度—中亚贸易为研究对象的作品中，比较具有代表性的是李维（S.C.Levi）的《1550—1900年中亚的印度侨民及其贸易》（*The Indian Diaspora in Central Asia and its Trade, 1550—1900*）一书。